〔 한 권으로 끝내는 미국 ETF 투자 〕

처음부터 제대로 배우는 미국 ETF 투자 공식

한 권으로 끝내는

미국 ETF 투자

★ 이을수 지음 ★

한국경제신문

'거북이가 토끼를 이긴다'는 이솝우화

2024년, 국내 투자자들이 미국 증시에서 매매한 주식과 ETF(Exchange Traded Fund, 상장지수펀드) 규모가 750조 원을 돌파했습니다. 2024년 투자 트렌드의 주목할 만한 특징 중 하나는 과거 미국 주식을 중심으로 매매하던 국내 투자자들이 이제 ETF에도 본격적으로 관심을 보이기 시작했다는 점입니다.

하지만 국내 투자자들의 2024년 매매 상위 10개 ETF 목록을 살펴보면 여전히 미국 ETF에 대한 이해가 충분하지 않아 적절한 투자 전략을 세우지 못한 채 단편적인 투자패턴을 보이는 모습을 확인할 수 있습니다.

이 책은 독자 여러분이 미국 ETF 시장에 대해 깊이 이해하고, 이를 바탕으로 다양한 전략을 수립하며 적절한 포트폴리오를 구성해 투자 위험을 줄이고, 수익은 높일 수 있도록 돕고자 합니다.

본격적인 내용을 시작하기에 앞서 미국 증시에 익숙한 사람들에게는 유명하지만, 아직 많은 이에게 생소한 흥미로운 에피소드 하나를 소개하려 합니다.

이 에피소드는 '현존하는 최고의 투자자'로 불리는 워런 버핏(Warren Buffett)이 2005년 버크셔 해서웨이(Berkshire Hathaway: BRK.A, BRK.B)의 주주서한에서 던진 한 마디에서 시작됩니다. 그는 다음과 같은 발언으로 자산운용업계를 향해 일종의 도발을 했습니다.

> "전체적으로 볼 때 전문가들이 적극적으로 운용하는 펀드의 수익률은
> 일반 투자자들이 단순히 매수 후 보유만 하는 인덱스 펀드(S&P 500 등
> 특정 지수의 수익률을 추종하도록 설계된 펀드)의 수익률을 이기기 어렵다."

그러면서 당시 수수료가 높고 인기가 많은 투자수단인 헤지펀드(hedge fund, 다양한 전략을 활용해 위험을 줄이면서도 높은 수익을 추구하는 사모펀드)가 S&P(Standard and Poor's) 500 지수의 수익률을 이기지 못한다는 것에 100만 달러 내기를 제안했습니다.

내기의 조건은 버핏 본인의 경우 S&P 500 지수에만 투자하는 반면 헤지펀드 투자자는 최소 5개 이상의 헤지펀드에 나누어 투자하도록 하는 것이었습니다.

또한 투자기간은 2008년 1월 1일부터 2017년 12월 31일까지 10년 간 투자하는 것이 조건이었으며, 모든 수수료와 비용을 차감한 실질 수익률을 비교하자고 제안했습니다. 당시 강세장이 지속되던 상황이라 많은 전문 투자자가 헤지펀드의 승리를 예상했지만, 정작 버핏의 명성에 눌려 누구도 선뜻 나서지 못했습니다.

이때 도전에 나선 사람이 바로 프로테제 파트너스(Protégé Partners)의 테드 세이즈(Ted Seides)였습니다. 프로테제 파트너스는 다양한 헤

지펀드에 자금을 분산투자하는 뉴욕 소재의 헤지펀드 운용사입니다. 세이즈는 이 펀드의 공동 설립자 중 한 명인데 그가 내기를 수락하면서 이른바 '세기의 대결'이 성사됐습니다.

두 사람은 수익금 전액을 승리한 측이 지정한 자선기관에 기부하기로 합의하며 내기를 시작했습니다. 버핏은 '뱅가드 S&P 500 지수 펀드(Vanguard S&P 500 Index Fund)'라고 하는 인덱스 펀드 1개에만 투자했습니다.

시작은 순탄치 않았습니다. 내기가 시작된 직후인 2008년경 글로벌 금융위기로 뉴욕증시가 급락하면서, Vanguard S&P 500 Index Fund는 무려 -37%의 손실을 기록했습니다. 반면 세이즈가 선택한 헤지펀드들의 평균 손실률은 -24%에 그쳐 초반에는 그가 앞서는 듯했습니다.

그러나 2009년부터 증시가 금융위기를 벗어나면서 버핏의 수익률이 우위로 돌아섰고, 이후 점차 격차를 벌리면서 결국 2016년 세이즈의 기권으로 승부가 끝났습니다.

최종적으로 9년 동안의 누적수익률은 버핏이 투자한 Vanguard S&P 500 Index Fund가 85.4%였던 반면 세이즈가 선택한 헤지펀드들의 평균수익률은 22%에 불과했습니다.

내기에 승리한 버핏은 승리 상금을 여자 청소년을 위해 교육과 재활 프로그램을 운영하는 비영리단체인 '오마하의 소녀들(Girls Inc. of Omaha)'에 기부한 것으로 알려졌습니다.

이 에피소드를 통해 우리는 두 가지 중요한 교훈을 얻을 수 있습니다.

첫 번째, 단기수익률이 아니라 장기수익률 관점에서 보면 대부분의 헤지펀드를 포함한 액티브 펀드(벤치마크 지수를 초과해 수익을 내고자 운용되는 펀드)는 인덱스 펀드(또는 패시브 펀드)를 이기기 어렵다는 점입니다. 버핏이 승리할 수 있었던 가장 큰 요인도 바로 10년에 이르는 긴 투자기간이었습니다.

액티브 펀드는 소수의 펀드매니저 역량에 크게 의존하기 때문에 이들의 투자스타일이 시장의 흐름과 맞아야 비로소 성과를 냅니다. 하지만 많은 전문가에 의하면 한 명의 투자자가 자신의 투자스타일만으로 10년에 이르는 장기간의 시장 수익률을 이기기란 매우 어렵습니다. 단기적으로 1~3년 정도는 시장보다 좋은 성과를 낼 수 있지만, 오히려 그 성공이 증시의 변화에 대한 적응을 방해하면서 장기적으로는 부진으로 이어집니다.

이는 개별 종목에 투자하는 개인 투자자에게도 그대로 적용됩니다. 극소수의 예외를 제외하면 단기적으로는 많은 투자자가 때때로 이른바 '대박' 수익을 경험하지만, 결국 손실로 마무리되는 경우가 대부분입니다.

이솝우화에서 '토끼가 거북이에게 지는' 상황은 실제 투자 세계에서 자주 벌어지는 것이 현실입니다. 뉴욕증시의 실제 데이터를 보면 2011년부터 2023년까지 13년 연속 헤지펀드의 평균수익률은 S&P 500 지수의 수익률을 하회한 것으로 나타납니다. 같은 기간 동안 S&P 500의 연평균수익률은 14~15%였던 반면, 헤지펀드의 연평균수익률은 5%에 불과했습니다.

두 번째는 수수료의 차이입니다. 실제로 인덱스 펀드인 Vanguard S&P 500 Index Fund의 연간 운용수수료는 0.19%에 불과한 반면, 당시 헤지펀드는 2~3%의 기본 수수료에 더해 성과에 따라 20~50%의 성과보수를 요구하는 것이 일반적이었습니다. 장기적으로 이런 고비용 구조에서 시장 수익률을 초과하기란 사실상 불가능에 가깝다는 것을 버핏은 알고 있었습니다.

그래서 버핏은 내기의 대상 펀드를 '인기 있지만 높은 비용을 지불하는 최소 5개의 헤지펀드(a set of at least five hedge funds – widely popular and high-fee investing vehicles)'로 제한했던 것입니다.

이 두 가지 요소, 즉 장기투자와 낮은 수수료는 전문 투자자가 아닌 개인 투자자라면 액티브 펀드나 개별 종목 대신 인덱스 펀드(또는 패시브 ETF)에 투자하는 것이 왜 훨씬 합리적인 선택인지를 단적으로 보여줍니다.

버핏은 자신의 사후 유산 중 90%를 S&P 500에, 나머지 10%를 단기국채에 투자하라고 아내에게 유언을 남긴 것으로도 유명합니다. 그는 평소에도 인덱스 펀드에 장기·적립식으로 투자할 것을 여러 차례 조언했습니다.

다만 이 에피소드에서 버핏이 투자한 상품은 ETF는 아닙니다. Vanguard S&P 500 ETF라는 펀드 상품은 2010년에 출시됐기 때문입니다. 하지만 ETF는 'Exchange Traded Fund'라는 이름처럼 증시에 상장돼 실시간 거래가 가능한 상장형 인덱스 펀드로, 일반적인 인덱스 펀드보다 더 진보된 형태의 상품입니다.

물론 ETF에 투자한다고 해서 무조건 높은 수익을 얻을 수 있는 것은 아닙니다. 무엇보다도 신뢰할 만한 ETF에 장기적으로 투자하는 것이 전제되어야 합니다. 이 말은 단순히 대표지수를 추종하는 ETF에만 투자하라는 뜻은 아닙니다.

실제로 증시에는 다양한 형태의 ETF가 존재합니다. 만약 투자자가 자신의 위험 성향, 연령대에 따른 라이프사이클(Life Cycle)을 고려해 본인에게 적합한 ETF를 선별하고, 이를 기반으로 장기적이고 합리적인 투자 전략을 세운다면 투자위험은 낮추고, 투자성과를 향상시킬 수 있습니다.

그러나 현재까지 국내의 도서나 영상 등 수많은 콘텐츠는 미국 ETF 시장을 피상적으로 소개하거나 특정 테마에만 한정된 ETF를 나열하는 수준에 머물러 있는 실정입니다.

서두에서 말했던 것처럼 2024년 국내 투자자의 미국 증시 투자금은 약 510억 달러로 원화 기준 750조 원을 넘어섰습니다. 미국 ETF에 투자하는 투자자들이 빠르게 늘어나고 투자기간이 길어지면서 더 양질의 자료와 안내서가 필요한 상황이 되었습니다. 즉, 이제는 입문자용 수준을 넘어선 중급자용 투자 가이드가 필요한 시점입니다.

저는 증권사에서 17년간 애널리스트로 활동했고, 이후 자산운용 업계를 4년간 경험한 뒤 2018년부터 지금까지 꾸준히 미국 ETF를 연구하고 있습니다. 애널리스트 시절에는 업종별 '베스트 애널리스트 1위'로 7년 연속 선정되었던 최고 수준의 애널리스트였습니다.

이러한 경험과 분석 역량을 바탕으로 ETF라는 상품을 독자 여러분이 충분히 이해할 수 있도록 돕고, 더 나아가 이 시장에 어떻게 접근해야 하며, 어떤 전략을 바탕으로 남들보다 뛰어난 성과를 낼 수 있을지를 이 책에서 안내해드리고자 합니다.

이 책은 단순한 ETF 소개서가 아닙니다. 실전 투자에서 활용할 수 있도록 미국 ETF 시장의 구조부터 다양한 형태의 ETF뿐만 아니라 리스크 관리, 투자전략을 한 권에 모두 담았습니다.

ETF 투자는 펀드와 주식의 장점을 결합한 유연한 투자수단입니다.

그 가능성과 잠재력을 가장 효과적으로 활용하고 싶은 독자라면, 이제 이 책과 함께 첫걸음을 내디뎌보시기 바랍니다.

여러분의 성공투자를 진심으로 응원하겠습니다. 감사합니다.

"전체적으로 볼 때 전문가들이 적극적으로 운용하는 펀드의 수익률은 일반 투자자들이 단순히 매수 후 보유만 하는 인덱스 펀드의 수익률을 이기기 어렵다."

– 워런 버핏

2부. 왜 미국 ETF인가

3부. 미국 ETF 'All' 가이드

4부. 중·장기 유망 테마 ETF

5부. ETF 선택의 기준, 수익률과 위험

6부. ETF 투자 전략

7부. 투자 구루들의 전략

1부.

왜 ETF인가

펀드의 분산투자 효과와 주식의 거래 편리성을 모두 갖춘 양수겸장(兩手兼將)

ETF는 펀드의 안정성과 주식의 유동성을 겸비한 하이브리드 투자상품입니다.

1. ETF란 무엇인가

ETF는 'Exchange Traded Fund'의 약자입니다. 말 그대로 '거래소에서 거래되는 펀드'를 의미합니다. 일반 펀드가 가입과 환매(자금 인출)를 통해 투자·회수되는 반면에 ETF는 주식처럼 거래소에서 자유롭게 사고팔 수 있도록 설계된 펀드 상품입니다.

ETF의 용어적 정의

ETF라는 용어를 구성하는 각 단어에는 이 상품의 핵심적인 성격이 담겨 있습니다. 이제 이 용어를 하나씩 나누어 살펴보며 ETF의 구조와 특성을 보다 명확히 이해해보겠습니다.

먼저 'E(Exchange)'라는 단어부터 살펴보겠습니다. 이 단어는 사전상의 뜻풀이로는 '교환', '거래', '환전' 그리고 '거래소'라는 뜻을 지닙니다. 예를 들어서 공항의 환전소는 'Currency Exchange' 혹은 'Money Exchange'라고 불리며, 이는 화폐를 교환하는 곳이라는 의미입니다.

국내에서 금을 사고파는 '한국 금 거래소'도 영어로는 'Korea Gold Exchange'라고 표기합니다.

그렇다면 주식, 채권, 선물 그리고 펀드까지 상장돼 거래되는 금융 거래소는 어떤 곳일까요?

바로 '한국거래소'이며, 영문 명칭은 'Korea Exchange(KRX)'입니다. ETF가 바로 이 거래소에서 거래되는 펀드이므로 'Exchange'는 ETF의 핵심 키워드 중 하나라고 할 수 있습니다.

ETF의 이름에서 가운데 있는 'T(Traded)'는 '거래된다'는 뜻입니다. 이 말은 ETF가 일반 펀드와 같이 가입과 환매라는 과정을 거치지 않고 주식처럼 거래소에서 실시간으로 매매할 수 있는 구조라는 것을 의미합니다.

기존의 일반 펀드(공모펀드 등)가 하루 한 번, 기준가(시장에서 주식 및 채권 등에 투자해서 얻은 운용의 결과가 반영된 펀드의 순자산가치)로만 거래할 수 있는 것과는 달리 ETF는 증권시장이 열려 있는 시간 내내 주식처럼 자유롭게 사고팔 수 있습니다.

이러한 점에서 ETF는 '펀드와 주식의 장점을 결합한 하이브리드(hybrid) 상품'이라고 불립니다. 펀드처럼 분산투자의 구조적 이점을 유지하면서도 주식처럼 즉시 매수·매도가 가능하다는 점에서 일반 투자자들에게 훨씬 더 유연한 투자수단을 제공합니다.

ETF의 마지막 글자인 F는 'Fund'를 의미합니다. 대부분의 독자에게 익숙한 개념이겠지만, ETF를 정확히 이해하기 위해 펀드의 기본적 정의를 다시 짚고 넘어가는 것이 좋겠습니다.

경제 사전에서는 '펀드'를 '특정한 목적을 위해 모은 자금을 자산운용사가 투자자들을 대신해 운용하는 금융 상품'이라고 정의합니다.

즉, 일반 투자자들이 맡긴 자금을 전문가가 대신 운용해 수익을 낸 뒤, 이를 다시 투자자에게 분배하는 구조입니다. 이처럼 펀드는 여러 사람의 자금을 모아 운용하는 시스템이므로 '집합투자기구'로도 불립니다.

지금까지의 용어를 정리하면 ETF는 '거래소에 상장돼 실시간으로 거래되는 펀드'라고 이해하면 되겠습니다.

펀드의 구분 - 인덱스 펀드와 액티브 펀드 그리고 ETF

펀드는 운용 방식에 따라 크게 두 가지로 나뉩니다. 바로 '인덱스 펀드(Index Fund, 또는 패시브 펀드)'와 '액티브 펀드(Active Fund)'입니다. 이 중에서 ETF는 일반적으로 인덱스 펀드의 일종으로 분류됩니다.

인덱스 펀드는 펀드매니저가 종목을 고르거나 시장 타이밍에 의존하지 않고 특정 지수[S&P 500, 코스피(KOSPI) 등]의 수익률을 그대로 추종하는 소극적인(passive) 운용 방식입니다. 따라서 개별 종목의 위험을 줄이고, 시장의 전체 흐름을 따르는 구조로 설계돼 있으며, 운용 수수료도 낮다는 특징이 있습니다.

반면 액티브 펀드는 펀드매니저가 직접 종목을 선정하고 매수·매도 타이밍을 주관적으로 결정함으로써 시장 대비 초과수익을 추구하는

〈표 1-1〉 펀드의 구분

	운용 스타일	펀드매니저 역할	운용수수료
인덱스 펀드(패시브 펀드)	벤치마크 지수 추종	소극적(거의 관여하지 않음)	저비용
액티브 펀드	벤치마크 지수 상회	적극적	고비용

적극적인(active) 운용 방식의 펀드입니다. 그만큼 기대수익률은 높을 수 있지만, 핵심 펀드 운용 인력에 대한 의존도가 크기 때문에 투자위험이 상승하고 수수료도 높아집니다.

펀드의 구분상 ETF는 인덱스 펀드입니다. 하지만 ETF가 인덱스 펀드에서 파생된 상품이라고 해서 단순히 인덱스 펀드와 동일하다고 볼 수는 없습니다. 서문에서 언급한 것처럼 ETF는 인덱스 펀드의 구조에 주식의 거래 유연성을 더한 하이브리드형 상품이라고 보는 것이 더 정확합니다.

ETF와 인덱스 펀드는 모두 '특정 지수의 수익률을 따라가는 상품(지수 수익률 추종)'이라는 점에서는 비슷합니다. 좀 더 정확히 말하자면 ETF는 인덱스 펀드에서 파생된 상품으로, 개념적으로는 〈그림 1-1〉처럼 인덱스 펀드 내에 포함되는 하위 개념이라고 할 수 있습니다. 여러 종목에 나눠 투자하기 때문에 위험을 줄일 수 있고(분산투자), 수수료도 비교적 저렴하다(낮은 수수료)는 장점이 있습니다.

하지만 두 상품의 가장 큰 차이는 '어떻게 사고팔 수 있느냐'에 있습

〈그림 1-1〉 펀드, 인덱스 펀드, ETF의 관계

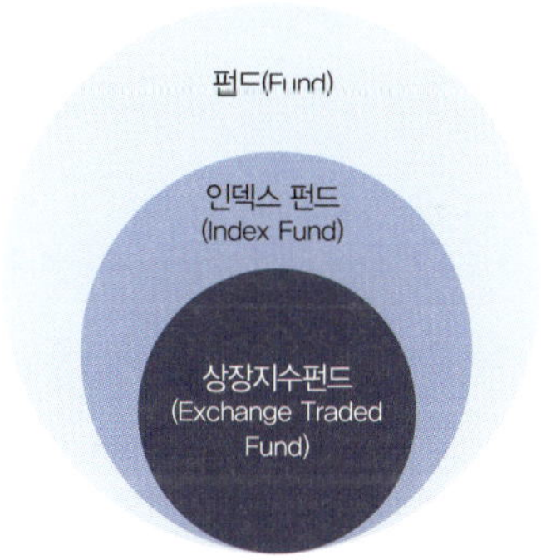

펀드(Fund)

인덱스 펀드
(Index Fund)

상장지수펀드
(Exchange Traded
Fund)

니다. 인덱스 펀드는 증권사나 은행 등 판매사에 가입이라는 절차를 통해 거래를 설정해야 하고 실제 거래는 하루 또는 이틀 뒤 기준 가격으로 이루어집니다. 예를 들어서 오늘 오후에 인덱스 펀드를 샀다고 해도, 실제로는 내일 또는 모레 기준 가격으로 거래가 되는 식입니다.

반면 ETF는 주식처럼 증권시장에 상장돼 있기에 거래 시간 중에는 언제든지 원하는 가격에 사고팔 수 있습니다. 내가 원하는 시점에 바로 거래가 가능하다는 점이 ETF의 가장 큰 장점입니다. 그래서 ETF는 투자 타이밍을 조절하고 싶거나 빠르게 자금을 회수하고 싶은 사람에게 더 유리한 상품이라고 할 수 있습니다.

이러한 실시간성과 편의성은 ETF의 가장 큰 장점 중 하나이며 ETF가 단순한 펀드와는 달리 실전 투자의 도구로 주목받는 이유이기도 합니다(자세한 사항은 1부 5장에서 다룰 예정입니다).

2. ETF 이름 속 투자 정보 읽기

ETF를 처음 접하는 투자자들 중에는 ETF의 이름이 길고 복잡하게 느껴져서 부담스럽게 느끼는 분들이 많습니다.

예를 들어서 미국 주식은 애플(Apple: AAPL), 마이크로소프트(Microsoft: MSFT), 엔비디아(NVIDIA: NVDA), 테슬라(Tesla: TSLA)처럼 대부분 하나의 고유명사로 구성돼 있어 기억하기 쉽습니다.

이때 괄호 안의 'AAPL', 'MSFT' 등은 해당 종목의 고유한 종목코드(티커, Ticker Symbol)를 의미하며, 실제 주식이나 ETF를 매매할 때는 이 코드를 기준으로 종목을 검색하고 거래합니다.

반면 대표적인 ETF중 하나인 SPDR S&P 500 ETF(SPY)는 최소 3개의 고유명사로 구성돼 있어서 처음 보면 낯설고 이름을 기억하기 어렵습니다. 하지만 ETF 이름의 구조를 이해하면 이러한 장벽은 크게 낮아질 수 있습니다.

일반적인 ETF 이름 - 3단계 구성

ETF의 이름은 기본적으로 '① 운용사 이름(또는 운용사의 브랜드) + ② 벤치마크 또는 추종 지수(또는 업종, 상품) + ③ 상품의 정체성(ETF 또는 Trust, Fund 등)'을 나타내는 3단계로 구성돼 있습니다.

그럼 앞에서 언급한 ETF인 SPDR S&P 500 ETF(SPY)의 이름을 예시로 살펴보도록 하겠습니다. 기본 구조대로 분석하면 이 ETF 이름의 구성은 ① SPDR, ② S&P 500, ③ ETF로 구분할 수 있습니다. 이를 그림으로 정리하면 〈그림 1-2〉와 같습니다.

〈그림 1-2〉 일반적인 ETF 이름 구조 예시

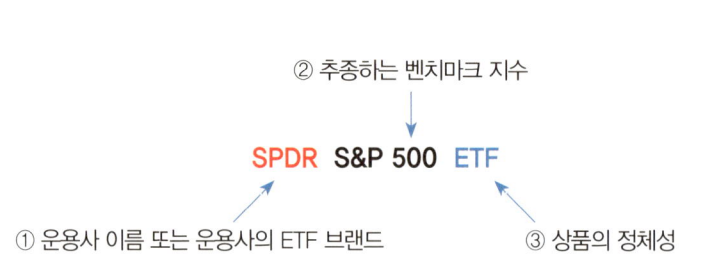

하나씩 살펴보겠습니다. 먼저 ① SPDR은 ETF 3대 운용사* 중 하나인 스테이트 스트리트 글로벌 어드바이저(State Street Global Advisors, SSGA)의 ETF 브랜드입니다. 흔히 '스파이더(Spider, 거미)'라고도 불리는 브랜드입니다. 따라서 SSGA가 운용하는 ETF는 운용사 이름인 SSGA나 State Street라는 이름 대신 모두 SPDR이라는 브랜드를 사용

---

* ETF 3대 운용사는 블랙록(BlackRock), 뱅가드 그룹(Vanguard Group), 스테이트 스트리트 글로벌 어드바이저(State Street Global Advisors, SSGA 또는 SSG)입니다.

한 권으로 끝내는 미국 ETF 투자

하고 있습니다.

② S&P 500은 이 ETF가 추종하는 지수가 S&P 500 지수임을 의미합니다. 그리고 ③ ETF라는 정체성을 표시해주며 표기가 마무리됩니다. SPY의 경우 ETF 뒤에 Trust가 생략되어 있습니다.

이와 같이 생략되어 불리기도 하지만 때로 ETF 이름에 Trust를 붙이기도 합니다. 일반적으로 ETF는 개방형 펀드(Open-Ended Fund) 구조로 이루어지지만, Trust가 붙으면 단위 신탁(Unit Investment Trust) 구조를 갖게 됩니다. 개방형 펀드의 경우 공매도를 위한 증권 대출이 허용되고 만기가 없는 반면, 단위 신탁의 경우 증권 대출이 불가하고 만기가 존재합니다. 다만 만기의 경우 대부분 100년 이상으로 설정되기 때문에 큰 의미는 없습니다(예: SPY 만기 2118년 1월 2일).

반면 증권 대출을 허용하는 ETF의 경우에는 Trust와 달리 대출을 통한 추가 수익이 가능하기 때문에 연간 보수비용이 낮아지는 특징을 갖습니다. 이 때문에 Vanguard S&P 500 ETF의 경우 Trust 형태인 SPDR S&P 500 ETF 대비 보수비용이 낮습니다. 다만 이와 같이 보수비용과 관련된 것을 제외하면 사실상 큰 차이는 없다고 하겠습니다.

ETF 이름에서 ①에 운용사 이름이 아니라 브랜드를 쓰는 또 다른 대표적인 운용사가 블랙록(BlackRock)입니다. SSGA가 SPDR이라는 브랜드를 사용하듯, BlackRock은 iShares라는 브랜드를 사용합니다. 가장 대표적인 ETF는 운용자산 규모 기준으로 미국 ETF 2위에 랭크된 iShares Core S&P 500 ETF(IVV)입니다. 이 ETF는 앞에서 설명해드린 해석법에 따라 'BlackRock에서 운용하고 S&P 500 지수를 추종(성과를 추종)하는 ETF'라고 이해하시면 됩니다.

이 외의 나머지 ETF들은 대부분 운용사 이름을 그대로 사용합니다. 뱅가드 그룹(Vanguard Group)에서 운용하는 대표적인 ETF인 Van-guard S&P 500 ETF(VOO)가 그 예입니다. 이 ETF는 ①에 Vanguard라는 운용사 이름을 그대로 사용합니다. 즉 'Vanguard Group에서 운용하고 S&P 500 지수를 추종(성과를 추종)하는 ETF'라고 할 수 있습니다.

운용자산 규모 기준 상위에 있는 ETF 이름 1~2개를 예로 들어 좀 더 살펴보도록 하겠습니다.

운용자산 규모 6위에 해당하는 Vanguard Growth ETF(VUG)라는 ETF는 'Vanguard Group에서 운용하는 성장주 위주의 투자 ETF'이며, 일곱 번째로 큰 규모의 운용자산을 기록한 Vanguard FTSE De-veloped Markets ETF(VEA)의 경우 'Vanguard Group에서 운용하고 FTSE 선진국 지수(의 성과)를 추종하는 ETF'라고 할 수 있습니다.

변형된 ETF 이름 - 각기 다른 개별 형태

상위 ETF 중에서 대표적으로 기술주에 집중투자하는 Invesco QQQ Trust(QQQ)는 투자자들로부터 많은 사랑을 받는 ETF로 유명하지만, 그 이름이 독특해 많은 사람의 관심에 오르내리기도 합니다.

기본적인 구조를 기준으로 이해하자면 '인베스코(Invesco)라는 곳에서 운용하며 QQQ를 추종하는 ETF'라고 할 수 있는데요, 여기에서 QQQ는 무엇을 의미할까요?

이 ETF는 기본적으로 QQQ가 아니라 '나스닥(National Association of Securities Dealers Automated Quotations, NASDAQ) 지수 중 금융업을 제외한 100개의 종목으로 구성되며, NASDAQ 성과의 95% 이상을 복

제한 NASDAQ-100 지수(의 성과)를 추종하는 ETF'입니다.

그런데 왜 NASDAQ-100이라는 이름 대신 QQQ라는 의문의 부호 같은 이름을 사용하는 것일까요? 사실 왜 이런 이름이 붙여졌는지에 대해서는 투자자들의 추측만 있지, 정설이라고 할 만한 배경은 알려진 바가 없습니다. 그나마 'NASDAQ의 마지막 알파벳인 Q를 강조하는 이름' 정도가 가장 설득력 있는 추측이라고 할 수 있겠습니다.

하지만 이렇게 추종 지수(또는 업종, 상품)가 아닌 독특한 이름을 ② 에 사용하는 ETF는 사실상 거의 없는 만큼, 이름 때문에 당황할 일은 거의 없을 것입니다. 다만 여기서는 이런 변형된 형태의 ETF 이름이 있다는 것도 보여드리고자 이 ETF를 소개했습니다.

변형된 구조의 이름을 갖는 ETF 중 대표적인 것들은 업종을 대표하는 업종 ETF에서 주로 볼 수 있습니다.

S&P 500 지수는 11개의 업종으로 구성돼 있습니다. 이 11개 업종 (의 성과)을 추종하는 ETF 중에서 운용자산 기준 대표 ETF는 대부분 SSGA사의 펀드들인데, 이들은 '① 운용사 이름(또는 운용사의 브랜드) + ② 추종 지수(또는 업종, 상품) + ③ 상품의 정체성(ETF 또는 Trust, Fund 등)'이라는 앞서 설명한 규칙과 다르게 ②-①-③의 순서대로 이름이

〈그림 1-3〉 업종 ETF 중 특수한 ETF 이름 구조 예시

② 추종하는 벤치마크 지수

Healthcare Select Sector SPDR Fund

① 운용사 이름 또는 운용사의 ETF 브랜드   ③ 상품의 정체성

구성돼 있습니다.

예를 들어 S&P 500 지수 내 헬스케어(healthcare, 건강상태 유지 혹은 향상 등 의료, 제약, 건강관리에 관한 산업) 업종의 ETF 중 가장 대표적인 상품인 Healthcare Select Sector SPDR Fund(XLV)의 경우 〈그림 1-3〉에서 볼 수 있듯이 ②와 ①의 순서가 뒤바뀌어 있습니다. 이 ETF의 이름은 ② 추종 지수(또는 업종, 상품)에 해당하는 Healthcare Select Sector, 즉 헬스케어 업종(의 성과)을 추종한다는 의미가 ① SPDR이라는 SSGA 운용사의 ETF 브랜드보다 먼저 나옵니다.

물론 이런 구조는 SSGA가 운용하는 업종 ETF에만 국한되는 것이니, QQQ의 경우와 마찬가지로 이름 때문에 당황할 일은 거의 없다고 할 수 있겠습니다.

예를 들어서 또 다른 헬스케어 업종 대표 ETF 중 하나인 Vanguard Health Care ETF(VHT)는 우리가 알고 있는 ①-②-③의 순서대로 이름이 잘 구성돼 있습니다.

파생 ETF 이름 구조

한편 ETF 이름을 보다 보면 'Ultra', 'UltraPro'라는 이름을 종종 보게 됩니다. 여기에서 Ultra는 2배의 레버리지, UltraPro는 3배의 레버리지로 벤치마크 지수 또는 상품(의 성과)을 추종한다는 의미입니다.

즉, ProShares UltraPro QQQ(TQQQ)의 경우 '프로셰어즈(Proshares)라는 기업이 운용하는데, NASDAQ-100 지수가 낼 수 있는 성과의 3배를 추종한다'라는 의미입니다. 이런 ETF는 물론 가격이 올라갈 때는 성과가 좋지만, 떨어질 때는 3배로 떨어진다는 점을 명심해야 합니

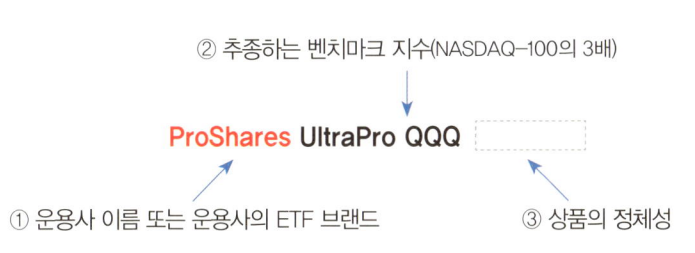

〈그림 1-4〉 파생 ETF 이름 구조 예시 ①

② 추종하는 벤치마크 지수(NASDAQ-100의 3배)

ProShares UltraPro QQQ

① 운용사 이름 또는 운용사의 ETF 브랜드

③ 상품의 정체성

다[여기에서는 ③에 해당하는 ETF(또는 Fund, Trust)라는 정체성 관련 표기가 생략돼 있습니다].

뒤에서 좀 더 자세히 다루겠지만, 이처럼 2배, 3배의 성과를 추종하는 ETF들을 '레버리지 ETF(Leverage ETF)'라고 부릅니다. 이들의 경우 Ultra, UltraPro 같은 이름을 갖기도 하고 Bull 2X, Bull 3X와 같은 이름이 붙기도 합니다.

이 외에 벤치마크 지수와는 정반대의 성과를 추종하는 ETF들도 있는데 이런 ETF들은 '인버스 ETF(Inverse ETF)'라고 부릅니다. 이런 ETF는 Short, Inverse, Bear와 같은 이름이 붙으며 만약에 UltraPro Short이라는 이름이 있다면 인버스에 레버리지가 추가된 개념으로 '벤치마크 지수와 정반대의 성과를 추종하는데, 3배로 반대의 성과를 추종하는 것'을 의미합니다.

예를 들어서 ProShares UltraPro Short QQQ의 경우 'ProShares라는 기업이 운용하는데 NASDAQ-100 지수의 성과와 정반대 성과를 3배로 추종한다'라고 이해할 수 있습니다. 이론적으로는 NASDAQ-100 지수가 10% 하락하면 30%의 수익을 얻게 되고, 10% 상승하면 30%의 손실이 발생하는 상품입니다.

〈그림 1-5〉 파생 ETF 이름 구조 예시 ②

② 추종하는 벤치마크 지수(NASDAQ-100 역으로 3배)

ProShares UltraPro Short QQQ

① 운용사 이름 또는 운용사의 ETF 브랜드   ③ 상품의 정체성

지금까지 설명한 내용을 이해했다면 이제 여러분은 실제 ETF 이름의 대부분을 이전보다 훨씬 쉽게 이해하고 상대적으로 잘 기억하실 수 있을 것입니다.

3. ETF 시장의 발전

앞서 우리는 ETF란 무엇인지 그리고 이름은 어떻게 지어지는지에 대해 간략히 살펴봤습니다. 이를 요약하자면 ETF는 '주식처럼 상장돼 거래소에서 실시간으로 매매(설정과 환매)가 가능한 인덱스 펀드'이며, ETF 이름은 '① 운용사 또는 브랜드 + ② 벤치마크 지수 또는 업종 + ③ 상품의 정체성'이라는 3단계 구조로 이뤄져 있다고 할 수 있습니다.

그렇다면 이러한 ETF는 언제부터 자본시장에 등장하게 됐을까요?

ETF의 탄생 - 1990년대 지수 추종 펀드에서 2000년대 채권과 상품 펀드로 확장

뮤추얼 펀드(유가증권 투자를 목적으로 설립된 주식회사 형태의 법인회사)가 1920년대부터 미국에서 본격적으로 운용되기 시작한 반면, 인덱스 펀드는 그로부터 약 50년이 지난 1971년에 처음 등장했습니다. 인덱스 펀드가 대중화된 계기는 1975년에 출시된 '뱅가드 500 인덱스 펀드(Vanguard 500 Index Fund)'였습니다.

이 펀드는 "수많은 종목으로 포트폴리오를 구성해 개별 종목의 리스크를 제거하고 시장 리스크만을 남겨야 한다"라는 원칙을 강조한 전설적인 투자자 존 보글(John C. Bogle)에 의해 설계됐고, 이후 대중화에 성공했습니다.

이러한 인덱스 펀드를 기반으로 한층 더 진화한 상품이 바로 ETF입니다. ETF는 1990년대 초에 상업화되었는데 초기에는 주식형 지수를 추종하는 형태로 등장했고, 채권 지수를 추종하는 iShares iBoxx $ Investment Grade Corporate Bond ETF(LQD)는 2002년이 되어서야 처음으로 출시됐습니다. 이후 ETF는 금, 원유, 리츠(Real Estate Investment Trusts, REITs, 부동산에 투자하는 뮤추얼 펀드) 등 다양한 자산군으로 투자 대상을 넓혀 나갔습니다.

ETF 시장의 성장

ETF는 2000년대 중반부터 본격적인 성장 국면에 진입합니다. 1990년대까지는 미미하던 성장세가 2000년대의 증시 호황을 바탕으로 가속화됐고, 특히 2007~2008년에는 폭발적인 성장세를 기록했습니다.

이러한 성장을 바탕으로 미국 ETF 시장은 2000년 기준 80개 상장 펀드, 순자산 660억 달러 규모에서 2010년에는 923개 상장 펀드, 9,920억 달러 규모로 10년 만에 순자산 기준 무려 15배 이상 확대됐습니다. 이후 2020년까지도 5년마다 2배 이상의 성장을 지속하며 가파른 상승세를 이어갑니다.

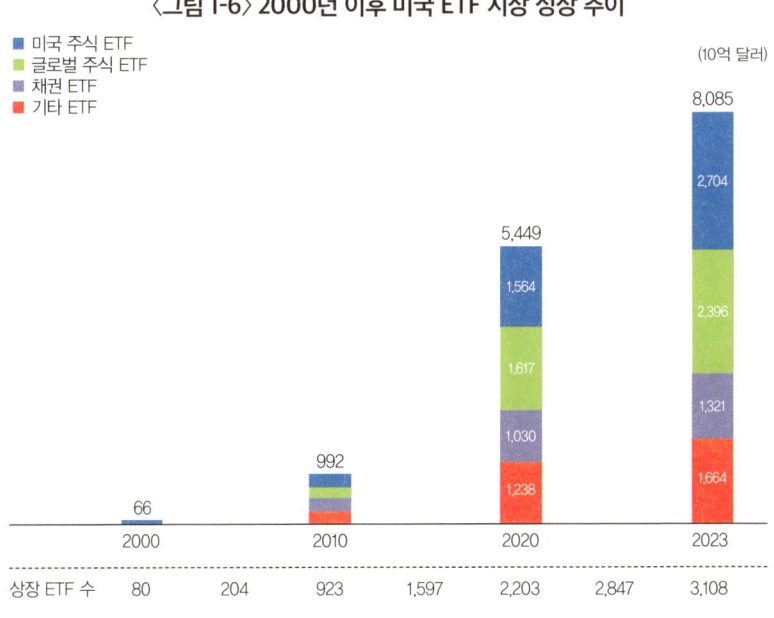

〈그림 1-6〉 2000년 이후 미국 ETF 시장 성장 추이

- 미국 주식 ETF
- 글로벌 주식 ETF
- 채권 ETF
- 기타 ETF

(10억 달러)

상장 ETF 수	80	204	923	1,597	2,203	2,847	3,108

출처: 미국 자산운용협회(Investment Company Institute, ICI)

　주목할 점은 2008년 글로벌 금융위기라는 어려움 속에서도 221개의 ETF가 신규 상장될 정도로 시장의 성장세가 꺾이지 않았다는 점입니다.

글로벌 ETF 시장 현황

　이처럼 고속 성장을 이어간 결과 2023년 말을 기준으로 뉴욕증시(NYSE Arca)*에 상장된 ETF는 3,108개에 이르며, 운용자산 규모는

---

*　미국 ETF의 대부분은 미국을 대표하는 전자 증권거래소인 NYSE Arca와 NASDAQ에 상장돼 있습니다. NYSE Arca는 뉴욕증권거래소(The New York Stock Exchange, NYSE) 그룹 산하의 별도 전자거래소이며, 주요 운영 본부는 시카고에 있으나 법적으로는 뉴욕에 기반을 두고 있습니다. 산하 기관이므로 이 책에서는 '뉴욕증시'로 표기합니다. NASDAQ의 본사는 2025년 9월 기준 뉴욕에 위치해 있습니다.

〈그림 1-7〉 미국, 유럽, 아시아 ETF 시장 규모 비교

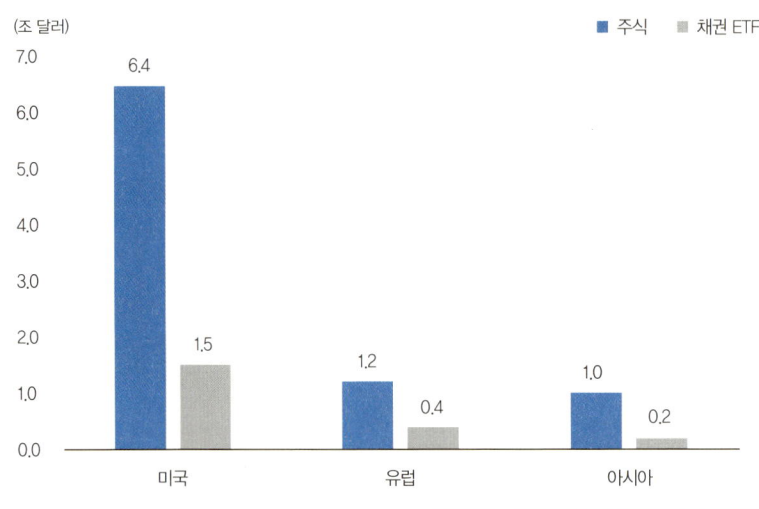

출처: BlackRock ETF(iShares) 홈페이지, 마켓 인사이트(Market Insight) 《글로벌 ETF 시장 동향: 2023년 4분기에서 알아야 할 세 가지 사항(Global ETF Market Facts: three things to know from Q4 2023)》

〈그림 1-8〉 상위 운용사 ETF 운용 규모와 시장 점유율

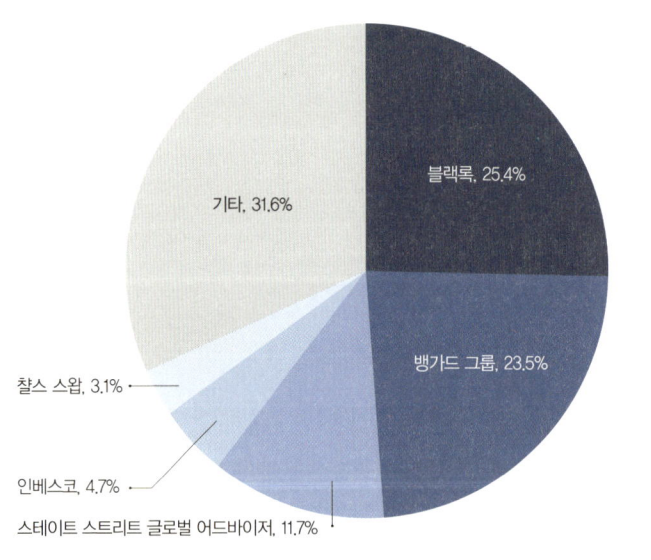

출처: 스톡 애널리시스(Stock Analysis)

한 권으로 끝내는 미국 ETF 투자

8.09조 달러[글로벌 리서치 기업 ETFGI(ETF Global Insight) 추산 8.12조 달러]에 달합니다. ETF는 이제 뉴욕증시 일일 거래대금의 약 30%를 차지하고 있으며 일일 최대 40%의 비중을 기록할 정도로 성장했습니다.

한편, 2023년을 기준으로 미국의 글로벌 ETF 시장 점유율은 운용자산을 기준으로 봤을 때 73.83%로 압도적입니다. 특히 BlackRock, Vanguard, SSGA 3대 운용사가 전 세계 ETF 시장의 60.28%를 점유하고 있는 만큼, 미국 ETF가 글로벌 ETF 시장을 주도하고 있다고 해도 과언이 아닙니다.

참고 - 국내 ETF 시장의 태동과 고속 성장

한국 ETF 시장은 2002년 10월 4종목, 순자산가치 3,444억 원으로

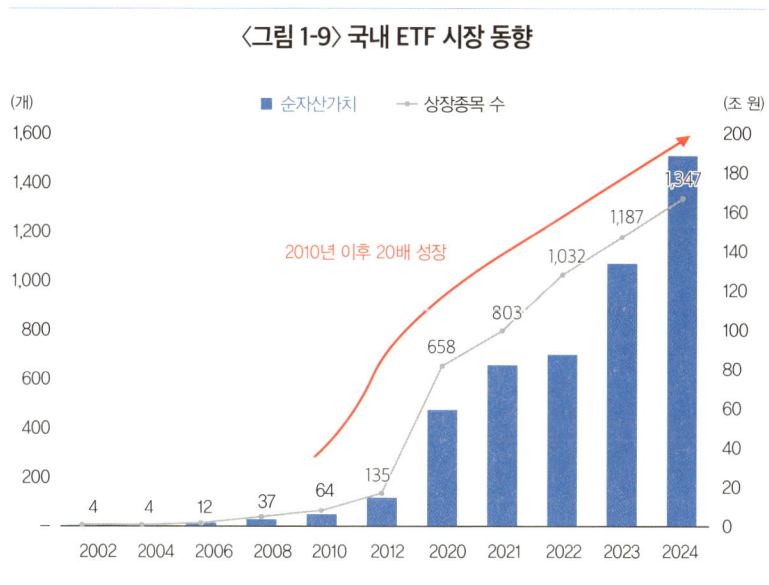

〈그림 1-9〉 국내 ETF 시장 동향

출처: 한국거래소

시작해서 2006년 섹터 ETF의 상장을 계기로 급성장했고, 2009년에는 40개 종목으로 확대됐습니다. 2023년 7월 기준으로는 733개 상장 펀드가 순자산가치 100조 원을 돌파(100조 312억 원)했는데, 특히 2019년 말 기준 50조 원에서 불과 3년 반 만에 추가로 50조 원이 성장했다는 점은 국내 ETF 시장의 성장 속도가 얼마나 빠른지를 잘 보여줍니다.

이러한 가파른 성장세가 가속화되면서 2024년 말, ETN(Exchange Traded Note, 상장지수증권. 기초 지수 변동과 수익률이 연동되도록 증권사가 발행한 파생결합증권)을 포함해 1,347개 상장 펀드, 순자산가치 총액 약 190.36조 원까지 시장이 확대됐습니다. 이는 2002년 ETF 시장이 개설된 이후 22년만에 무려 약 550배 이상 성장한 것입니다.

4. 주식 및 일반 펀드 대비 ETF 투자의 장단점

ETF 시장이 빠르게 성장한 배경에는 ETF 특유의 매력이 자리하고 있습니다. 그중에서도 자본시장의 대표 투자수단인 주식과 비교해보면 ETF의 강점이 분명하게 드러납니다.

주식 투자 대비 ETF 투자의 확실한 두 가지 장점

투자자들이 주식 투자가 아니라 ETF 투자를 통해 기대할 수 있는 장점은 크게 분산투자 효과를 통해 위험을 낮출 수 있다는 것과 상대적으로 적은 돈으로 훌륭한 포트폴리오를 구성할 수 있다는 점입니다.

분산투자 효과

ETF는 단순히 주식을 여러 개 모아둔 '묶음' 이상의 의미를 지닙니다. 그 구조 자체에 위험을 줄이고 효율적으로 시장에 접근할 수 있는 장치들이 내재돼 있기 때문입니다. 일반적으로 위험은 체계적 위험(또

는 시장 위험, Systemic risk)과 비체계적 위험(Unsystematic risk)로 나누어
집니다.

▸ 체계적 위험
: 경기, 금리, 전쟁, 통화정책 등 전체 시장의 흐름에 따라 발생하는 위험

▸ 비체계적 위험
: 개별 기업의 재무 구조, 산업 사이클, 경영진 리스크, 소송 등 기업 특성에 따라 발
생하는 위험

체계적 위험은 시장 위험이기 때문에 증시 내에서 제거될 수 없지
만, 비체계적 위험은 여러 종목에 분산투자함으로써 제거될 수 있습니
다. ETF도 여러 종목으로 구성된 포트폴리오에 투자하는 것이므로 비
체계적 위험을 효과적으로 제거할 수 있습니다. 투자자가 개별 종목을
직접 매수할 때 감당해야 할 위험을 ETF를 포함한 인덱스 펀드가 다
수 종목에 분산투자함으로써 줄여줄 수 있는 것입니다.

▸ 개별 종목 투자 = 체계적 위험 + 비체계적 위험
▸ 인덱스 펀드 투자(ETF 포함) = 체계적 위험 + 비체계적 위험 최소화 또는 없음(궁
극적으로 0에 수렴)

물론 비슷비슷한 종목의 수를 늘린다고 해서 비체계적 위험을 줄일
수는 없습니다. 그러나 종목 간 연관성이 낮은 다수의 종목으로 포트
폴리오를 구성하면 앞서 언급한 비체계적 위험의 상당 부분을 제거할
수 있습니다. 〈그림 1-10〉은 분산투자를 통해 어떻게 비체계적 위험

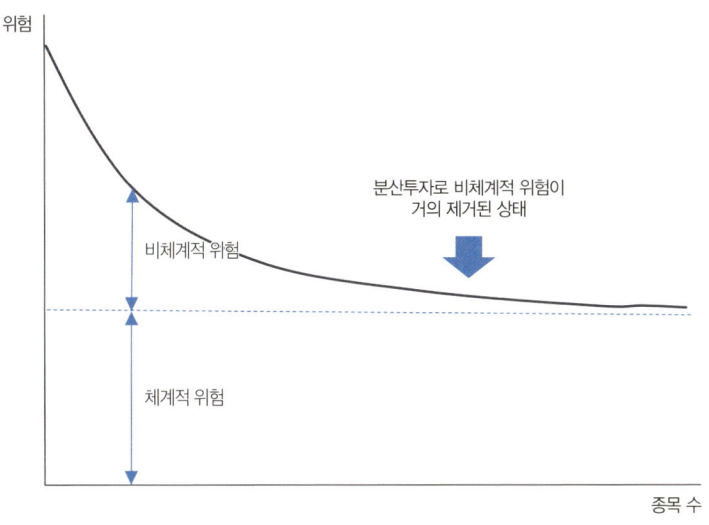

〈그림 1-10〉 체계적 위험과 비체계적 위험 및 분산투자

이 감소하는지를 잘 보여주고 있습니다.

〈그림 1-10〉을 보면 일정 단계에 이르면 종목 수를 더 늘려도 위험의 감소는 거의 없다는 것을 확인할 수 있습니다. 이 단계가 일정 수준의 종목으로 포트폴리오를 구성해 분산투자함으로써 비체계적 위험이 거의 제거된 상태이며, 실질적으로 제거가 어려운 체계적 위험인 시장 위험만 남는 상황이라고 할 수 있습니다.

적은 자금으로 포트폴리오 구성 가능

ETF의 또 다른 장점은 소액으로도 포트폴리오에 투자해 분산투자의 효과를 누릴 수 있다는 점입니다. 예를 들어서 S&P 500 지수를 추종하는 포트폴리오를 구성하기 위해 구성종목을 직접 매수한다면 엄청난 자금이 소요됩니다. 심지어 S&P 500을 구성하는 500여 종목을

1주씩만 매수한다고 해도 2025년 10월 기준 약 25만 달러가 필요합니다. 하지만, 동일한 지수를 추종하는 ETF인 SPDR S&P 500 ETF Trust(SPY)는 약 690달러로 매수할 수 있습니다. 이는 ETF가 얼마나 효율적인 투자수단이며 개인 투자자들에게 유용한지를 보여주는 대표적인 사례입니다.

즉, ETF는 자금이 많지 않은 일반 투자자에게도 광범위한 시장 참여 기회를 제공하며 자산배분의 효율성을 극대화할 수 있는 유용한 투자수단입니다.

ETF 투자에 대한 오해

ETF의 장점으로 가장 먼저 언급되는 것은 바로 '분산투자를 통한 위험 관리'입니다. 하지만 수익을 극대화하고자 하는 투자자 입장에서는 ETF의 분산 구조가 때로는 아쉽게 느껴질 수도 있습니다.

그 이유는 간단합니다. 많은 종목에 동시에 투자한다는 것은 곧 수익률이 높은 종목의 기여도가 희석될 수 있음을 의미합니다. 즉, ETF를 통한 분산투자는 위험을 줄이는 반면에 포트폴리오 내 종목 간 수익률이 서로 상쇄되어 기대수익률을 낮출 가능성을 내포하고 있습니다.

예를 들어서 일부 종목이 상승해도 다른 일부가 하락하거나 보합세를 보이면 전체적인 평균수익률이 낮아지며, 이는 목표한 수익에 도달하지 못하는 결과로 이어질 수 있습니다. "하이 리스크, 하이 리턴"을 추구하는 투자자들에게는 반갑지 않은 상황이 되는 것입니다.

버크셔 해서웨이의 부회장이자 버핏의 오랜 동료였던 고(故) 찰리 멍거(Charles Munger)는 분산투자에 대해 2008년 버크셔 해서웨이 주주총회에서 다음과 같이 비판적인 시각을 제시한 바 있습니다.

> "아무것도 모르는 투자자라면 분산투자를 해야 한다. 그러나 전문가가 분산투자를 한다면 그것은 미친 짓이다. 투자의 목적은 분산투자를 하지 않아도 안전한 투자기회를 찾아내는 것이다. 일생일대의 기회가 왔을 때 20%만 투자한다면 결코 합리적인 선택이 아니다. 그러나 그렇게 좋은 기회에 실제로 충분히 투자하는 사례는 매우 드물다."

실제로 버크셔 해서웨이의 포트폴리오를 보면 멍거의 말이 단순한 투자철학이 아니라 실제 투자 전략임을 알 수 있습니다. 2024년 1분기를 기준으로 버크셔 해서웨이 전체 주식 보유액 중 약 41%가 애플(Apple: AAPL) 한 종목에 집중돼 있으며, 상위 5개 종목이 전체 포트폴리오의 약 76% 이상을 차지하고 있습니다. 상위 10개 종목의 비중은

〈그림 1-11〉 2024년 1분기 및 4분기 버크셔 해서웨이 포트폴리오

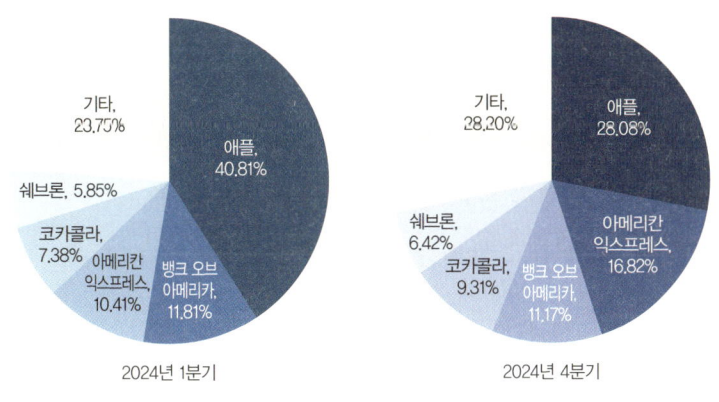

기타, 23.75%
쉐브론, 5.85%
코카콜라, 7.38%
아메리칸 익스프레스, 10.41%
뱅크 오브 아메리카, 11.81%
애플, 40.81%

2024년 1분기

기타, 28.20%
애플, 28.08%
아메리칸 익스프레스, 16.82%
쉐브론, 6.42%
코카콜라, 9.31%
뱅크 오브 아메리카, 11.17%

2024년 4분기

출처: 미국 증권거래위원회(Securities and Exchange Commission, SEC)

무려 90%를 넘어섭니다.

이후 애플을 비롯해 뱅크 오브 아메리카(Bank of America Corp: BAC) 등 주요 종목을 대거 매도했지만 2024년 4분기 버크셔 해서웨이의 포트폴리오는 여전히 소수 종목에 대한 높은 집중도를 보이고 있습니다.

물론 투자 종목 수를 무한대로 늘리는 것 자체가 위험을 낮춰 분산 효과를 극대화하는 것은 아닙니다. 〈그림 1-10〉에서 보듯이 포트폴리오에 종목을 추가할수록 비체계적 위험은 감소하지만, 그 효과는 점점 줄어듭니다.

즉, 분산투자는 초반에는 급격한 위험 감소 효과를 보이지만, 일정 수준을 넘어가면 아무리 종목을 추가해도 위험이 거의 줄어들지 않습니다.

따라서 분산투자를 통해 일정 수준의 위험을 줄이고 이후 남은 최소한의 위험을 감수함으로써 수익을 극대화하는 방법이 어쩌면 가장 현명한 투자 방법이 될 수 있을 것입니다.

멍거가 강조한 "일생일대의 기회가 왔을 때 단 20%만 투자하는 것은 결코 합리적인 선택이 아니다"라는 말은 단순히 집중투자를 권유하는 것이 아니라 '효율적 리스크-리턴 전략'에 대한 충고로 이해할 수 있습니다.

또한 멍거가 모든 투자자에게 소수 종목에 집중하는 투자 전략이 좋다고 이야기한 것은 아니라는 사실을 명심해야 합니다. 이와 관련해서는 멍거의 언급 중에 다음 부분에 주목할 필요가 있습니다.

"투자의 목적은 분산투자를 하지 않아도 안전한 투자기회를 찾아내는 것이다."

이 말은 투자자가 '무엇이 좋은 투자처인지 스스로 판단할 수 있는 능력'이 필요하다는 뜻입니다. 즉, 멍거가 이야기한 집중투자는 소수 종목에 베팅하기 전에 '무엇이 좋은 투자자산인지 스스로 판단할 수 있는 능력'이 뒷받침되어야 한다는 것입니다.

투자 가능한 '좋은 투자자산'에 대해서는 다양한 의견이 제시될 수 있지만, 교과서적으로는 '가치투자의 아버지'로 불리는 벤저민 그레이엄(Benjamin Graham)이 제시한 안전마진(Margin of Safety)을 확보한 자산(또는 종목)이 될 것입니다. 여기서 안전마진이 확보된 기업이란 '기업의 내재가치가 시장가치를 초과(= (유동자산-총부채) 〉 시장가치)한 상태에 있는 기업'을 말합니다.

하지만 이 같은 종목을 일반 투자자가 스스로 찾아내기란 매우 어렵습니다. 멍거 역시 "그렇게 좋은 기회에 실제로 충분히 투자하는 사례는 매우 드물다"라고 언급하며 이 점을 직접 지적한 바 있습니다.

결국 멍거가 이야기한 전략은 충분히 훈련되지 않은 일반 투자자들이 할 수 있는 영역이 아닙니다. 이 때문에 멍거도 "아무것도 모르는 투자자라면 분산투자를 해야 하지만…"이라는 전제를 바탕으로 발언한 것입니다.

충분한 전문성을 갖추지 못한 투자자가 집중투자를 하게 되면 정상 수준 이상의 위험에 노출될 가능성이 매우 높다는 것을 그도 잘 알고 있었던 것입니다.

따라서 충분한 분석 능력과 정보력, 시장에 대한 이해도가 부족한 투자자일수록 ETF와 같은 분산투자상품을 통해 안정성을 확보하는 것이 바람직한 투자 전략이라 할 수 있습니다.

ETF의 투자 다양성과 주의해야 할 과세 이슈

지금까지 일반 개인 투자자와 전문가를 비교해 수익을 올리는 방법과 가능성에 대해 이야기했습니다. 비전문가가 소수의 개별 종목에 투자해 장기적으로 높은 수익을 거두기란 결코 쉽지 않습니다. 하지만 ETF는 주식뿐 아니라 채권, 귀금속, 농산물, 원자재 등 다양한 자산을 기초로 설계돼 있어서 증시의 비전문가인 개인 투자자라도 자신만의 전문성이나 차별화된 경험을 살릴 수 있다면 의미 있는 수익을 얻는 기회를 잡을 수 있습니다.

다만 귀금속, 원자재, 부동산, 사회간접자본(Social Overhead Capital, SOC) 등 실물자산에 투자하는 ETF는 과세 이슈로 인해 예상치 못한 손실이 발생할 수 있으므로 특히 주의가 필요합니다.

우선 증시의 비전문가지만 투자자 본인만의 차별화된 경험을 바탕으로 의미 있는 수익을 얻는 사례를 살펴보도록 하겠습니다.

전설적인 투자자 피터 린치(Peter Lynch)는 저서 《전설로 떠나는 월가의 영웅》에서 개인 투자자도 전문가보다 더 나은 성과를 낼 수 있다고 강조합니다. 그는 이를 입증하는 여러 사례 중 하나로 다음 이야기를 소개합니다.

"1950년대 미국 뉴잉글랜드 지방의 한 소방관은 '탬브랜즈(Tambrands)' 공장이 무서운 속도로 확장해나가고 있음을 눈여겨 보았다. 그는 사업이 번창하고 있지 않은 다음에야 그렇게 급속한 확장을 해나갈 수 없을 것으로 생각하여 그 업체에 2,000달러를 투자했다. 그뿐 아니라 그 다음 5년 동안 매년 2,000달러씩 계속해서 투자했다. 1972년이 되었을 때 그 소방수는 백만장자가 되어 있었다."

이처럼 특정 산업에 종사하거나 관련 분야에 남들보다 먼저 반응할
수 있는 투자자이거나 아니면 남들보다 좀 더 관심 있게 보고 있는 분
야가 있다면 관련 ETF에 투자해보는 것도 좋은 전략이 될 수 있습니
다. 특히 미국 ETF는 주식이나 채권에만 국한되지 않고 다양한 실물
자산을 기초로 한 상품들이 풍부하게 마련돼 있기 때문입니다.

예를 들어서 ETF 시장에는 금 같은 귀금속, 구리 같은 산업용 금속,
원유·천연가스 같은 에너지, 농산물 외에도 부동산, 가상화폐, 치료용
마리화나(미국 일부 주에서 합법화돼 확산 중) 등 다양한 분야를 다루는
ETF가 존재합니다.

물론 국내 거래소에도 이와 같은 ETF가 상장돼 있지만, 다양성과
선택의 폭에서 미국 ETF가 훨씬 우위에 있습니다.

다만 원자재, 부동산, 인프라 등에 투자하는 일부 미국 ETF는 PTP
과세(Publicly Traded Partnership Tax) 대상일 수 있어 투자 시 각별한 주
의가 필요합니다. PTP는 '공개거래 파트너십'으로, 일반적인 주식회
사와 달리 유한회사나 파트너십 형태의 벤처펀드 등이 개별 종목이나
펀드로 구성되어 상장된 형태입니다.

미국 국세청(Internal Revenue Service, IRS)은 2023년 1월부터 미국 외
거주 외국인이 PTP에 투자할 경우 매도대금의 10%를 세금으로 부과
하기 시작했습니다. 이 과세제도는 외국인의 단기투자가 원자재 시장
의 급등락을 유발하는 것을 막기 위한 조치로 시행된 것인데, 주의할
점은 과세의 대상이 '차익'이 아니라 '매도대금 전체'라는 것입니다.

예를 들어서 100만 원을 투자해 투자수익이 좋아 110만 원이 됐

을 경우 투자 차익인 10만 원에 대해 세금을 내는 것이 아니라 매도대금 110만 원의 10%인 11만 원을 세금으로 내야 합니다. 여기에 투자 차익 10만 원에 대해서도 여타 투자자산과 통합해 연간 누적 차익이 250만 원을 초과하면 22%의 양도소득세가 추가로 부과됩니다.

이 경우 이 투자자의 손에 남는 돈은 96.8만 원으로 표면상으로는 원금 100만 원 대비 10%의 수익을 기록했음에도 실질적으로는 3.2%의 손실이 발생합니다.

반면 100만 원을 투자한 ETF가 성과가 저조하여 손실을 보고 95만 원에 매도할 경우에도 매도대금의 10%인 9.5만 원(95만 원의 10%)을 세금으로 납부해야 합니다. 이 투자자 손에 남는 돈은 85.5만 원에 불과해 손실률이 5%에서 14.5%로 확대됩니다.

물론 모든 PTP 종목이 과세 대상은 아닙니다. 또한 일부 발행사는 미국 국세청에 세무 정보 및 예외 적용을 알리는 공식 통지문인 QN(Qualified Notice)을 제출해 세금을 일시적으로 유예받고 있습니다. 그러나 이 유효기간은 92일에 불과하며 그 이후에는 QN을 갱신해야 PTP 세금 유예가 가능하므로 정기적인 확인이 필요합니다.

현재 PTP 과세 대상은 에너지, 원자재, 부동산, 인프라, 농산물 등 실물자산 관련 종목이 중심이며, 약 200개 이상의 종목 및 ETF가 대상입니다. 또한 이 중에는 운용자산 10억 달러 이상의 대형 ETF도 40~50개나 포함돼 있습니다.

특히 주의해야 하는 것은 이처럼 PTP 과세가 국내 투자자에게 중요한 사항임에도 불구하고, 관련 정보가 투자자에게 충분히 전달되지 않고 있다는 것입니다. 일부 증권사는 2022년 12월 시행 공지 이후 변동 사항을 업데이트하지 않고 있으며, QN 갱신 여부도 명확히 안내하지 않고 있습니다.

그나마 다행인 것은 대부분의 증권사가 HTS나 MTS 거래에서 PTP 대상 종목이나 펀드를 매수하려고 할 때 팝업창으로 PTP 과세 대상임을 알리는 경고를 띄워준다는 것입니다. 따라서 원자재나 부동산 관련 ETF를 매매할 때는 PTP 과세 경고 여부를 반드시 확인해야 합니다.

일반 펀드 대비 ETF가 가지는 네 가지 장점

ETF의 장점은 분산투자에만 그치지 않습니다. ETF는 같은 포트폴리오 기반의 투자수단인 액티브 펀드나 인덱스 펀드와 비교했을 때도 여러 측면에서 우위를 갖고 있습니다. 이를 보여주는 사례로 한 가지 일화를 소개하겠습니다.

2006년부터 2007년까지는 중국 관련 펀드가 유행하던 시기였습니다. 당시 투자자 A씨는 당시 중국의 빠른 경제성장에 주목해 관련 펀드에 투자하고자 했습니다. 그러나 A씨가 만나 상담한 판매사 직원은 펀드에 포함된 구성종목이나 펀드매니저의 성과, 위안화 환산 비용 등 기본적인 정보조차 제대로 알고 있지 못했습니다. 불투명한 정보와 높은 불확실성에 부담을 느낀 A씨는 결국 투자를 포기하고 말았습니다. 상해종합주가지수는 2006년 1월부터 2007년 9월까지 373% 상승했습니다.

이 사례는 ETF가 일반 공모펀드(액티브 펀드, 인덱스 펀드 등)보다 정보 접근성과 운용 투명성 측면에서 얼마나 큰 장점을 지니고 있는지를 잘 보여줍니다.

ETF는 기본적으로 포트폴리오 분산을 통한 위험 관리 효과는 물론

이고 투명성, 거래 유연성, 낮은 보수, 세금 효율성 등 다양한 측면에서 기존 펀드보다 강력한 경쟁력을 갖추고 있습니다. 지금부터 ETF가 가진 네 가지 대표적인 장점에 대해 좀 더 자세히 살펴보겠습니다.

투명성 - 실시간 정보 공개

우리나라는 납입자산구성내역(Portfolio Deposit File, PDF) 공시제도를 운용하고 있어 국내 ETF는 운용사 홈페이지나 한국거래소를 통해 실시간 또는 하루 전 기준의 구성종목과 보유 비중을 누구나 쉽게 확인할 수 있도록 해놓았습니다. 미국 ETF 역시 각 펀드 공식 홈페이지에 접속하면 매일 업데이트된 정보를 확인할 수 있습니다.

반면 일반 펀드는 구성종목이 실시간으로 공개되지 않으며, 판매사 직원조차 세부 내용을 제대로 파악하지 못하는 경우가 적지 않습니다. 자산운용사가 제공하는 자산운용보고서는 통상 분기 단위로 제출되며, 이미 한참 지난 시점을 기준으로 작성된 정보에 불과합니다. 이로 인해 투자자는 투자 시점에서 정확한 포트폴리오 구성을 알지 못한 채 투자결정을 내려야 하는 상황에 놓입니다.

운용보수 - 장기투자일수록 확연히 드러나는 비용 효과

금융 상품은 거래 시 비용을 수반합니다. 주식은 거래세라는 세금과 증권사에 거래 체결 관련 수수료를 내야 하고, 펀드는 운용보수(+판매보수 등)라는 비용을 지불해야 합니다. ETF도 위탁수수료 형태의 운용보수를 지급하도록 하고 있습니다.

그런데 이런 비용과 관련해 금융 상품 간 큰 차이가 발생합니다. 일반적으로 액티브 펀드는 운용보수와 판매보수 등을 모두 합한 총보수가 2~3% 수준입니다. 인덱스 펀드의 경우에도 1~2% 수준으로 결코 낮지 않습니다. 반면 국내 상장된 ETF의 경우 총보수가 평균적으로 약 0.5% 내외에 불과합니다. 심지어 미국 ETF는 2021년 기준 주식형 ETF 수수료가 평균 0.16%, 채권형 ETF가 평균 0.12%로 국내 ETF 대비해서도 현저히 낮습니다.

실제로 2023년 기준 뉴욕증시에 상장된 총 3,469개(etf.com 발표 기준. ICI 기준 3,108개)의 ETF 중에서 92.1%에 해당하는 3,195개 ETF의 총 운용보수는 1% 미만이었으며, 1,615개 ETF(전체 비중 46.6%)는 0.5% 미만이었습니다. 0.1% 미만의 수수료(보수)를 받는 ETF도 239개(7.89%)나 됩니다. 특히 0.1% 미만의 연간 운용보수를 받는 ETF 중에는 미국 ETF를 대표하는 펀드가 많아 여타 금융 상품 대비 비용에 대한 차이가 더 크게 느껴집니다.

예를 들어서 1억 원을 투자해 10년간 연 10%의 수익을 올렸을 때, 연간 보수비용을 제외한 펀드의 순자산은 액티브 펀드(연간 보수비용 2% 가정)의 경우 2억 1,193만 원, 인덱스 펀드(1% 가정)는 2억 3,457만 원인 반면, VOO(0.03%)는 2억 5,860만 원으로 수익 차이가 최대 4,667만 원에 달합니다.

〈표 1-2〉 펀드별 장기투자수익률 비교

	투자원금	운용보수	환매	투자수익률
액티브 펀드	100.0	2.00%	211.93	111.93%
인덱스 펀드	100.0	1.00%	234.57	134.57%
VOO	100.0	0.03%	258.60	158.60%

주: 10년간 연평균 10%의 수익률 가정. 금액 단위 100만 원

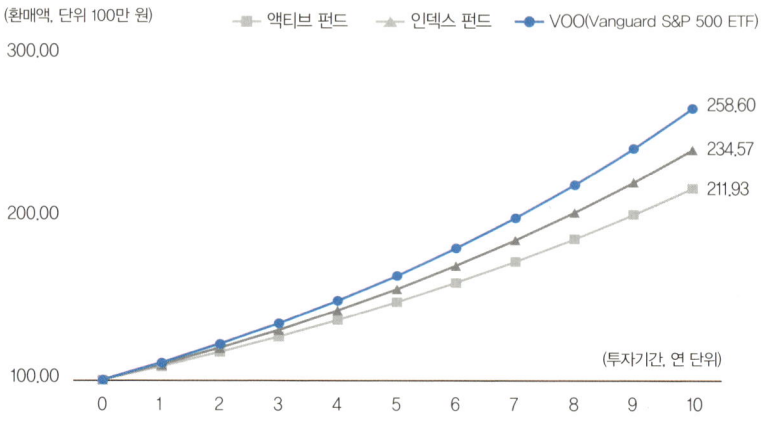

〈그림 1-12〉 펀드별 장기투자 자금흐름

(환매액, 단위 100만 원) ■ 액티브 펀드 ▲ 인덱스 펀드 ● VOO(Vanguard S&P 500 ETF)

258.60
234.57
211.93

(투자기간, 연 단위)

이는 결국 액티브 펀드와 인덱스 펀드 투자자가 ETF인 VOO 대비 각각 2,822만 원, 1,464만 원을 추가 비용으로 지불했기 때문입니다. 이처럼 운용보수의 차이는 단순한 비용 문제를 넘어서 절감된 비용이 추가 투자로 연결되면서 발생하는 복리 효과로 인해 수익 격차가 더욱 벌어지는 결과로 이어집니다. 〈표 1-2〉와 〈그림 1-12〉를 통해 펀드별 장기수익률 차이를 보다 직관적으로 확인할 수 있습니다.

편리성 - 실시간 거래와 신속한 대응

ETF는 일반 펀드에 비해 매수와 매도 절차가 훨씬 빠르고 간편합니다. 주식처럼 거래소에 상장돼 있어서 실시간 시세에 따라 원하는 시점에 매수하거나 매도할 수 있기 때문입니다. 결제도 주식과 동일하게 T+2일, 즉 매매일 포함 3일 차에 이루어지는 '3일 결제방식'입니다. 이러한 즉시성과 편의성은 ETF가 일반 펀드보다 실전 투자에 적합한 이유 중 하나입니다.

〈표 1-3〉 펀드 가입(매입) 기준가 적용 및 결제일

		T(당일)	T+1일(2일 차)	T+2일(3일 차)
주식형 (주식 50% 이상)	오후 3:30 이전	매입 청구	적용기준가/펀드 매입	–
	오후 3:30 이후		–	적용기준가/펀드 매입
채권형 (주식 50% 미만)	오후 5:00 이전		적용기준가/펀드 매입	–
	오후 5:00 이후		–	적용기준가/펀드 매입

반면 일반 펀드는 실시간 거래가 불가능합니다. 가입과 환매는 모두 하루에 한 번 결정되는 기준가에 따라 결정되며, 그나마도 그 다음날이나 이틀 뒤 기준가로 이루어집니다. 예를 들어서 주식형 펀드의 경우 오후 3시 30분 이전에 매입을 청구하면 다음 영업일 기준가로 매입되고, 장 마감 이후인 3시 30분 이후에 청구한다면 다다음날(T+2일, 3일 차) 기준가로 매입하게 됩니다.

매입했던 주식형 펀드를 환매하고자 할 때에도 환매신청을 장 마감

〈표 1-4〉 펀드 환매(매도) 기준가 적용 및 결제일

		T (당일)	T+1일 (2일 차)	T+2일 (3일 차)	T+3일 (4일 차)	T+3일 (4일 차)
주식형 (주식 50% 이상)	오후 3:30 이전	환매 청구	적용기준가	–	환매대금 지급	–
	오후 3:30 이후		–	적용기준가	환매대금 지급	–
주식혼합형 (주식 50% 미만)	오후 5:00 이전		–	적용기준가	환매대금 지급	–
	오후 5:00 이후		–	–	적용기준가	환매대금 지급
채권형	오후 5:00 이전		적용기준가/ 환매대금 지급	–	–	–
	오후 5:00 이후		–	적용기준가/ 환매대금 지급	–	–

인 3시 30분 이전에 할 경우에는 다음날(T+1일, 2일 차) 기준가로 환매가 되어 4일 차(T+3일)에 환매금이 지급됩니다. 만약 장 마감 이후 환매신청을 한다면 이틀 뒤(T+2일, 3일 차) 기준가로 환매가 되어 4일 차(T+3일)에 환매금이 지급됩니다.

이와 같이 일반 펀드는 매도하는 시점에 기준가가 설정되고 환매되는 것이 아니기 때문에 시장 상황이 급변할 경우에는 빠른 대응이 어려운 반면 실시간으로 매수·매도가 가능한 ETF는 투자 타이밍을 원하는 시점에 잡을 수 있다는 점에서 확실한 우위를 점한다고 할 수 있습니다.

한편 일반 펀드는 가입과 환매 절차가 오래 걸릴 뿐 아니라 약정된 기간 이전에 환매할 경우 환매 수수료가 부과되기도 합니다. 이는 수익성 자산을 조기에 매도하면 남은 투자자에게 손실이 전가될 수 있기 때문입니다. 해당 수수료는 펀드 전체 자산에 귀속됩니다.

ETF의 실시간 거래 기능이 오히려 단점으로 작용한다는 반론도 있습니다. 시장 가격의 단기 변동에 민감하게 반응하는 투자자라면 장기 전략을 유지하기 어려울 수 있기 때문입니다. 이 점에서 가입과 환매 속도가 느린 일반 펀드가 장기투자에 더 적합하다는 것입니다.

하지만 투자자의 전략이 장기투자에 확실히 초점이 맞춰져 있다면 장기투자의 적합성과 관련해서 두 상품 간의 비교는 큰 의미가 없습니다.

즉, 장기투자 여부는 투자자의 의지나 전략에 달려 있는 것입니다. 단지 ETF는 장기투자뿐 아니라 단기투자에도 활용이 가능하도록 설계되어 있을 뿐입니다.

전략적 유연성 - 투자 효과의 극대화 및 다양한 전략적 활용

ETF는 일반 펀드에 비해 다양한 전략을 구사할 수 있으며 펀드 내 자산운용 측면에서도 효율적입니다. 일반 펀드는 투자자의 갑작스러운 환매에 대비해 일정 수준의 현금을 상시 보유해야 합니다. 하지만 ETF는 대부분의 환매가 '현물 교환' 방식으로 이뤄지므로 현금을 따로 보유할 필요가 없습니다. 그만큼 자산 전체를 시장에 적극적으로 투입할 수 있어 기회비용이 줄어들고, 인덱스 펀드보다도 자산운용의 효율성이 높은 상품으로 평가받습니다.

또한, ETF는 투자자가 원할 경우 레버리지 상품을 통해 시장 노출도를 확대할 수 있습니다. 예를 들어서 2배나 3배 수익률을 추구하는 레버리지 ETF를 활용하면 동일 자금으로 더 큰 시장 반응을 기대할 수 있습니다. 반대로 인버스 상품을 활용하면 하락장에서 수익을 노리는 전략도 가능합니다. 실제로 국내외에 레버리지·인버스 ETF가 다양하게 상장돼 있으며 이를 통해 단순한 지수 추종을 넘어 공격적인 전략을 실현할 수도 있습니다.

다만 이러한 전략적 유연성은 당연히 더 큰 변동성과 위험을 수반

〈표 1-5〉 ETF와 일반 펀드 비교

	ETF	일반 펀드
투명성	펀드 상황 실시간 확인 가능	펀드 상황 분기 1회 확인 가능
운용 보수	– 국내 평균 0.5% 내외 – 미국 0.16%(2021년 기준)	– 액티브 펀드 2~3% – 인덱스 펀드 1~2%
편리성	– 실시간 매매 – T+2일 매매 완료	– 청구일 1~2일 후 기준가 – T+3일 매입, 환매 완료
유연성	다양한 전략 가능(레버리지, 인버스 등)	단순 매입, 환매만 가능

합니다. 레버리지 ETF 같은 파생상품 기반의 ETF는 일반 ETF보다 가격 변동성(등락 폭)이 크므로 투자 전에 상품 구조와 손익 구조에 대한 충분한 이해가 필요합니다.

결론적으로 ETF는 단순한 장기 분산투자수단을 넘어서 투자자의 전략에 따라 공격적이거나 방어적인 포지션을 유연하게 구성할 수 있는 도구로 활용될 수 있습니다.

일반 투자자들의 오해 - ETF의 뚜렷한 장점에도 다른 투자안을 선택하는 이유

앞서 살펴본 바와 같이 ETF는 일반 펀드나 개별 주식 투자에 비해 다양한 장점을 가지고 있지만, 실제 투자 현장에서는 여전히 주식과 일반 펀드에 대한 수요가 큽니다.

한국거래소에 따르면 2023년 ETF 거래대금은 코스피(Korea Composite Stock Price Index, KOSPI) 전체 거래대금과 비교해 33.4%를 기록했습니다. 미국도 비슷한 수준으로 ETF 거래대금은 전체 주식 거래대금 대비 약 30% 전후의 수준을 보이고 있습니다. 이는 주식에 투자하는 투자자가 ETF 투자자 대비 약 2배 정도 많은 거래를 하고 있다는 것을 의미합니다.

한편 자본시장연구원(Korea Capital Market Institute, KCMI)이 발표한 2023년 보고서에 따르면 2021년 기준 주식형 공모펀드 내에서 ETF가 차지하는 비중은 54.9%로 절반을 넘었습니다. 이는 여전히 일반 공모펀드가 45.1%를 차지하며 상당한 시장 규모를 유지하고 있음을 의미합니다.

이처럼 일반 투자자들이 개별 주식 투자나 액티브 펀드 등에 여전히 흥미를 느끼는 이유는 초과수익에 대한 기대 때문입니다. 높은 위험을 부담하더라도 높은 수익을 추구하고자 하는 공격적 투자성향이 반영된 것입니다.

하지만 고수익을 달성하려면 더 큰 위험을 부담해야 할 뿐 아니라 일정 수준의 전문성도 함께 요구됩니다. 예를 들어서 재무제표 분석, 사업보고서 해석, 공시 자료 이해는 기본이고 산업 동향이나 경영 환경 변화에 대한 지속적인 모니터링도 필요합니다.

전문 투자자들에 비해 개인 투자자들의 정보 접근성이 과거보다 개선됐지만, 여전히 개인 투자자는 기관 투자자나 펀드매니저에 비해 정보의 양과 질, 속도 측면에서 불리한 위치에 놓여 있습니다. 그렇기 때문에 개인 투자자가 주식 투자를 통해 장기적으로 충분한 수익을 얻기는 어렵습니다.

한편 보수적 성향을 지닌 투자자는 일반 펀드에 투자하는 성향을 지닙니다. 금융 지식이 부족하거나 투자에 많은 시간을 쓰기 어려운 개인 투자자의 경우 대개 전문가에게 운용을 맡길 수 있는 일반 펀드를 선호하는 것입니다.

시장 수익률을 추종하면서 위험을 줄이고자 한다면 인덱스 펀드(패시브 펀드)가 적합합니다. 반면에 시장 수익률을 초과하는 수익률에 대한 욕구가 강한 투자자는 액티브 펀드를 선택합니다. 다만 액티브 펀드는 인덱스 펀드와 달리 펀드매니저가 특정 종목을 취사선택하거나 그 비중을 조정해 초과수익을 노리는 구조이기 때문에 비체계적 위험인 개별 기업의 위험이 완전히 제거되지 않으며, 인덱스 펀드에 비해 상대적으로 더 큰 위험에 노출됩니다.

흥미로운 점은 위험을 더 감수하고 초과수익을 노리는 액티브 펀드가 실제 장기성과에서는 인덱스 펀드보다 낮은 수익률을 기록하는 경우가 많다는 점입니다. 실제로 2011년부터 2023년까지 미국의 대표적인 액티브 펀드인 헤지펀드의 연평균수익률은 약 4.96%로, 같은 기간 S&P 500 지수의 연평균수익률인 14.4%를 크게 밑돌았습니다.

ETF는 일반적으로 인덱스 펀드로서의 구조를 갖추고 있으면서도, 거래 측면에서는 주식처럼 실시간으로 사고팔 수 있는 유연성을 지닌 금융 상품이라는 점에 주목해야 합니다. 분산투자, 세제 혜택, 낮은 운용보수 등은 펀드의 장점을 따르면서도, 환금성·유동성·편의성 면에서는 주식에 가깝습니다.

즉, ETF는 주식과 펀드의 장점을 결합한 통합형 투자수단이라 할

〈표 1-6〉 투자상품 간 비교(ETF/주식/인덱스 펀드/액티브 펀드)

	ETF	주식	인덱스 펀드	액티브 펀드
운용목표	특정 인덱스	인덱스 초과수익	특정 인덱스	인덱스 초과수익
법적 성격	집합투자증권	지분증권	집합투자증권	집합투자증권
투명성	높음	높음	보통	보통
유동성	높음	높음	낮음	낮음
결제일	T+2	T+2	T+3	T+3
레버리지	가능	가능	불가	불가
거래비용	– 위탁수수료 – 운용보수(0.5% 내외)	위탁수수료	운용보수(1~2%)	운용보수(2~3%)
거래기관	가능	가능	판매사 한정	판매사 한정
시장 위험	시장 위험	시장·개별 위험	시장 위험	시장·개별 위험
분산투자	가능	불가	가능	가능
증권거래세	면제	매도 시	적용 배제	적용 배제

주: 미국 ETF의 운용보수는 0.16%(2022년 기준, etf.com 자료 인용)
출처: 한국거래소

수 있습니다.

〈표 1-6〉은 ETF와 주식, 인덱스 펀드, 액티브 펀드를 여러 기준으로 비교한 것입니다. 이를 통해 ETF의 포지션을 보다 명확하게 이해할 수 있습니다.

이처럼 ETF는 거래의 편리함과 높은 정보 접근성을 바탕으로 개별 주식 투자에서 발생하는 과도한 리스크와 분석 부담을 줄여주는 효율적 대안입니다.

더욱이 다양한 전략에 관심이 있고 경제·산업의 흐름 및 주요 이슈와 테마 등 시장에 대한 기본적인 이해만 갖추고 있다면, ETF는 비교적 낮은 수준의 전문성으로도 개별 종목이나 일반 펀드에 투자하는 것보다 우수한 성과를 거둘 수 있는 경쟁력 있는 투자수단이라 할 수 있습니다.

5. 기타 금융 상품과의 비교

우리 주변에는 ETF 외에도 'E'로 시작하는 비슷한 이름의 다양한 금융 상품이 존재합니다. 이 때문에 초보 투자자들은 이들 상품을 ETF와 유사한 상품으로 오해하는 경우가 적지 않습니다. 이러한 혼란을 방지하고자 ETF와 다른 주요 금융 상품들을 비교해보겠습니다.

비슷한 듯 다른 ETN - 증권사가 발행하는 파생결합증권

ETF가 자산운용사가 만든 펀드라면, ETN(Exchange Traded Note)은 증권사가 발행한 파생결합증권입니다. ETN의 N이 의미하는 'Note'는 일반적으로 증권사에서 발행한 '증권'을 의미합니다. 그래서 ETF가 '상장지수펀드'라고 하면, ETN은 '상장지수증권'이 되겠습니다. 두 상품 모두 거래소에 상장되어 실시간으로 거래되며, 특정 지수나 자산의 수익률을 추종하도록 설계됐다는 점에서 공통점이 있습니다.

하지만 법적 성격과 발행 주체, 신용위험 등에서는 차이가 존재합니

〈표 1-7〉 ETF와 ETN 비교

공통점/차이점		ETN(상장지수증권)	ETF(상장지수펀드)
공통점	유형	지수 추종형	
	거래방식	거래소 상장 거래(주식과 동일)	
	수익 구조	기초자산 가격 변화 추종	
차이점	법적 성격	파생결합증권	집합투자증권
	발행 주체	증권사	자산운용사
	신용위험	있음	없음
	만기	1~20년	없음

출처: 한국거래소

다. ETN은 증권사가 자체 신용을 바탕으로 발행하므로 발행사 파산 시 투자자금을 회수할 수 없다는 위험이 있습니다. 이와 달리 ETF는 기초 자산을 신탁운용회사에 위탁하기 때문에 운용주체인 자산운용사나 판 매주체인 증권사 등이 파산하더라도 신탁회사에 보관된 기초자산(주식, 채권)을 투자자에게 돌려주게 되어 신용위험이 없습니다.

한편 ETN은 신용을 바탕으로 맺어진 약속 개념이기 때문에 만기 가 존재한다는 것도 두 상품 간의 큰 차이라고 하겠습니다. 〈표 1-7〉 은 ETF와 ETN의 주요 특성을 비교한 것입니다.

이름만 비슷하고 완전히 다른 구조의 파생상품 - ELD, ELS, ELF

ETF와 ETN은 거래소를 의미하는 'Exchange'에서 유래한 이름이 지만, ELD·ELS·ELF의 'E'는 'Equity'를 의미하며 주가지수와 연동되 는 구조의 상품입니다. 이 3개의 상품은 'Equity Linked', 즉 주가지수 움직임에 연동되는 상품으로 ETF와는 완전히 다른 상품입니다.

주가연계예금(ELD)

ELD(Equity Linked Deposit)는 원금을 보장하면서 주가지수 등락에 따라 수익률이 결정되는 예금형 상품입니다. 신규가입 당시 금리가 확정되는 기존의 정기예금과는 달리 만기 시 지수변동률에 따라 금리가 결정되는 구조이며, 대부분을 안정된 채권에 투자하므로 원금을 보장받을 수 있습니다. 또한 예금자 보험(최대 5,000만 원) 대상이기도 합니다. 수익은 다소 낮지만, 안정적인 수익을 원하는 투자자에게 적합합니다.

주가연계증권(ELS)

ELS(Equity Linked Securities)는 주가지수나 개별 종목의 가격 변동에 따라 수익이 결정되는 구조화 유가증권 형태의 금융 상품입니다. 일정 조건을 충족하면 약정된 수익을 지급하지만, 그렇지 못할 경우 원금 손실이 발생할 수 있어 고위험 상품으로 분류됩니다.

이 상품에는 '녹아웃(knock-out)'과 '녹인(knock-in)'이라는 구조가 포함되어 있는 경우가 많습니다. 녹아웃은 주가지수가 일정 수준 이상으로 오르면 조기 상환이 이루어지는 구조입니다. 이때 투자자는 만기 전에 약속된 수익을 지급받고 투자는 조기 종료됩니다.

반면 녹인은 주가지수가 일정 수준 이하로 하락하면 손실 가능성이 열리는 구조입니다. 이 조건이 충족되면 기초자산의 하락 폭에 따라 원금의 일부 또는 전부가 손실될 수 있습니다.

2024년에 이러한 구조적 위험이 현실화된 사례가 발생한 적이 있습니다. 홍콩 H지수(HSCEI)와 연계된 국내 ELS 상품들이 기초지수의 급격한 하락으로 녹인 조건을 충족하게 되었고, 이로 인해 원금 손실이 대규모로 발생한 것입니다. 특히 많은 개인 투자자가 손실을 입으

〈표 1-8〉 ELD, ELS, ELF 상품 비교

	ELD(주가연동예금)	ELS(주가연계증권)	ELF(주가연계펀드)
발행회사	은행	투자매매업자	집합투자업자
판매회사	은행	투자매매업자	투자매매업자 및 은행
형태	정기예금	증권(파생결합증권)	증권(수익증권)
투자방법	정기예금가입	증권 매입	수익증권 매입
수익지급	약속된 수익률	약속된 수익률	운용실적 배당
원금보장	100% 보장	보전추구/비보전	보전추구/비보전
예금자 보호	보호(5,000만 원 한도)	없음	없음

출처: 한국거래소

면서 ELS에 대한 투자 경각심이 높아지게 되었습니다.

주가연계펀드(ELF)

ELF(Equity Linked Fund)는 자산운용사가 특정 ELS 상품을 펀드 형태로 구성한 상품입니다. 기본적으로는 채권에 투자해 원금 안정성을 추구하면서 일부 수익으로 ELS에 투자해 주가지수 연동 수익을 노리는 구조입니다. 그러나 구조적으로 원금 보장은 확정되지 않으며, 일반 펀드와 유사한 방식으로 운용됩니다.

〈표 1-8〉은 세 상품의 기본 구조를 비교한 것입니다.

금융 상품으로의 ETF - 양수겸장

ELD, ELS, ELF는 채권 또는 파생구조에 기반해 주가지수와 연동되는 상품입니다. 반면에 ETF는 실물자산을 기반으로 한 펀드이며 구조 자체가 전혀 다릅니다. 따라서 단순한 장단점 비교보다는 투자자의 목적과 성향에 따라 적절한 상품을 선택하는 것이 바람직합니다.

ETF와 비교 가능한 상품은 주식, 일반 펀드 그리고 ETN을 들 수 있습니다. ETF는 주식과 비교하면 분산투자를 통한 위험 완화 측면에서, 일반 펀드와 비교하면 거래의 편리성과 정보의 투명성 측면에서, 그리고 ETN과 비교하면 기초자산 보유에 따른 안정성 측면에서 강점을 지닙니다.

결국 ETF는 투자위험을 줄이고 안정성과 거래의 편리성을 높였다는 측면에서 '양수겸장(兩手兼將)', 즉 하나의 목표를 양방향으로 공략할 수 있는 이점을 제공하는 투자상품이라고 할 수 있습니다.

"첫 번째 원칙은 돈을 잃지 않는 것이고, 두 번째 원칙은 첫 번째 원칙을 잊지 않는 것이다."

– 워런 버핏

2부.

왜 미국 ETF인가

헤비급과 라이트급의 격차, 본격적인 실전 무대는 미국이다

미국 ETF 시장은 상품의 수, 시장 규모, 운용자산 등 모든 면에서 국내 ETF를 압도하는 '헤비급' 무대입니다. 실전 투자에서 더 큰 기회와 수익을 원하는 투자자라면 지금 주목해야 할 곳은 바로 미국 ETF입니다.

1. 한국 증시와 미국 증시
그리고 미국 ETF

지금까지 ETF의 기본 개념과 투자 방식에 대해 알아봤습니다. 전문적인 주식이나 채권 관련 지식이 없고 투자에 많은 시간을 할애하기 어려운 투자자에게 ETF는 위험을 낮추면서도 적정 수익을 기대할 수 있는 효과적인 투자수단입니다.

그렇다면 ETF에 투자할 때는 어떤 시장의 어떤 ETF를 선택해야 할까요? 여러분이 투자 가능한 ETF는 크게 ① 국내 상장 국내 ETF, ② 국내 상장 해외 ETF, ③ 해외 상장 해외 ETF의 세 가지로 나눌 수 있습니다. 이 중에서 세 번째 유형인 해외 상장 ETF, 특히 미국 뉴욕증시에 상장된 미국 ETF는 전 세계에서 가장 활발히 거래되는 상품이자 글로벌 투자자의 핵심 투자처입니다.

물론 국내 ETF 시장도 빠르게 성장해 왔습니다. 2002년 10월 코스피 200 지수를 추종하는 상품인 '코덱스 200(KODEX 200)'을 시작으로 다양한 ETF 상품이 출시됐고 개인 투자자의 접근성도 높아졌습니다. 그럼에도 불구하고 필자는 국내 ETF보다는 미국 ETF에 투자할 것을 추천합니다.

'국내에서도 해외 ETF에 투자할 수 있는데, 굳이 미국 현지 ETF까지 관심을 갖고 투자해야 하나?'라는 의문이 생길 수 있습니다. 그러나 이러한 의문은 현실을 마주하면 바로 해소됩니다. 실제로도 2020년 이후 국내 투자자의 미국 ETF 직접 투자 비중이 가파르게 상승하고 있습니다.

그렇다면 우선 국내 ETF의 장점부터 살펴보고, 그럼에도 많은 투자자가 미국 ETF를 선택하는 이유가 무엇인지 하나씩 설명해보겠습니다.

국내 상장 국내 ETF의 장점

국내 ETF는 투자자에게 여러 측면에서 유리한 조건을 제공합니다. 우선 환전 절차나 해외 세금 신고 등의 복잡함 없이 원화로 거래할 수 있다는 점은 해외 ETF 대비 큰 장점입니다. 국내 증권사 계좌만 있으면 누구나 쉽게 매수할 수 있으며 국내 거래소가 열려 있는 시간 동안 실시간으로 매매가 가능합니다. 세금 측면에서도 국내 상장 국내 ETF인 경우 일반적인 국내 주식과 동일하게 양도소득세가 면제되고 배당소득에 대해서만 세금이 부과됩니다.

또한, 국내 ETF는 국내 시장 환경에 특화된 테마형 상품들이 다양하게 존재합니다. 예를 들어서 반도체, 2차전지, K-게임, K-콘텐츠 등 한국 산업의 강점을 반영한 ETF가 다수 상장돼 있어서 국내에 특화된 테마에 집중투자할 수 있는 기회를 제공합니다.

이처럼 편의성, 세제 혜택, 테마 접근성 측면에서 국내 ETF는 특히 국내에 거주하는 개인 투자자에게 매우 실용적인 선택지라 할 수 있습니다.

충분한 유동성과 다양한 선택지 제공

국내 ETF 시장은 2002년 10월 14일 개설 이후, 2006년경에 반도체, 금융, 바이오 등 특정 산업 분야에 투자하는 섹터 ETF 상장을 계기로 빠르게 확대됐습니다.

이처럼 빠르게 성장한 결과 2023년 7월 기준 상장종목 수는 733개, 순자산가치는 100조 원을 돌파했으며, 2024년 12월 말에는 ETN을 포함해 1,347개 종목, 순자산가치 총액은 190조 원까지 성장했습니다. 불과 약 22년 만에 550배 이상 성장(국내 상장 해외 ETF 포함)한 것입니다.

국내 ETF 시장이 급성장하면서 투자자들은 자신의 투자목적에 맞는 상품을 충분히 선택할 수 있게 되었고, ETF 거래량 증가로 유동성 측면에서도 매우 안정적인 시장으로 자리 잡게 되었습니다.

〈표 2-1〉 국내 주요 ETF 운용사 순위 및 운용자산 규모

ETF 운용사	ETF 브랜드	운용자산 규모
삼성자산운용㈜	KODEX	66조 2,508억 원
미래에셋자산운용㈜	TIGER	62조 6,431억 원
KB자산운용㈜	KBSTAR	13조 5,643억 원
한국투자신탁운용㈜	ACE	13조 1,256억 원
신한자산운용㈜	SOL	5조 4,367억 원
키움자산운용㈜	KOSEF 히어로즈	3조 6,794억 원
한화자산운용㈜	ARIRANG	3조 3,437억 원
NH-Amundi자산운용㈜	HANARO	1조 6,274억 원
하나자산운용㈜	1Q	1조 3,579억 원
㈜타임폴리오자산운용	TIMEFOLIO	9,546억 원

주: 2024년 말 기준
출처: 금융투자협회

한 권으로 끝내는 미국 ETF 투자

〈표 2-1〉은 2024년 말 기준 국내 주요 ETF 운용사 순위와 운용자산 규모를 정리한 것입니다.

세제 혜택 및 환율 위험 회피

국내 주식형 ETF에 투자하면 매매차익에 대해 비과세 혜택을 받을 수 있습니다. 반면 미국 상장 ETF는 매매차익 중 250만 원을 넘는 초과분에 대해 22%의 양도소득세가 부과되는데, 이와 비교하면 확실한 장점입니다.

또한 투자 시 환율 변동 리스크에 직접적으로 노출되지 않는다는 점도 국내 ETF의 장점입니다. 예를 들어서 원/달러 환율 1,450원 기준으로 투자금 1억 원을 미국 ETF에 투자해 10%의 수익을 얻었다면 환전 후 약 75,862달러가 됩니다.

그런데 수익을 원화로 환전할 때 원/달러 환율이 1,378원으로 이전 대비 5% 하락했다면 수수료를 반영하지 않더라도 104,538,836원으로 10% 수익이 아닌 4.5% 수익에 불과한 상태가 됩니다. 이와 같이 미국 ETF에 투자할 경우 환율 변동에 따라 투자수익이 달라지게 됩니다. 하지만 국내 상장 국내 ETF는 투자 시 환율에 직접적으로 노출되는 위험이 없습니다.

거래 시간의 편의성과 절세 계좌 활용

국내 상장 국내 ETF는 한국 증시가 열리는 오전 9시부터 오후 3시 30분까지 거래됩니다. 이 시간대는 국내 주식 투자에 익숙한 일반 투자자가 비교적 쉽게 매매에 참여할 수 있는 시간입니다. 반면 미국 ETF는 뉴욕증시 개장 시간(서머타임 적용 전, 한국 시각 밤 11시 30분부터 다음 날 오전 6시)에만 거래되므로 투자하려면 밤을 새우거나 새벽에 매매를 해야 하는 번거로움이 있습니다. 즉, 국내 투자자 입장에서는 일상 생활과 투자를 병행하기가 어렵습니다.

또한, 국내 ETF는 세제 혜택이 있는 ISA(Individual Savings Account, 개인종합자산관리계좌), IRP(Individual Retirement Pension, 개인형 퇴직연금), 연금저축펀드 등을 통해 다양한 세제 혜택을 누릴 수 있습니다. 반면 미국에 상장된 ETF는 세제 혜택이 주어지는 계좌를 통해 투자할 수 없습니다.

모든 측면에서 압도적인 미국 증시의 경쟁력과 투자자들의 대응

이러한 국내 ETF의 장점에도 불구하고 많은 투자자가 뉴욕증시에 상장된 미국 ETF로 눈길을 돌리는 이유는 무엇일까요? 그 배경에는 ① 한국과 미국 증시 간 장기성과 차이와 ② 증시를 구성하는 종목의 압도적인 양적·질적 우위에 있습니다. 지금부터 이 두 가지 측면을 구체적으로 살펴보겠습니다.

장기성과의 뚜렷한 격차

투자에서 가장 중요한 요소 중 하나는 '시장 자체의 성장성'입니다. 아무리 ETF가 좋은 구조를 갖추고 있더라도 해당 ETF가 추종하는 시장(지수)이 저성장을 지속한다면 투자자들이 만족할 만한 수익을 기대하기 어렵습니다.

이런 차원에서 한국과 미국의 대표지수인 KOSPI와 S&P 500의 수익률을 비교해보겠습니다. 2000년 1월 KOSPI와 S&P 500은 각각

943.88pt와 1,394.46pt로 40~50% 정도의 차이를 보였습니다. 그러나 2024년 말 기준으로는 KOSPI가 2,399.49pt를 기록한 반면, S&P 500은 5,906.94pt로 가파르게 상승하며 그 격차가 2.5배 이상으로 확대되었습니다.

지난 20년간(2005~2024년) KOSPI는 167.82% 상승한 반면, S&P 500은 386.75%나 상승했기 때문입니다. 최근 10년간을 보더라도 KOSPI는 25% 상승에 그친 반면 S&P 500은 184%나 상승하며 격차가 더 벌어졌습니다. 투자자 입장에서는 같은 기간 동안 투자했을 때 국내 증시보다는 미국 증시에서 훨씬 더 높은 수익을 거둘 수 있었다는 이야기입니다.

〈그림 2-1〉을 통해 두 지수의 장기성과를 시각적으로 비교해보면 이 격차는 더 확연하게 드러납니다.

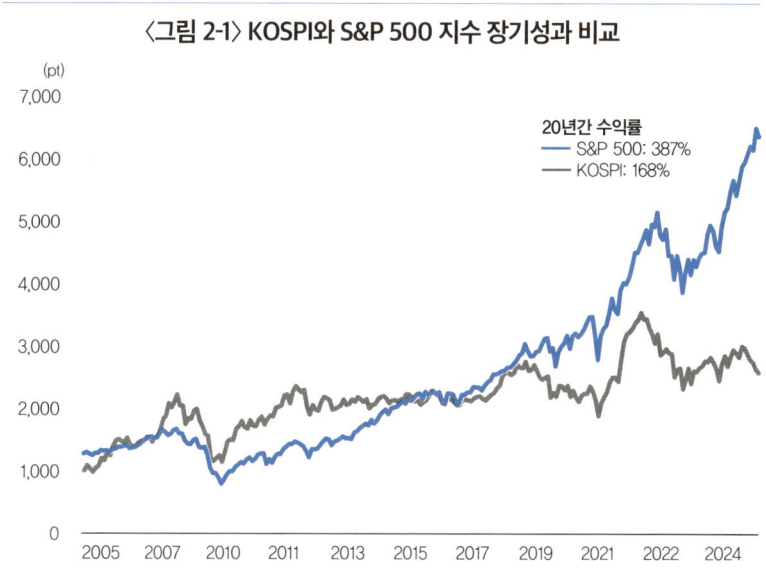

〈그림 2-1〉 KOSPI와 S&P 500 지수 장기성과 비교

출처: 토마스리서치(Thomas research)

장기수익률의 차이는 성장주 중심 시장인 코스닥(Korea Securities Dealers Automated Quotations, KOSDAQ)과 NASDAQ의 비교에서 더욱 극명하게 드러납니다.

한국의 KOSDAQ과 미국의 NASDAQ은 모두 벤처기업이나 기술 중심의 성장주가 주로 상장된 시장입니다. 비슷한 성격을 가졌지만, 지난 20년간 두 시장의 성과는 완전히 달랐습니다.

KOSDAQ은 20년간 78% 상승했지만, 같은 기간 NASDAQ은 무려 795%나 올랐습니다. 최근 10년간 성과 역시 KOSDAQ 25% 상승, NASDAQ 308% 상승으로 격차가 극명합니다.

즉, 같은 성장주 시장이라 하더라도 미국 NASDAQ은 압도적인 상승세를 보이며 전 세계 투자자의 주목을 받아온 반면, KOSDAQ은 2000년 기술주 버블이 터진 이후 당시 형성되었던 고점인 2,000pt의

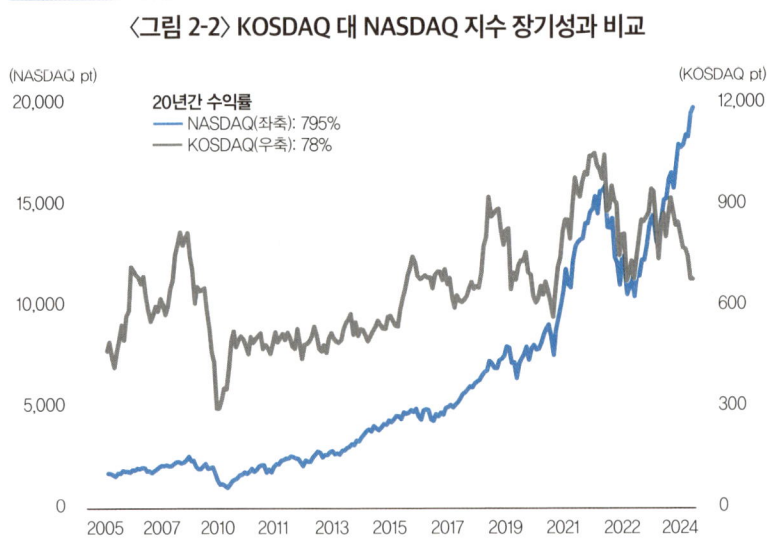

〈그림 2-2〉 KOSDAQ 대 NASDAQ 지수 장기성과 비교

주: NASDAQ(좌축)과 KOSDAQ(우축)의 기준이 다름에 유의
출처: 토마스리서치

한 권으로 끝내는 미국 ETF 투자

절반도 안 되는 700~900pt 수준에 머물고 있는 실정입니다.

이처럼 장기성과 면에서 한국보다 훨씬 우위에 있는 시장이 미국이며, 따라서 미국 ETF에 투자하는 것은 더 나은 수익을 기대할 수 있는 전략적 선택이 될 수 있습니다.

글로벌 혁신을 주도하는 미국 기업 그리고 미 증시의 압도적 규모와 질적 우위

미국 증시가 차별화된 성과를 보이는 이유 중 하나는 글로벌 혁신을 주도하는 기업들이 미국에 집중돼 있기 때문입니다.

S&P 500과 NASDAQ 지수를 대표하는 애플, 마이크로소프트는 1990년대 IT, 인터넷 시대를 주도했고, 그 이후 알파벳(Alphabet: GOOGL, GOOG, 구글의 모회사), 메타 플랫폼스(Meta Platforms: META, 구 페이스북)가 2000년대 소셜미디어 시대를 주도했습니다. 그리고 그 뒤를 이어 2010년대 테슬라가 본격적인 전기차 시대를 열었고, 엔비디아를 선두로 '매그니피센트 7(Magnificent 7)'*이 AI 시대를 선도하는 등 미국 기업들은 지속적으로 글로벌 혁신의 중심이 되고 있습니다.

반면 한국 증시는 삼성전자, SK하이닉스, 현대차 등 일부 대기업 중심의 시장 구조가 지속되며 산업과 경제 전반의 성장과 혁신을 주도할 수 있는 선도 기업이 절대적으로 부족한 실정입니다. 여기에 더해 지배구조 문제, 정치적 불확실성, 규제 환경 등으로 인해 이른바 '코리아 디스카운트'가 적용되고 있는 것이 현실입니다.

한편 2024년 5월 기준 미국 증시의 시가총액은 7경 2,125조 원으로

---

* 애플, 마이크로소프트, 구글, 아마존, 엔비디아, 메타, 테슬라 등 미국 증시를 이끄는 7대 빅테크 기업군을 의미합니다.

한국 증시 전체 시가총액(2,655조 원) 대비 27배에 달합니다. 하지만 상장종목 수는 미국 5,637개, 한국 2,692개로 2배 수준에 불과합니다. 이는 한국 증시 내에 시가총액이 작고 유동성이 낮은, 즉 투자대상으로 부적합한 종목이 지나치게 많다는 것을 의미합니다.

물론 시가총액이 큰 대형주만이 투자 적격 대상이라고 할 수는 없습니다. 하지만 시가총액이 지나치게 작고 유동성이 떨어지는 종목이 많은 시장은 전문성을 갖추지 못한 일반 개인 투자자들에게는 선택지가 제한되면서 많은 위험요소가 내재된 시장이라고 할 수 있습니다.

특히 앞서 언급한 바와 같이 우리나라의 경제성장률이 장기간에 걸쳐 둔화되는 등 투자 동력이 떨어지고 있는 데다, 개별 기업의 글로벌 경쟁력에 대해 회의적인 시각을 보이는 전문가들이 늘어나면서 한국 증시에 대한 매력이 크게 감소한 상황입니다.

단적인 예로 2024년 5월 한 언론사 기사의 제목 역시 이러한 상황을 잘 대변하고 있습니다. 해당 기사는 "애플보다도 싼 한국 시총… '잡주'들의 천국"이라는 기사로, 제목에서 미국 증시 대비 국내 증시의 열악한 상황을 지적하고 있습니다.

해외로 눈 돌린 국내 투자자들

이처럼 국내 증시의 정체된 구조와 낮은 수익성은 투자자들이 점점 미국 등 해외 시장으로 눈을 돌리게 만든 계기가 됐습니다. 한때 후강통(상하이와 홍콩 간 증시 교차 거래제도, 2014/11/17), 선강통(선전과 홍콩 간 증시 교차 거래제도, 2016/12/5) 도입으로 중국 시장에 대한 투자 비중이 높아졌지만, 중국 증시 역시 뉴욕증시와 비교해 규모와 다양성에 있어서 뒤처지는 데다 장기적 성과에서 큰 차이를 보임에 따라

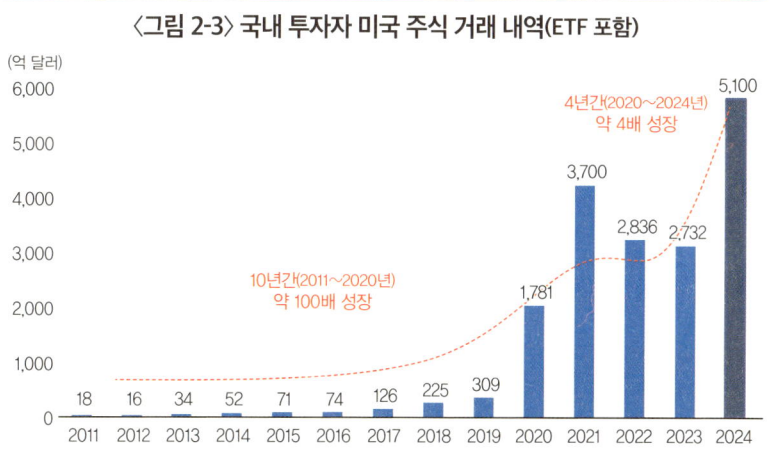

〈그림 2-3〉 국내 투자자 미국 주식 거래 내역(ETF 포함)

출처: 한국예탁결제원

결국 국내 투자자의 관심은 미국 증시로 집중되기 시작합니다. 특히 COVID-19 팬데믹 충격에서 벗어나 빠른 회복세를 보이기 시작한 2020년 하반기 이후부터 미국 증시에 직접 투자하는 국내 투자자들이 크게 증가하면서 한때 '서학개미'라는 신조어가 등장할 정도였습니다.

한국예탁결제원의 '증권예탁통계'에 따르면 국내 투자자들의 미국 증시(ETF 포함) 거래규모는 2011년 18억 달러에 불과했으나 2020년에는 1,781억 달러로 거의 10배 성장했고, 이후에도 성장세를 지속해 2023년 연간 2,732억 달러, 2024년에는 2023년의 2배에 가까운 5,100억 달러를 기록한 것으로 집계됐습니다.

개별 종목 투자보다 더 빠르게 성장하는 미국 ETF 투자

이러한 상황에서 미국 ETF 투자는 거래금액 기준뿐만 아니라 보유 금액 기준으로 볼 때도 2020년 이후 큰 폭의 성장세를 기록하고 있습니다. 한국예탁결제원에 따르면 2024년 초 기준 768억 달러에 달하는 미국 주식과 ETF를 보관하고 있으며, 이 중에서 상위 50위에 해당하는 주식과 ETF가 515억 달러로 3분의 2를 차지하고 있습니다.

여기서 주목할 만한 부분은 미국 주식에 대한 투자보다는 ETF 투자가 더 빠른 성장세를 보이고 있다는 것입니다. 한국예탁결제원에 보관되어 있는 국내 투자자들의 미국 ETF 총 보관금액은 2020년 말 24.8억 달러에서 2024년 말에는 212.4억 달러로 약 850% 증가했습니다. 같은 기간 미국 주식 보관금액이 약 300% 늘어난 것과 비교하면

〈표 2-2〉 국내 투자자 보유 미국 ETF 순자산가치

종목코드	종목명	보관금액(억 달러)
TQQQ	PROSHARES ULTRAPRO QQQ ETF	30.00
QQQ	INVESCO QQQ TRUST SRS 1 ETF	22.98
TSLL	DIREXION DAILY TSLA BULL 2X SHARES	20.10
SOXL	DIREXION DAILY SEMICONDUCTORS BULL 3X SHS ETF	18.85
SPY	SPDR S&P 500 ETF TRUST	16.86
VOO	VANGUARD S&P 500 ETF	16.48
SCHD	SCHWAB US DIVIDEND EQUITY ETF	15.07
TMF	DIREXION DAILY DLY 20 I YR TREAS BULL 3X SPLR	9.94
QLD	PROSHARES ULTRA QQQ ETF	7.09
TLT	ISHARES 20+ YEAR TREASURY BOND ETF	6.95
BITX	2X BITCOIN STRATEGY ETF	6.44
NVDL	GRANITESHARES 2.0X LONG NVDA DAILY ETF	5.58
SGOV	ISHARES 0-3 MONTH TREASURY BOND ETF	4.59
JEPI	JPMORGAN EQUITY PREMIUM INCOME ETF	4.45
BITU	PROSHARES ULTRA BITCOIN ETF	4.17
TSLT	T-REX 2X LONG TESLA DAILY TARGET ETF	3.61
IVV	ISHARES CORE S&P 500 ETF	3.59
QQQM	INVESCO NASDAQ 100 ETF	3.50
SOXX	ISHARES SEMICONDUCTOR ETF	3.46
SPLG	SPDR PORTFOLIO S&P 500 ETF	2.95
ETHU	2X ETHER ETF	2.86
CONY	TD YILDMX CN ETF	2.85

주: 2024년 말 기준
출처: 한국예탁결제원

한 권으로 끝내는 미국 ETF 투자

ETF의 성장 속도가 훨씬 빠르다는 점이 확연히 드러납니다.

이에 따라 한국예탁결제원 보관 상위 50개 미국 종목 중 ETF 비중은 2020년 10.1%에서 2024년 24.4%로 크게 증가했습니다. 이는 ETF가 주식의 대체수단이 아니라 이제는 개인 투자자들이 적극적으로 선택하는 '핵심 투자수단'으로 자리 잡았다는 것을 잘 보여주는 지표입니다.

〈표 2-2〉는 2024년 말 기준으로 국내 투자자들이 가장 많이 보유한 미국 ETF 상위 종목과 그 보관금액을 정리한 것입니다.

그렇다면 국내 투자자들은 왜 미국 ETF에 열광하는 것일까요? 미국과 한국의 ETF 시장을 비교해보면 그 차이는 단순한 크기 차원을 넘어서 구조적인 차이로까지 이어집니다.

런던 소재 글로벌 리서치 기업 ETFGI에 따르면 2023년 기준 미국 ETF 시장 규모는 약 8.12조 달러*(약 1경 1,774조 원)입니다. 2023년 말 한국 ETF 시장이 ETN을 포함해 약 135조 원이니, 미국 ETF 시장이 한국 대비 약 87배나 큰 것입니다.

ETF 종목 수 역시 2024년 말 기준 국내는 1,347개(ETF 935개, ETN 412개)지만, 미국은 3,934개로 2.9배를 넘으며, ETF당 순자산가치는 29배 큽니다. 이처럼 미국 ETF 시장은 단순히 시장을 구성하는 ETF의 수가 많다는 것을 넘어서 다양한 투자자의 요구를 만족시킬 수 있는 규모의 상품 구성과 유동성을 갖추고 있습니다. 즉, 미국에는 ETF를 통해 원하는 산업, 테마, 전략 및 자산 그룹별로 투자자가 적합한 투자가 가능한 환경이 마련되어 있는 셈입니다.

〈그림 2-4〉는 한국과 미국의 ETF 시장 규모 및 종목 수 차이를 시

---

* BlackRock ETF 홈페이지에서는 주식과 채권 관련 ETF만을 기준으로 할 때 7.9조 달러로 추산됩니다.

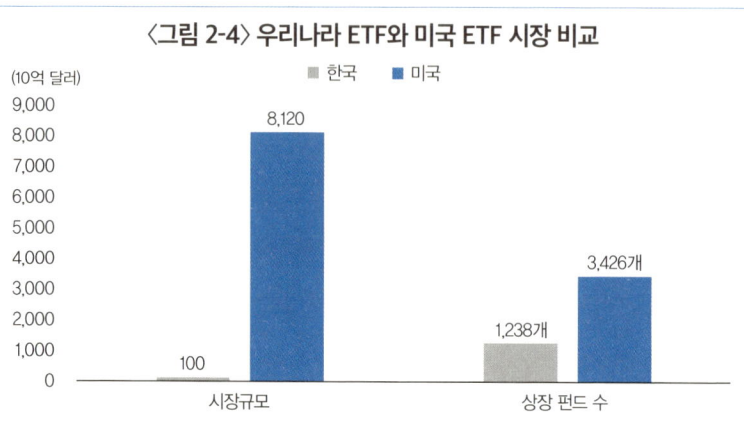

〈그림 2-4〉 우리나라 ETF와 미국 ETF 시장 비교

주 1: 2023년 기준
주 2: 시장 규모는 10억 달러. 한국 시장은 원/달러 환율 1,350원으로 환산
출처: 한국거래소, ETFGI

각적으로 정리한 것인데, 왜 많은 투자자가 미국 ETF에 주목하는지를 잘 보여줍니다.

궁극적으로 투자자의 가장 큰 관심사는 수익 기회이며 더 많은 우량 ETF를 선택할 수 있다는 차원에서도 미국 시장은 매력적인 대안이 될 수밖에 없습니다.

특히 개별 종목은 변동성(뉴욕증시는 상·하한가 없음)에 크게 노출돼 있지만, ETF는 포트폴리오를 통해 변동성 위험을 크게 낮춰놓았기 때문에 밤을 새워가며 매매의 타이밍을 고민할 필요성이 상대적으로 적다는 점에서 매매의 편리성이라는 점이 큰 변수로 작용하지는 않을 것으로 보입니다.

또한, 뉴욕증시의 정규장이 우리나라 시각으로는 오후 10시 30분부터 다음 날 오전 5시까지(서머타임 반영, 서머타임 해제 시 오후 11시 30분부터 다음 날 오전 6시까지)여서 시간적으로 매매의 어려움이 있을 수 있지만, 정규장 개장 이전의 프리 마켓과 정규장 마감 이후인 애프터 마

	서머타임 적용(3~11월)	서머타임 해제(11월~다음 해 3월)
프리 마켓(장 전 거래)	오후 5시~10시 30분	오후 6시~11시 30분
정규장(본장)	오후 10시 30분~익일 오전 5시	오후 11시 30분~익일 오전 6시
애프터 마켓(장 후 거래)	익일 오전 5시~오전 9시	익일 오전 6시~오전 10시

켓을 활용한다면 거래 시간의 불편함도 크지 않을 것입니다.

참고로 환율은 위험요소이자 기회 요소(달러 강세일 때는 오히려 유리)이며, 세금 관련 부분은 상황에 따라 유불리가 바뀔 수 있습니다.

한편 이와는 별도로 국내 상장 해외 ETF와 비교할 경우 수익률에 대한 오해가 발생할 수 있는데, 다음 장에서 이 부분을 자세히 알아보도록 하겠습니다.

2. 국내 상장 미국 ETF vs. 뉴욕증시 상장 미국 ETF
- 수익률, 수수료, 세금 총괄 비교

앞에서 미국 ETF 직접 투자와 국내 ETF 투자 시 각각의 장단점을 살펴봤습니다. 물론 국내 상장 ETF 중에도 뉴욕증시에 상장된 미국 ETF와 동일한 기초자산(S&P 500 지수 등)을 추종하는 펀드 상품들이 있습니다(국내 상장 해외 ETF). 그러나 이들에 대한 최종 투자성과에서는 차이가 발생하는 것처럼 보일 때가 있습니다.

'환율' 효과에서 발생하는 수익률 차이의 오해

동일한 기초자산을 추종(S&P 500 지수 등)하는 대표적인 국내 상장 미국 ETF와 뉴욕증시 상장 미국 ETF로 국내 증시에 상장된 'TIGER 미국S&P 500(360750)'과 뉴욕증시에 상장된 'Vanguard S&P 500 ETF(VOO)' 두 가지를 들 수 있습니다. 이 둘은 같은 지수(S&P 500 지수)를 추종하지만, 〈표 2-4〉와 같이 기간별 수익률에서 차이가 발생합니다.

반면 S&P 500 지수를 추종하는 국내 상장 미국 ETF 간의 기간별

〈표 2-4〉 TIGER 미국S&P 500과 Vanguard S&P 500 ETF 장·단기수익률 비교

종목코드	ETF/Index	1개월	3개월	1년	3년
360750	TIGER 미국S&P 500	4.91%	17.58%	43.61%	52.65%
VOO	Vanguard S&P 500 ETF	−2.65%	2.11%	23.35%	23.42%
	S&P 500	−2.50%	2.07%	23.31%	23.40%

주: 비교 기준일 2024년 12월 31일. 3년 수익률은 연평균수익률이 아니라 3년간 총수익률
출처: 에프앤가이드(FnGuide), 토마스리서치

〈표 2-5〉 S&P 500 지수를 추종하는 국내 상장 ETF 장·단기수익률 비교

종목코드	ETF/Index	1개월	3개월	1년	3년
360750	TIGER 미국S&P 500	4.91%	17.58%	43.61%	52.65%
360200	ACE 미국S&P 500	4.86%	17.46%	43.58%	53.29%
379800	KODEX 미국S&P 500TR	4.99%	17.68%	44.03%	60.03%

주: 비교 기준일 2024년 12월 31일. 3년 수익률은 연평균수익률이 아니라 3년간 총수익률
출처: FnGuide, 토마스리서치

투자성과는 〈표 2-5〉와 같이 큰 차이가 없습니다. 왜 그럴까요?

이는 진짜 성과의 차이가 아니라 환율 때문에 생긴 착시 현상입니다. 즉, 같은 기간 동안 원화 가치 하락에 따른 달러 강세의 영향으로 원화 기준 수익률이 더 높게 나타난 것입니다. 이에 따라 달러를 원화로 환산한 TIGER 미국S&P 500이 달러로만 표시된 Vanguard S&P 500 ETF보다 수익률이 더 높게 보이는 것입니다.

최근 3년 수익률을 예로 설명하면, 미국 ETF인 VOO의 가격이 2021년 436.57달러에서 2024년 538.81달러로 상승했으니 달러 기준 수익률은 23.42%입니다. 하지만 같은 기간 동안 환율이 1달러당 1,186원에서 1,470원으로 올랐기 때문에 이를 원화로 환산한 국내 상

장 ETF의 수익률은 환율 상승 효과를 반영해 52.65%로 훨씬 크게 나타납니다.

반대의 경우도 발생할 수 있습니다. 만약 원화 강세로 인해 원달러 환율이 하락한다면 달러 기준 수익률이 원화 기준 수익률보다 높게 나타날 수 있습니다. 하지만 이런 비교는 전혀 의미가 없습니다. 국내 투자자 입장에서는 미국 ETF에 투자하더라도 최종 성과는 달러 자산을 원화로 환전한 이후가 될 것이기 때문입니다.

ETF 간 괴리율과 추적오차? - 차이는 사실상 무의미한 수준

'괴리율'과 '추적오차'의 경우 S&P 500 지수를 추종하는 대형 ETF의 경우 국내 상장 미국 ETF나 뉴욕증시 상장 미국 ETF에서는 거의 발생하지 않습니다.

'괴리율'과 '추적오차'는 초보 투자자 입장에서는 어렵게 느껴질 수 있지만, ETF 투자에서 반드시 염두에 두어야 할 핵심 개념이기 때문에 이에 대해 확실히 정리하고 넘어가겠습니다.

괴리율

괴리율은 ETF의 시장가치와 순자산가치(Net Asset Value, NAV) 사이에 발생하는 차이를 보여주는 지표입니다. 이러한 괴리율은 여러 가지 이유로 발생하지만 무엇보다도 시장 수급의 단기적 변화에 의해 발생합니다. 만약 해당 ETF에 대한 매수세가 강할 경우 시장가치가 실제 가치를 상회하고, 반대로 매도세가 강할 경우 시장가치가 실제 가치를 하회하는 상황이 발생합니다.

이때 NAV는 ETF를 구성하고 있는 주식, 현금, 배당, 이자소득 등을 포함한 것인데, 만약 ETF의 시장 가격이 주당 NAV보다 높으면 고평가(프리미엄)된 상태이고 반대로 시장 가격이 주당 NAV보다 낮으면 저평가(디스카운트)된 상태입니다.

  ▸ 시장 가격 > 주당 NAV → 고평가(Premium)

  ▸ 시장 가격 < 주당 NAV → 저평가(Discount)

예를 들어서 어떤 ETF가 실제로 보유한 자산의 가치, 즉 NAV가 10,000원인데 시장에서는 10,200원에 거래되고 있다면 이 ETF는 실제 가치보다 2% 더 비싸게 거래되는 상태, 즉 괴리율은 +2%입니다. 반대로, 시장 가격이 9,800원이라면 괴리율은 −2%, 즉 2% 할인된 상

〈그림 2-5〉 SPDR S&P 500 ETF Trust(SPY) NAV 기준 할증/할인율

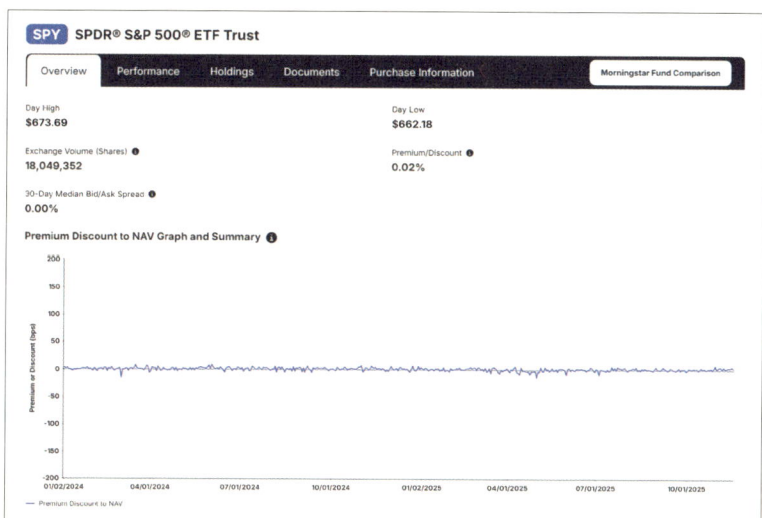

주: 할증/할인률(Premium/Discount)은 ETF NAV와 시장 가격의 차이. 시장 가격 〉 NAV면 할증(Premium), 시장 가격 〈 NAV면 할인(Discount)
출처: 펀드 홈페이지

태입니다.

이 외에도 NAV표시 단위와 시장 가격 호가 사이의 갭에 의해서도 일시적으로 '괴리율'이 발생하기도 합니다(예: NAV는 원 단위, 시장 가격은 10~100원 단위).

하지만 거래가 활발한(유동성이 충분한) ETF는 이런 가격 차이(괴리율)가 발생한다고 하더라도 오래 지속되지 않습니다. 괴리율이 발생하면 기관 투자자들이 적극적으로 개입해 차익거래(개인은 차익거래 불가)를 통해 시장 가격과 NAV를 동일하게 만들기 때문입니다.

〈그림 2-5〉는 대표적 ETF인 SPDR S&P 500 ETF Trust(SPY)의 괴리율(할증/할인율)을 보여줍니다. 이 ETF는 거래량이 많고 유동성이 풍부하므로 괴리율이 대부분 0에 가까운 선에서 움직입니다.

추적오차

한편 '추적오차(Tracking Error)'란 ETF의 순자산가치가 벤치마크 지수를 제대로 추종하지 못해 발생하는 차이를 말합니다. '괴리율'이 의도적이지 않게 일시적으로 발생한다면, '추적오차'는 의도적 이유로 ETF가 해당 벤치마크 지수를 충실히 추적하지 못해 발생하는 것이기 때문에 일종의 구조적 위험이라고 할 수 있습니다.

이러한 오차는 몇 가지 이유로 발생할 수 있습니다. ① ETF가 벤치마크 지수를 구성하는 모든 종목을 동일한 비율로 편입하는 것이 아니라 일부 주요 종목만 선별적으로 담는 '부분복제' 방식으로 운용되는 경우입니다. 이는 구성종목 전체를 편입하는 완전복제 방식보다 거래비용을 절감할 수 있어서 구성종목 수가 비교적 많은 지수를 추적하는 ETF 또는 인덱스 펀드를 운용할 때 종종 활용됩니다.

② ETF가 지수 구성종목에서 발생하는 배당금을 실제로 수령하거나 분배금 지급, 종목 교체 관련 비용 등도 추적오차의 원인이 됩니다. 이 외에도 ③ 벤치마크 지수와는 다소 다른 비율로 포트폴리오를 구성하거나 초과수익을 노리고 종목을 일부 변경하는 경우에도 이러한 오차가 생길 수 있습니다.

그러나 대표지수를 추종하는 대형 ETF 대부분은 완전복제 방식을 통해 벤치마크 지수를 충실히 추종하기 때문에 실제 국내에 상장된 미국 ETF나 뉴욕증시에 상장된 미국 ETF 중 대형 ETF에서 이러한 오차에 따른 차별화는 거의 없습니다.

다만 거래량이 적어 유동성이 제한적이며 순자산 규모(또는 운용자산)가 작은 ETF의 경우 '괴리율'이나 '추적오차'가 발생할 가능성이 크고 장기화될 가능성도 상대적으로 높습니다. 이런 측면에서 단위 운용 규모가 크고 거래가 활발한 뉴욕증시에 상장된 미국 ETF가 국내 상장 미국 ETF보다 좀 더 안전하다고 하겠습니다.

물론 어떤 ETF라 하더라도 반드시 투자 전에는 '괴리율'과 '추적오차율'을 확인하는 것이 바람직합니다.

수수료 비교 - 차이는 총보수비용에서 발생하기 시작

국내에 상장된 미국 ETF와 뉴욕증시에 상장된 미국 ETF는 수익률 면에서는 비슷하지만, 비용적인 측면인 운용보수, 즉 ETF 운용에 들어가는 연간 수수료에서는 차이가 발생합니다. 특히 '비용'의 차이는 장기투자일수록 수익률에 의미 있는 영향을 미치게 됩니다.

한국거래소에 따르면 국내 상장 ETF의 평균 보수는 약 0.5% 수준입니다. 반면 etf.com에 따르면 미국 ETF의 평균 보수는 2021년 기준 주식형 ETF가 0.16%, 채권형 ETF는 0.12% 수준으로 2009년(각각 0.34%, 0.26%) 대비 절반가량 하락해 매우 낮은 수준을 유지하고 있습니다. 미국 ETF 시장이 워낙 경쟁이 치열하다 보니 보수를 점점 낮추는 방향으로 발전해 왔기 때문입니다.

또한, 뉴욕증시에 상장된 총 3,469개(etf.com 발표 기준) ETF 중 92.1%인 3,195개가 운용보수가 1% 미만이며, 0.5% 미만인 ETF도 절반에 가까운 1,615개(46.6%)에 달합니다. 특히, 239개(7.89%)는 0.1%도 되지 않는 초저보수 상품입니다.

그렇다면 실제 상품을 예로 들어 비교해볼까요? 이를 위해 국내 상장 해외 ETF 중에서 가장 규모가 큰 'TIGER 미국S&P 500'과 뉴욕증시에 상장된 'Vanguard S&P 500 ETF'를 비교해보겠습니다. 앞서 살

〈그림 2-6〉 Vanguard S&P 500 ETF 기본 정보

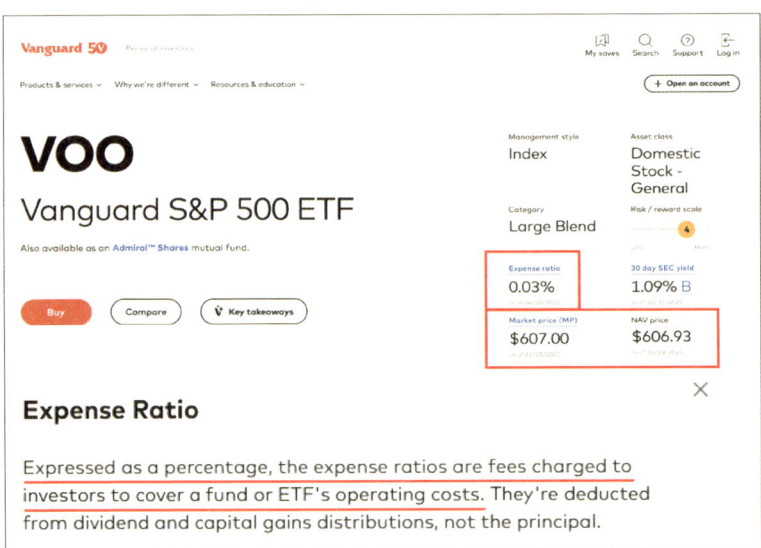

출처: 펀드 홈페이지

펴본 바와 같이 두 ETF 모두 동일한 지수(S&P 500 지수)를 추종하므로 수익률 자체는 큰 차이가 없습니다.

그러나 총보수비용에서는 분명한 차이가 드러납니다. Vanguard S&P 500 ETF의 총보수는 0.03%에 불과합니다. 1억 원을 투자해도 1년 수수료가 3만 원에 지나지 않습니다. 이는 공식 펀드 홈페이지를 통해 직접 확인할 수 있습니다. 참고로 괴리율인 시장 가격과 순자산 가치 간 차이도 0.012%로 거의 없습니다.

반면 '미래에셋 TIGER 미국S&P 500 Total Return'을 매매하는 과정에서 발생하는 총보수비용은 2024년 기준 0.25%(2025년 0.0768%로 하향 조정)입니다. VOO와 비교해 연간 0.2%pt 이상 높은 비용을 지불해야 하는 것입니다. 단기·소액 투자라면 큰 의미가 없을 수 있지만, 장기·거액 투자라면 복리 효과까지 감안할 때 의미 있는 차이가 날 수 있습니다.

참고로 국내 ETF의 총보수비용은 금융투자협회 전자공시서비스를 이용해서 확인할 수 있습니다. 해당 서비스를 이용하면 개별 ETF뿐만 아니라 한번에 다양한 운용사의 상품을 비교할 수 있어 편리합니다.

금융투자협회 전자공시서비스를 통한 국내 상장 ETF 운용보수 확인 순서는 다음과 같습니다. ① 포털 검색창에 '금융투자협회 전자공시서비스'를 입력합니다. ② 접속 후 '펀드공시 → 펀드별 보수비용 비교' 메뉴를 클릭합니다. ③ 검색 기준일은 '최신일'로 설정합니다. ④ 펀드명에 핵심 단어를 입력하면 관련 ETF를 쉽게 찾을 수 있습니다. 예를 들어 S&P 500를 추종하는 ETF를 찾고 싶을 경우 펀드명에 '미국 S'를 입력하면 S&P 500 관련 ETF들이 리스트로 나타납니다(참고

〈그림 2-7〉 펀드별 보수비용 비교 ①

출처: 금융투자협회 전자공시서비스

〈그림 2-8〉 펀드별 보수비용 비교 ②

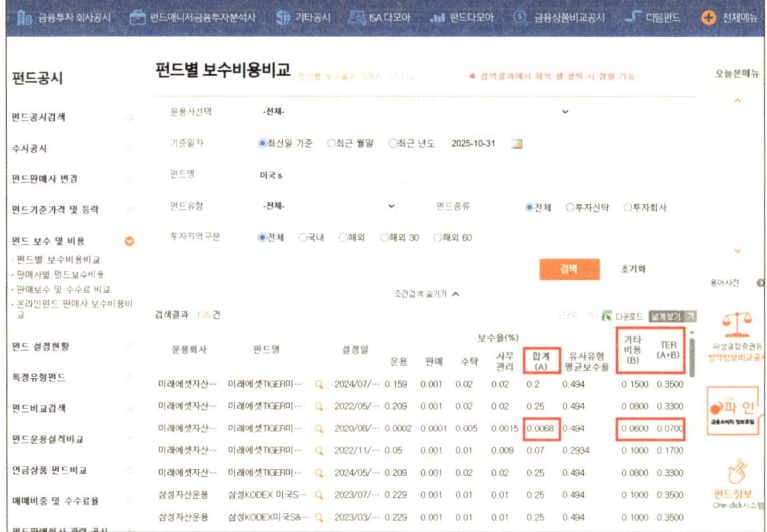

출처: 금융투자협회 전자공시서비스

로, 의외지만 S&P 500을 다 입력하면 조회가 되지 않습니다).

이 화면에서 나오는 '보수율 합계(A)'와 '기타비용(B)'을 더한 값이

총보수비용(Total Expense Ratio, TER)입니다.

▸ 보수율 합계(A) + 기타비용(B) = 총보수비용(TER)

▸ 예시 1 - 미래에셋 TIGER 미국S&P 500 Total Return ETF: TER 0.0768%

(=0.0068%+0.07%)

▸ 예시 2 - 삼성 KODEX 미국S&P 500 Total Return ETF: TER 0.0762%

(=0.0062%+0.07%)

미래에셋 TIGER와 삼성자산의 KODEX S&P 500 관련 펀드 상품은 총보수비용을 2024년 0.20~0.25%에서 지속적인 보수율 인하를 통해 수수료 부담을 크게 낮췄습니다. 하지만 Vanguard ETF의 0.03%와 비교하면 여전히 높은 수준입니다.

뚜렷한 차이를 만드는 세금 - 손익통산과 분리과세

국내 ETF든 국내 상장 해외(미국) ETF든, 국내에서 거래되는 ETF는 매매차익에 대해 양도세를 내지 않는다고 알고 있는 투자자들을 종종 만나게 됩니다. 하지만 이는 절반만 맞는 이야기입니다.

국내 상장 국내 ETF, 즉 국내 주식에 투자하는 ETF는 매매차익에 대해 양도세가 부과되지 않는 것이 사실입니다. 하지만 국내에 상장된

〈표 2-6〉 국내외 상장 ETF 세금 구분

ETF 유형	세금 종류	내용
국내 주식형 ETF	비과세	매매차익에 대해 양도세 없음
국내 상장 해외 ETF	과세	매매차익에 대해 15.4%, 종합과세 대상
미국 상장 ETF	과세	매매차익에 대해 22% 단일세율 적용(기타소득세)

해외 ETF의 경우에는 매매차익에 세금이 부과됩니다. 또한 뉴욕증시에 상장된 미국 ETF를 직접 거래할 경우에도 마찬가지로 양도세 납부의무가 발생합니다.

이처럼 투자대상 ETF의 종류에 따라 세금 체계가 달라지므로, 관련 내용을 정확하게 이해하고 접근할 필요가 있습니다.

국내 주식형 ETF - 매매차익 비과세

국내 주식에 투자하는 ETF는 개별 주식과 달리 증권거래세가 부과되지 않으며, 매매차익에 대해서도 양도소득세가 면제됩니다. 이는 국내 ETF 투자 시 가장 큰 세제 혜택 중 하나입니다.

참고로 KOSPI 종목 매매 시 증권거래세율은 2024년 0.03%에서 2025년 0%로 인하되면서 농어촌특별세 0.15%만 반영되어 총 0.15%를 부담합니다. KOSDAQ은 농어촌특별세 없이 증권거래세가 2024년 0.18%에서 2025년 0.15%로 낮아져 매매 시 전체 부담은 KOSPI와 동일합니다.

▸ 2025년 증권거래세율

- KOSPI 종목 투자 시: 거래세 0.00% + 농어촌특별세 0.15% = 총 0.15%

- KOSDAQ 종목 투자 시: 거래세 0.15% + 농어촌특별세 0% = 총 0.15%

국내 주식형 ETF의 매매차익은 비과세이지만, ETF에서 발생하는 분배금(일종의 배당소득)에 대해서는 15.4%의 이자소득세가 원천징수됩니다. 이 분배금의 경우에는 여타 이자 및 배당소득과 합산하여 2,000만 원이 넘으면 종합과세 대상이 됩니다.

국내 상장 해외 ETF - 매매차익에 과세, 종합과세 대상 포함, 손익통산 없음

국내 증시에 상장돼 있더라도 투자대상이 미국 주식 등 해외 자산인 ETF의 경우에는 세금 체계가 다릅니다.

국내 주식형 ETF와 달리 매매차익에 대해 15.4%의 세금(이자소득세율)이 부과되며, 분배금 역시 동일하게 15.4%의 세금이 원천징수됩니다.

더욱이 매매차익도 금융소득 종합과세 대상이 됩니다. 이는 매매차익에 대한 세금이 양도차익이 아니라 이자소득으로 인지되어 양도세가 아닌 이자소득세를 적용하기 때문입니다. 따라서 매매차익이 분배금 그리고 여타 이자소득과 합산하여 연간 2,000만 원을 초과하면 종합소득세 신고를 해야 합니다.

이는 소득 구간에 따라 최소 6.6%에서 최대 49.5%까지 누진세율이 적용될 수 있다는 점에서 특히 고액 투자자는 투자 전에 반드시 확인해야 할 사항입니다.

뉴욕증시 상장 미국 ETF - 손익통산 가능, 양도차익에 대해 분리과세

뉴욕증시에 상장된 미국 ETF에 투자할 경우, 미국 증시 기준의 거래세 0.00229%가 부과됩니다. 사실 이 정도 금액은 금액 자체가 극히 작기에 무시할 수 있는 수준입니다. 그보다 중요한 점은 매매차익에 대해 22%의 양도소득세가 부과되며 250만 원까지는 비과세 한도가 주어진다는 것입니다. 즉, 연간 매매차익이 250만 원 이하일 경우에는 세금을 내지 않습니다.

또한, 미국 ETF는 손익통산(손실과 이익을 통합 계산)이 가능하므로

2개 이상의 ETF에 투자했다가 일부에서 손실이 발생했을 경우 이를 통해 세금을 줄이거나 아예 발생하지 않게 할 수도 있습니다. 즉, 연말에 손실이 발생한 ETF를 매도한 후 재매수하는 방식으로 손실을 확정하게 되면 매매차익 규모를 낮춰 절세할 수 있습니다.

무엇보다도 큰 장점은 미국 ETF에서 발생한 매매차익은 종합과세 대상에 포함되지 않는다는 점입니다. 미국 ETF 매매차익의 경우 양도차익으로 인지되어 이자소득세가 아니라 양도세율이 적용되기 때문입니다. 이는 국내 상장 해외 ETF와의 가장 큰 차별점 중 하나입니다.

한편 분배금은 국내 상장 ETF와 달리 15%의 세율로 원천징수됩니다.

국내 상장 ETF의 절세 혜택 - ISA, IRP 계좌 활용 가능

국내 상장 미국 ETF는 뉴욕증시 상장 미국 ETF에 비해 세제상 불리한 구조이지만, ISA 또는 IRP를 통해 투자할 경우 절세 효과를 기대할 수 있습니다. 주의할 점은 이들 계좌에서는 해외 상장 ETF를 직접 매수할 수 없으며 국내에 상장된 해외 ETF만 투자 가능하다는 점입니다.

절세 상품 중 특히 혜택이 많은 ISA 계좌를 활용하면 배당소득에 대해 일반형은 기본 200만 원(서민형은 400만 원)까지 비과세 혜택이 주어지며 초과분은 9.9%로 낮은 세율의 분리과세가 적용됩니다. 매매차익도 손익통산이 가능하고, 9.9%에 분리과세되는 특혜를 누릴 수 있습니다.

더욱이 2025년 중으로 비과세 혜택이 일반형의 경우 500만 원(서민형 1,000만 원)으로 확대되고 납입한도도 2024년 연간 2,000만 원, 5년간 총 1억 원에서 2025년부터는 연간 4,000만 원, 5년간 총 2억 원까지 상향될 것으로 기대되고 있습니다(2025년 11월 기준 미확정).

현재 일반형은 만 19세 이상 대한민국 거주자 또는 직전연도 근로소득이 있는 만 15~19세 이상 거주자면 가능합니다. 다만 최근 3년간 한 번이라도 금융소득 종합과세 대상자였을 경우에는 가입이 제한됩니다.

ISA의 한계와 미국 ETF의 장점

국내 상장 해외 ETF에 투자할 때 ISA 계좌를 활용하면 미국 ETF에 직접 투자하는 것보다 더 큰 절세 효과를 기대할 수 있습니다. 하지만 이는 어디까지나 동일한 지수나 업종, 상품 등과 같이 동일한 벤치마크를 추종할 때 기대할 수 있는 이야기입니다.

실제로 뉴욕증시에 상장된 ETF 중에는 국내에서 매수 불가능한 다양하게 특화된 ETF상품들이 많기에 ISA를 통한 절세 효과는 희석될 수밖에 없습니다. 더불어 국내 상장 해외 ETF는 뉴욕증시 상장 ETF와 비교했을 때 총보수비용 측면에서도 불리한 경우가 많은데, 이 점은 여전히 투자 시에 신중하게 고려해야 할 요소입니다.

여기에 ISA 계좌의 경우 연간 한도와 5년간의 총 한도가 각각 정해져 있습니다. 한도를 초과하는 자금을 투자하고자 할 경우 ISA 계좌에서 활용하고 싶어도 불가능하다는 것입니다. 또한 ISA 계좌는 의무 가입 기간이 3년이고, IRP 계좌는 만 55세까지 중도 인출이 불가능하다* 는 제약도 존재합니다. 의무 조건을 지키지 못할 경우 세제 혜택이 무효

---

* IRP 계좌는 원칙적으로 중도 인출이 불가능하지만, ① 무주택자의 주택 구입 또는 전세 보증금 납부, ② 본인이나 부양가족의 6개월 이상 요양, ③ 파산이나 개인회생, ④ 천재지변, ⑤ 코로나19 등 사회적 재난으로 15일 이상 입원 치료가 필요한 경우에는 예외적으로 중도 인출이 허용됩니다.

〈표 2-7〉 ETF 투자별 과세 비교

	국내 주식형 ETF	국내 상장 해외 ETF	뉴욕증시 상장 ETF	국내 상장 해외 ETF(ISA)
증권거래세	X	X	0.00229%	X
분배금	15.40%	15.40%	15.00%	X
매매차익	비과세	15.40%	양도소득세 22%	9.9%
손익통합 여부	X	X	O	O
금융소득 종합과세 대상	− 분배금 O − 매매차익 X	− 분배금 O − 매매차익 O	− 분배금 O − 매매차익 X	− 분배금 X − 매매차익 X

주 1: 국내 상장 해외 ETF는 매매차익과 과표기준가 증가분 중 작은 금액 기준으로 세율 적용. 비과세를 계산하는 매매차익에 배당 수익도 합산
주 2: 미국 상장 ETF는 양도소득세 관련해서 250만 원까지는 비과세. ISA 계좌는 200만 원(3년 총합) 비과세
주 3: 금융소득 종합과세는 연간 금융소득 2,000만 원 초과 시 적용
주 4: 연금저축계좌는 배당소득 및 매매차익을 연금 수령 시까지 과세 이연(복리효과), 세액 공제 혜택(총 급여 5,500만 원 이하 16.5%, 초과 13.2%)도 있음

화되어 반환됩니다.

〈표 2-7〉은 ETF 투자별 과세를 한눈에 알아보기 쉽도록 비교한 표입니다.

3. 미국 주식 vs. 뉴욕증시 상장
미국 ETF

요즘 미국 주식에 직접 투자하는 사람들도 많지만, 미국 ETF에 투자하는 사람들의 증가 속도는 훨씬 더 빠릅니다. 왜 많은 투자자가 미국 개별 주식 대신 미국 ETF를 선택하는 걸까요?

이번 장에서는 그 이유를 다양한 사례와 함께 짚어보겠습니다.

먼저 미국 ETF의 수익률과 관련해 제가 직접 경험한 일화를 하나 소개해드리겠습니다. 2~3년 전, 저는 한 유명 증권·경제 유튜브 채널에 출연해 미국 ETF에 대해서 설명한 적이 있습니다. 방송 후 한 시청자가 댓글로 "미국 ETF의 수익률이 기대보다 낮다"라는 글을 남겼는데, 내용을 자세히 살펴보니 ETF의 '10년 연평균수익률'을 단순히 10년 동안의 전체 수익률로 착각한 것이 아닌가 싶었습니다. 그렇지 않다면 미국 주식의 성과에 대한 과도한 기대 때문이었을 것입니다.

실제로 뉴욕증시에서 운용자산 규모가 가장 큰 ETF 중 하나인 SPDR S&P 500 ETF Trust(SPY)는 2024년 말 기준 10년 연평균수익률이 12.88%입니다.

이를 단순히 10년 총수익률로 오해했다면 실망스러울 수 있지만, 연평균수익률이라면 이야기가 달라집니다. 10년간 누적수익률이 무려 234.68%에 달하기 때문입니다. 즉, 10년 동안 투자했다면 자산이 3.3배 이상 증가한 셈입니다. 연평균 10% 초반대의 수익률이라도 이처럼 장기적으로 지속되면 복리 효과로 인해 놀라운 성과를 거둘 수 있습니다.

한편 IT 업종을 대표하는 ETF인 Vanguard Information Technology ETF(VGT)는 운용자산 756억 달러 규모로 10년 연평균수익률이 무려 19.76%에 달합니다. 이 수익률을 복리로 계산하면 10년 만에 자산이 6배 이상 불어난 결과가 됩니다. 이처럼 ETF는 개별 주식처럼 단기 급등은 어렵지만, 장기적으로 우수한 복리 수익을 기대할 수 있는 투자수단입니다.

하지만 일부 개인 투자자는 연평균 15~20%의 수익률에 만족하지 못하고 소위 대박을 꿈꾸며 지금도 개별 주식 투자에 열중하고 있는 것도 사실입니다.

주식 수익률과 관련해 다음과 같은 흥미로운 일화가 있습니다. 미국 재무장관을 지낸 래리 서머스(Lawrence Summers)는 2016년 도널드 트럼프(Donald Trump)의 당선을 정확히 예측한 구글의 빅데이터 전문가에게 한 가지 과제를 줬습니다. SNS에 올라오는 온갖 주식 관련 정보를 수집하고 분석해 '필승 투자법'을 찾아보라는 것이었습니다. 하지만 몇 달 뒤 전문가가 내린 결론은 "빅데이터로도 주가 예측은 불가능하다"라는 것이었습니다.

이 사례를 잘 설명하는 이론이 '랜덤워크(Random Walk)' 가설입니다. 1900년 프랑스 수학자 루이 바슐리에(Louis Bachelier)가 처음 제시하고 프린스턴대학교 경제학과 교수인 버턴 말킬(Burton Gordon Malk-iel)이 저서에서 소개하며 유명해진 이 가설은 '개별 주식의 가격은 과거의 데이터나 패턴과 무관하게 불규칙하게 움직인다'라는 것으로, 효율적 시장 가설과 함께 재무이론 기본서에 나오는 유명한 가설입니다.

더욱이 높은 수익률을 맹목적으로 추종한다면 그에 상응하는 높은 위험이 따른다는 사실을 반드시 명심해야 합니다. 이와 관련해 국내 투자자들에게 가장 인기 있는 테슬라(Tesla: TSLA)를 예로 들어보겠습니다.

2021~2023년은 전기차 산업에 대한 기대감이 폭발하던 시기였습니다. 당시 전기차 산업의 '게임 체인저(game changer, 혁신적인 아이디어로 업계의 판도를 뒤바꾼 사건이나 인물)'로 불렸던 테슬라의 주가 역시 급등해 2021년 11월 주당 414.50달러로 사상 최고가를 기록했습니다 (참고로 이하 테슬라 주가는 2020년 5:1, 2022년 3:1 주식 분할을 반영하여 환산한 주가입니다).

하지만 이때 주의할 점은 실질적인 수익의 대부분은 이미 2019~2021년 초 사이에 발생했다는 사실입니다. 2019년 6월 주당 22달러였던 주가가 2021년 1월 300.13달러로 1년 6개월 동안 무려 13배 이상 급등했기 때문입니다. 반면에 이후 최고가인 414.50달러까지는 10개월이 소요되었지만, 주가 상승률은 38.1%로 둔화됩니다.

이후 주가는 2023년 초 100달러 수준까지 급락했다가 2024년 상반기까지는 200달러 내외에서 등락을 거듭했습니다. 트럼프 대통령의 재선 직후 일시적으로 500달러에 근접하는 등 크게 반등했지만, 2025년 3월 기준으로 다시 200달러대로 하락해 고점 대비 큰 낙폭을 기록했습니다(2025년 9월 말 기준 444.72달러).

〈그림 2-9〉 테슬라(TSLA)의 장기 주가흐름(월봉)

출처: investing.com, 토마스리서치

    이러한 높은 변동성 때문에 이 정치 이벤트가 반영되기 전의 구간, 즉 2024년 하반기 이전까지를 기준으로 보면 국내 투자자의 대부분은 테슬라 투자에서 큰 손실을 본 것으로 추정됩니다.

    〈그림 2-9〉는 테슬라 주가의 장기 흐름(월봉 기준)에 한국예탁결제원의 '증권정보포탈' 보관 잔량 데이터를 반영해 분석한 결과입니다. 이 그림에서 2019년 6월(그림 안의 ①번 부분) 기준 테슬라 주식은 330만 주(7,285만 달러)가량 보관되고 있었습니다. 주가가 본격 상승하기 시작한 2020년 6월(그림 안의 ②번 부분)에는 약 420만 주(3억 263만 달러)로 늘었지만, 주가 상승 폭에 비해 투자 증가 폭은 크지 않았습니다.

    본격적인 투자는 2021년 1월(그림 안의 ③번 부분) 이후 시작됐습니다. 이때 보관 주식 수는 약 3,000만 주로 7배 이상 급증합니다. 결국 주가가 10배 이상 상승한 후 추가로 30~40% 상승하는 구간의 후반에서 집중적으로 투자된 것입니다.

이후 주가가 최고점인 414.50달러를 기록할 때(그림 안의 ④번 부분)는 약 3,430만 주가 보관됐고, 173달러 수준까지 하락(그림 안의 ⑤번 부분) 후 260달러대로 반등했을 때(그림 안의 ⑥번 부분) 5,850만 주로 급증합니다. 다시 한번 주가 상승을 기대하고 몰려든 것이죠. 하지만 2024년 상반기 말(그림 안의 ⑦번 부분) 보관 주식 수는 6,300만 주로 더 늘었던 반면 주가는 173달러로 하락합니다.

특히 주가가 급락하던 ④~⑤번 구간에서 국내 투자자들의 보유 주식 수는 약 490만 주 늘어나지만, 동일 기간 동안 5,500만 주에 달하는 주식이 매도되었으니 손바꿈이 일어나며 많은 투자자가 손실을 보았을 것입니다. 또한 주가의 반등을 기대하고 몰려들었던 ⑥번에서 35% 이상 주가가 하락한 ⑦번까지 보유물량이 470만 주 늘었으니 손바꿈뿐만 아니라 뒤늦게 매수에 나선 투자자들도 적지 않은 손실을 보았을 것입니다.

물론 전체 기간을 통틀어 테슬라 상승 초기인 2000년 전후에 투자한 일부 투자자들은 큰 수익을 거뒀을 수도 있습니다. 하지만 대다수의 일반 투자자는 상승 후반부인 2001년 이후에 진입했고, 고점에서 진입해 하락을 경험했을 가능성이 큽니다. 즉, 테슬라는 미국을 대표하는 우량주인데도 불구하고 이러한 높은 변동성을 보여준다는 점에서 일반 개인 투자자들이 수익성만 보고 투자한다면 미국 주식 투자를 통해 높은 수익률을 기대하는 것이 결코 쉽지 않다는 것을 알 수 있습니다.

특히 미국 주식은 우리나라 시각으로 밤 10시 30분부터 다음날 새벽 5시까지 거래되므로 뉴스나 돌발 악재에 대응하기 어렵습니다. 더

불어 미국에는 국내처럼 하루 상승/하락 폭 제한, 즉 상·하한가 제도가 없어 잘못된 판단으로 투자했다가는 잠든 사이에 생각지도 못한 큰 손실을 볼 수도 있습니다.

전설적인 투자자인 존 템플턴(John Templeton)은 "강세장은 비관론 속에서 태어나, 회의론 속에서 성장하며, 낙관론 속에서 성숙하고, 행복감 속에서 죽는다"라고 말했습니다.

이 말은 시장에 대한 대중의 낙관이 극에 달할 때가 오히려 고점일 수 있다는 경고입니다. 하지만 보통의 주식 투자자들은 행복감 속에 투자하고 비관론 속에 매도하는 것이 일반적입니다. 즉, 주가 상승의 정점에서 낙관적이 되고 하락해 바닥권에 근접하면 모두가 비관적으로 변하는 속성을 갖고 있기 때문에 대부분은 투자에 실패합니다.

또 다른 전설적인 투자자인 피터 린치 역시 "사람들은 부동산은 몇 달간 꼼꼼히 조사하지만, 주식은 몇 분 만에 산다"라고 비판했습니다. 실제로 많은 일반 개인 투자자가 주식 투자를 위한 최소한의 전문성이 부족함에도 불구하고 펀더멘털 분석과 정보 수집을 위한 시간적 노력 없이 고수익만을 추구하다 실패합니다.

이와 관련해 그는 또 이렇게 단언했습니다.

"기업을 공부하지 않고 주식을 산다는 것은 포커를 칠 때 패를 안 보고 돈을 거는 것과 같다."

이러한 개인 투자자들의 속성을 감안한다면 ETF는 개인 투자자에게 훨씬 더 현실적이고 안정적인 투자수단입니다. 분산투자로 개별 종목의 리스크를 낮추고, 지수 추종을 통해 시장 평균수익률에 안정적으로 접근할 수 있으며, 낮은 운용보수와 거래 편의성도 강점입니다.

　이러한 관점에서 버핏이 투자에 익숙지 않은 자신의 아내에게 남긴 유언의 일부를 되새겨볼 필요가 있습니다.

> "기부하고 남은 자산의 90%는 S&P 500을 추종하는 인덱스 펀드에,
>
> 나머지 10%는 국채에 투자하라."

3부.

미국 ETF 'All' 가이드

알파(A)에서 오메가(Ω)까지

주식 지수를 추종하는 기본 ETF부터 업종별·테마형 ETF, 나아가 채권, 금, 원자재, 파생형 ETF까지 – 미국 ETF 시장의 전 영역을 총망라합니다.

1. 미국 ETF 시장의 기본 구조

앞서 우리는 개인 투자자의 관점에서 미국 ETF가 왜 가장 합리적인 투자수단인지 살펴봤습니다. 국내 주식형 ETF, 국내 상장 해외 ETF, 미국 상장 개별 주식 간의 수익률과 리스크, 세금 체계, 운용보수 등의 차이도 비교해봤습니다.

이제 3부에서는 본격적으로 미국 ETF 시장의 구조와 특징을 하나씩 살펴보겠습니다.

이를 통해 S&P 500과 같은 주요 지수를 추종하는 가장 기본적인 ETF부터 업종이나 테마, 상품(원자재) 등을 활용한 전략적 ETF 그리고 레버리지나 인버스 ETF처럼 파생상품을 활용해 위험에 대한 노출을 조절하며 수익을 겨냥하는 ETF까지, 다양한 ETF를 이해하게 될 것입니다.

미국 ETF 시장은 앞서 〈그림 1-6〉에서 살펴본 것처럼 2000년 말까지만 해도 80개 상품, 660억 달러 수준의 규모에 불과했습니다. 하지만 이후 20여 년간 폭발적인 성장세를 이어가며 2023년 말을 기준으로 순

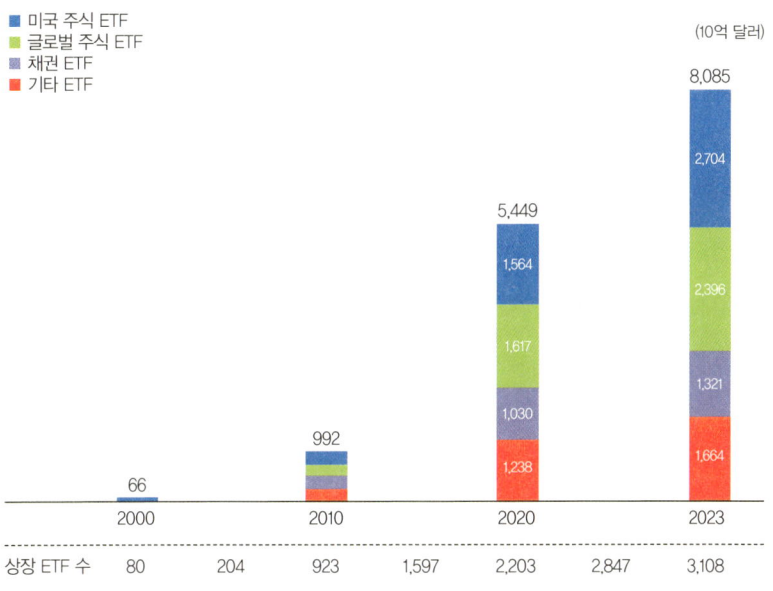

〈그림 3-1〉 2000년 이후 연도별 상장 ETF 수와 순자산

- 미국 주식 ETF
- 글로벌 주식 ETF
- 채권 ETF
- 기타 ETF

(10억 달러)

| 상장 ETF 수 | 80 | 204 | 923 | 1,597 | 2,203 | 2,847 | 3,108 |

	2000	2010	2020	2023
총액	66	992	5,449	8,085

2023: 2,704 / 2,396 / 1,321 / 1,664
2020: 1,564 / 1,617 / 1,030 / 1,238

출처: 미국 자산운용협회(Investment Company Institute, ICI)

자산은 8.09조 달러로 급증했고, 상장 ETF 수는 3,108개에 이르렀습니다. 그리고 2024년 말에는 ETF 수가 3,934개까지 증가했습니다.

이로써 23년간 ETF 수는 약 39배, 운용자산 규모는 122.5배 이상 성장한 셈입니다. 같은 기간 S&P 500 지수가 243% 상승한 것과 비교하면 ETF 시장의 성장세는 엄청나게 가파릅니다.

이처럼 ETF 시장이 고속 성장한 것은 단순한 주가 상승 때문만은 아닙니다. ① ETF 상품 자체의 지속적인 출시와 ② ETF 시장으로의 대규모 신규 자금 유입, 즉 펀드 플로우(fund flow)*라는 두 가지 요인이 주요한 원동력이었습니다.

---

* 펀드 플로우는 ETF에 얼마만큼의 자금이 들어오고 나갔는지를 나타내는 지표로, 순투자규모의 증감을 나타냅니다.

미국 ETF의 핵심 - 주식 ETF와 채권 ETF

이러한 미국 ETF 시장의 핵심은 단연 주식형 ETF입니다. 〈그림 3-1〉의 내용처럼 2023년 말 기준 대형주 ETF의 순자산은 약 2.7조 달러, 중·소형주 ETF의 순자산은 약 2.4조 달러입니다. 두 시장을 합치면 전체 ETF 시장의 약 63%를 차지합니다. 여기에 해외 주식형 ETF까지 포함하면 전체 주식형 ETF 비중은 무려 79%를 넘어섭니다.

특히 S&P 500 지수를 추종하는 ETF는 운용자산 기준으로 시장 최상위권을 차지하고 있습니다. 대표적으로 SSGA가 운용하는 SPDR S&P 500 ETF Trust(SPY)는 2024년 말 기준 순자산 6,194억 달러로 1위를 기록했습니다. 그 뒤를 BlackRock의 iShares Core S&P 500 ETF(IVV)와 Vanguard Group의 Vanguard S&P 500 ETF(VOO)가 잇고 있습니다.[*]

이 세 ETF의 순자산만 합쳐도 2024년 말 기준 약 1조 7,881억 달러로, 원화 약 2,593조 원(동일 시점 환율 1,450원 기준)에 해당합니다. 이는 동일한 시점의 KOSPI 전체 시가총액인 2,126조 원을 훌쩍 넘는 수치입니다.

또한, S&P 500 지수 이외에도 업종 및 스타일, 테마 등을 반영한 다양한 ETF들이 시장에서 활발히 거래되고 있습니다. 예를 들어서 S&P 500 지수 내 임의소비재, 필수소비재, 헬스케어, 산업재, 정보기술, 소재, 부동산, 커뮤니케이션, 유틸리티, 금융, 에너지 등 11개의 업종을 추종하는 업종 ETF가 큰 시장을 형성하고 있습니다. 이 외에도 가치형, 성장형, 모멘텀형, 중·소형 ETF 등 투자성향에 맞춘 스타일 ETF

---

[*] 2025년 4월 Vanguard S&P 500 ETF가 운용자산 규모 1위로 등극했습니다.

와 다양한 테마를 추종하는 테마 ETF들이 주식 ETF 시장을 구성하고 있습니다.

한편 채권 ETF는 주식형 ETF를 제외한 남은 미국 ETF의 대부분인 약 18.5%를 차지하고 있습니다(2023년 기준, 상품 ETF 비중은 2.09%). 일반적인 채권 ETF의 기초자산으로는 미국 국채, 지방채, 기업채, 해외 채권 등이 있으며, 만기 구조(단기, 중기, 장기)나 담보 여부에 따라 다양한 형태로 분화돼 있습니다.

2024년 말을 기준으로 채권 ETF는 약 800개가 상장돼 있으며 2025년 4월에는 881개까지 증가했습니다. 대표 상품은 Vanguard Group의 Vanguard Total Bond Market ETF(BND)와 BlackRock의 iShares Core U.S. Aggregate Bond ETF(AGG)가 있습니다. 이들은 운용자산 규모가 각각 1,209억 달러, 1,197억 달러 규모로 채권 ETF 시장을 대표하고 있습니다.

〈표 3-1〉 미국 대표 주식형 ETF와 채권형 ETF 관련 기본 정보

	SPY	IVV	VOO	BND	AGG
운용사	SSGA	BlackRock	Vanguard Group	Vanguard Group	BlackRock
출시 시기	1993년 1월 22일	2000년 5월 15일	2010년 9월 7일	2007년 4월 3일	2003년 9월 22일
운용자산(억 달러)	6,194	5,859	5,029	1,209	1,199
총보수비용	0.09%	0.03%	0.03%	0.03%	0.03%
최근 1년 분배금	1.36%	1.46%	1.44%	3.72%	3.79%
2024년 펀드 플로우 (Net, 억 달러)	+165	+867	+1,157	+190	+207

주 1: SPY는 SPDR S&P 500 ETF Trust, IVV는 iShares Core S&P 500 ETF, VOO는 Vanguard S&P 500 ETF, AGG는 iShares Core U.S. Aggregate Bond ETF, BND는 Vanguard Total Bond Market ETF, SSGA는 State Street Global Advisors의 약자
주 2: 운용자산 규모와 2024년 펀드 플로우의 단위는 억 달러. 운용자산은 2024년 말, 펀드 플로우는 2024년 연간 기준

미국 ETF의 중요한 선택 기준 - 총보수비용

ETF를 고를 때 많은 투자자가 주목하는 핵심 요소 중 하나는 '총보수비용'입니다. 이는 ETF를 운용하면서 발생하는 연간 수수료율을 의미하며, 일반적으로 낮을수록 투자자에게 유리합니다. 특히 대표지수를 추종하는 주식 ETF나 국채와 관련된 ETF 등 보수적 투자자들이 관심을 갖는 ETF의 경우 총보수비용은 투자 시 중요한 선택 기준이 됩니다. 그러다 보니 동일한 S&P 500 지수를 추종하는 ETF라고 해도 총보수비용이 다르면 투자자금 유입(펀드 플로우)에도 큰 차이가 발생합니다.

예를 들어 2024년 연간 펀드 플로우를 보면 SPDR S&P 500 ETF Trust(SPY)에는 165억 달러의 투자자금이 유입된 반면, iShares Core S&P 500(IVV)과 Vanguard S&P 500 ETF(VOO)에는 각각 867억 달러, 1,157억 달러가 유입됐습니다. 세 상품 모두 비슷한 수익률과 동일한 기초지수(S&P 500 지수)를 추종하지만, 총보수비용은 IVV와 VOO는 0.03%에 불과한 반면, SPY는 0.09%를 기록해 상대적으로 높습니다. 이렇게 총보수비용의 차이만으로도 자금 유입 규모가 확연히 달라진 것입니다.

또한, 총보수비용은 투자자가 받는 분배금(주식의 배당금 개념과 동일)에도 영향을 미칩니다. 같은 수익을 내는 ETF라면 수수료가 낮은 상품일수록 투자자에게 돌아가는 수익이 많아집니다. 따라서 투자자들은 자연스럽게 비용이 낮은 ETF를 더 선호하게 됩니다.

이러한 경향은 2024년에만 국한된 현상이 아닙니다. 장기적으로도 수수료 차이는 ETF에 유입되는 자금흐름을 결정짓는 주요 요인 중 하

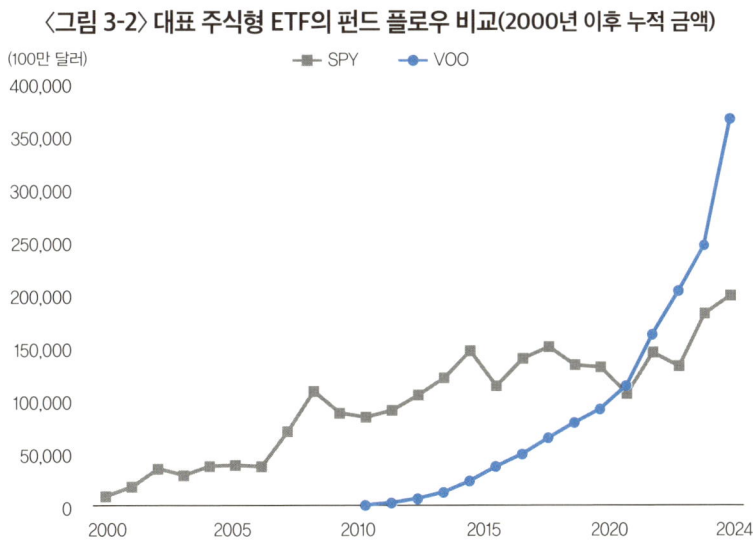

나로 작용해 왔습니다.

한편 대표적인 채권형 ETF인 iShares Core U.S. Aggregate Bond ETF(AGG)와 Vanguard Total Bond Market ETF(BND)는 총보수비용이 0.03%로 동일함에도 2024년 한 해 동안은 펀드 플로우에 약간의 차이가 있었지만, 최근 20년 가까운 장기 펀드 플로우에는 큰 차이를 보이지 않고 있음을 〈그림 3-3〉에서 확인할 수 있습니다.

앞서 살펴본 총보수비용은 동일한 벤치마크를 추종하는 ETF 선택 시에는 중요한 기준이 되지만, 서로 다른 벤치마크를 추종하는 ETF 간의 선택에 미치는 영향은 다를 수 있습니다. 대표적인 사례가 바로 Invesco QQQ Trust(QQQ)입니다. 이 ETF는 기술주 중심의 미국 NASDAQ-100 지수를 추종하는 상품으로 2024년 기준 총보수비용이 0.20%로 비교적 높은 편입니다. 하지만 기술주 강세에 따른 높은

〈그림 3-3〉 대표 채권형 ETF의 펀드 플로우 비교(2003년 이후 누적 금액)

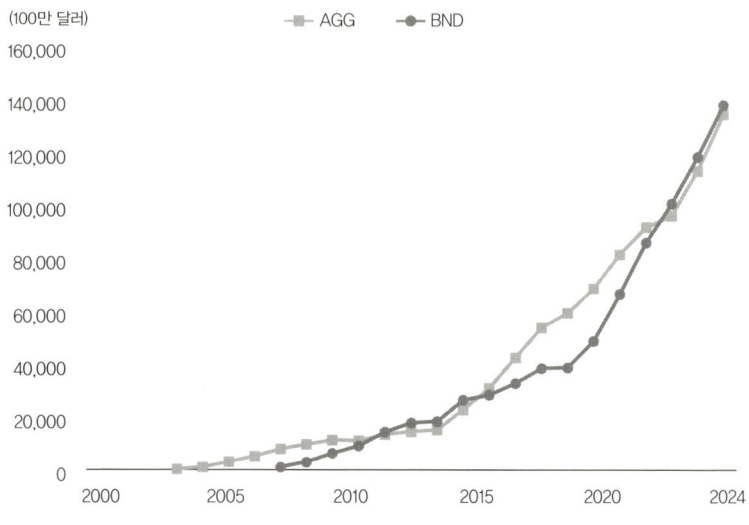

주: iShares Core U.S. Aggregate Bond ETF와 Vanguard Total Bond Market ETF의 출시 연도는 각각 2003년, 2007년
출처: etf.com, 토마스리서치

〈그림 3-4〉 대표 주식형 ETF와 Invesco QQQ Trust의 펀드 플로우 비교

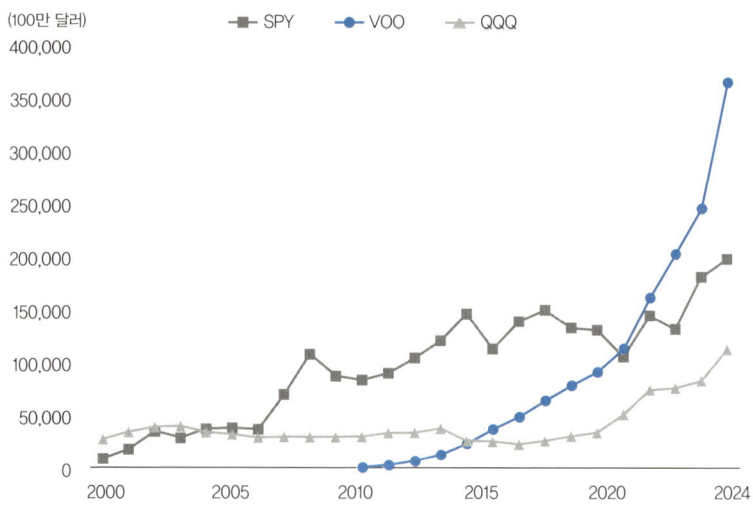

주: Invesco QQQ Trust의 출시 연도는 1999년
출처: etf.com, 토마스리서치

기대수익률 덕분에 많은 투자자의 자금이 계속 유입되고 있습니다.

이와 같이 서로 다른 벤치마크를 추종하는 ETF를 선택할 때는 투자 비용을 의미하는 총보수비용의 차이보다는 각각의 해당 ETF가 제공할 수 있는 수익률과 부담해야 하는 위험이 함께 고려되어 총보수

〈표 3-2〉 뉴욕증시 상장 대표 ETF 20선(운용자산 기준)

	운용사	출시 연도	운용자산 (억 달러)	총보수비용 (%)
SPDR S&P 500 ETF Trust	SSGA	1993	6,194	0.09
iShares Core S&P 500 ETF	BlackRock	2000	5,859	0.03
Vanguard S&P 500 ETF	Vanguard Group	2010	5,829	0.03
Vanguard Total Stock Market ETF	Vanguard Group	2001	4,568	0.03
Invesco QQQ Trust	Invesco	1999	3,155	0.20
Vanguard Growth ETF	Vanguard Group	2004	1,553	0.04
Vanguard FTSE Developed Market ETF	Vanguard Group	2007	1,334	0.03
Vanguard Value ETF	Vanguard Group	2004	1,282	0.04
Vanguard Total Bond Market ETF	Vanguard Group	2007	1,209	0.03
iShares Core U.S. Aggregate Bond ETF	BlackRock	2003	1,197	0.03
iShares Core MSCI EAFE ETF	BlackRock	2012	1,178	0.07
iShares Russell 1000 Growth ETF	BlackRock	2000	1,064	0.19
iShares Core S&P Mid-cap ETF	BlackRock	2000	948	0.05
iShares Core S&P Small-cap ETF	BlackRock	2000	876	0.06
Vanguard Dividend Appreciation ETF	Vanguard Group	2006	872	0.05
Vanguard Information Technology ETF	Vanguard Group	2004	847	0.09
Vanguard FTSE Emerging Markets ETF	Vanguard Group	2005	792	0.07
iShares Core MSCI Emerging Markets ETF	BlackRock	2012	778	0.09
Vanguard Total International Stock ETF	Vanguard Group	2011	746	0.05
Technology Select Sector SPDR Fund	SSGA	1998	728	0.09

주: 운용자산 규모는 2024년 말 기준
출처: FnGuide, etf.com, 토마스리서치

비용이 높고 낮음과 상관없이 선택을 할 수 있습니다.

결국 이때는 투자자의 성향에 따라 선택이 달라지게 됩니다. 즉, 기대할 수 있는 수익률과 부담해야 하는 위험에 대해 보수적인 투자자와 적극적인 투자자의 선택이 펀드 상품의 총보수비용과 상관없이 정해지는 것입니다.

바로 이 점 때문에 QQQ처럼 수익률은 높지만 비용도 높은 ETF보다 VOO처럼 낮은 비용과 안정적인 수익률을 동시에 제공하는 ETF에 더 많은 자금이 꾸준히 유입될 수 있는 것입니다.

실제로 미국 ETF 시장에서 운용자산을 기준으로 상위권을 차지하는 ETF 대부분은 대표지수나 연관 시장 전체(선진국, 개도국 등)를 추종하는 펀드들이면서 총보수비용이 미국 ETF 시장 평균보다 낮으며, 운용사 신뢰도가 높고 분배금 지급이 꾸준하다는 특징을 갖고 있습니다. 이런 대표 ETF들은 수익성과 안정성을 모두 고려하는 장기투자자들이 선호하는 펀드 상품이라고 할 수 있습니다.

〈표 3-2〉는 2024년 말 기준으로 뉴욕증시에 상장된 대표 ETF 20선의 정보를 정리한 것입니다.

2. 미국 대표 ETF

앞서 〈표 3-2〉에서 살펴본 뉴욕증시 상장 ETF 상위 20개 중 다수가 S&P 500 지수를 추종하는 상품이라는 점에 주목할 필요가 있습니다. 이는 많은 ETF 투자자가 높은 수익률보다는 안정성과 시장 평균 수준의 수익률을 추구한다는 것을 보여줍니다. 다시 말해서 주식시장 전체의 평균 흐름을 따라가기를 원하는 투자자층이 매우 두텁다는 의미입니다.

그렇다면 뉴욕증시를 대표하는 지수는 S&P 500 하나뿐일까요? 꼭 그렇지는 않습니다. 미국 주식시장에는 S&P 500 외에도 다양한 대표 지수가 존재합니다. 다우존스산업평균지수(Dow Jones Industrial Average, DJIA, 다우 지수)를 대표지수로 여기는 투자자도 많습니다. 또한, 마이크로소프트, 애플, 알파벳, 메타, 엔비디아, 테슬라 등 주요 성장주를 포괄하는 나스닥종합지수(나스닥 지수)도 뉴욕증시를 대표하는 핵심 지수입니다.

일반적으로는 다우 지수, S&P 500, 나스닥 지수(NASDAQ Index)를 뉴욕증시의 3대 대표지수로 꼽습니다. 여기에 하나를 더한다면 중·소형주를 대표하는 러셀 2000 지수(Russell 2000 Index)를 추가로 꼽을 수 있습니다.

하지만 다우 지수는 전통적인 역사와 상징성에도 불구하고 구성종목 수가 30개로 제한되고 단순 평균 방식으로 산출된다는 측면에서 대표성을 갖기에는 한계를 지닌다는 지적이 일부 있습니다.

더욱이 다우 지수를 추종하는 대표 ETF인 SPDR Dow Jones Industrial Average ETF Trust(DIA)는 운용자산 규모가 약 371억 달러(2024년 말 기준)로, 운용자산 규모 기준 전체 ETF 중 40~50위권에 위치해 대표성을 갖는다고 하기 어렵습니다. 따라서 이 책에서는 다우 지수 및 관련 ETF에 대한 설명은 생략하고, S&P 500, NASDAQ, Russell 2000 지수와 이들을 추종하는 대표 ETF 상품(VOO, QQQ, IWM)을 중심으로 설명하겠습니다.

S&P 500 지수 추종 대표주자 - Vanguard S&P 500 ETF(VOO)

S&P 500 지수는 세계적인 신용평가기관인 스탠더드앤푸어스(Standard and Poor's, S&P)가 산출하는 지수로 미국 증시를 대표하며 가장 널리 사용되는 벤치마크 지수입니다.

S&P 500 지수는 미국 증시에 상장된 대형주 500개 기업을 선정하여 구성되며 시가총액 가중 방식으로 지수를 산출합니다. 즉, 상장 주식 수에 주가를 곱한 시가총액을 기준으로 기준 시점과 비교해 지수 값을 산출합니다.

물론 500개 종목이 대부분 대형주 위주로 구성돼 있어서 중·소형주나 전체 시장을 완전히 반영하지는 못한다는 한계도 있습니다. 그럼에도 불구하고 S&P 500을 구성하는 종목의 시가총액이 전체 미국 증시의 80% 비중을 차지하기 때문에 대표 주가지수라고 부르는 데 대한 이견은 없습니다.

또한 이런 이유로 이 지수를 추종하는 ETF들이 뉴욕증시 내 전체 ETF 중 운용자산(또는 순자산가치) 기준 최상위권을 차지하고 있는 것입니다. 이 중에서 SPDR S&P 500 ETF Trust(SPY), iShares Core S&P 500 ETF(IVV), Vanguard S&P 500 ETF(VOO)가 가장 대표적이며, 이들은 운용자산 기준으로도 전체 미국 ETF 중에서 1~3위로 최상위권에 있는 ETF입니다.

이들 S&P 500 지수를 추종하는 3개의 대표 ETF 중 SPDR S&P 500 ETF Trust(SPY)는 가장 오래된 ETF이며 2024년 말 기준 운용자산 규모도 가장 큽니다. 하지만 최근의 자금 유입 추세를 보면 Vanguard S&P 500 ETF(VOO)가 더 주목받고 있습니다.

VOO는 세계 2위의 ETF 운용사인 Vanguard Group이 운영하는 상

〈표 3-3〉 Vanguard S&P 500 ETF 기본 정보

출시일	2010년 9월 7일	운용자산	5,829억 달러
수익률	8.90%	투자유형	
수수료	0.03%	시가총액 기준	대형주
발행사	Vanguard Group	투자스타일	혼합형

Top 10 종목(전체 비중 32.45%)

애플, 마이크로소프트, 엔비디아, 아마존닷컴, 메타 플랫폼스, 버크셔 해서웨이, 알파벳(A, C), 브로드컴, 테슬라

주 1: 수익률은 최근 3년(2022~2024년) 연평균수익률
주 2: 혼합(Blend)은 성장주와 가치주를 모두 포괄
출처: 펀드 홈페이지, 토마스리서치

품입니다. S&P 500 지수를 추종하는 가장 대표적인 패시브형 ETF로 포트폴리오는 성장주(growth)와 가치주(value) 상관없이 대형주 중심으로 구성되어 있기 때문에 혼합형(Blend) 스타일입니다.

이 ETF는 총 504개 종목에 분산투자하고 있으며, 상위 10개 종목의 비중이 전체 자산의 32.45%를 차지합니다. 이 중에서 애플, 마이크로소프트, 엔비디아, 아마존 등 빅테크 기업이 포트폴리오의 최상위권을 차지하고 있습니다.

참고로 종목명 뒤에 붙는 Class A, C 등은 주식의 종류를 나타냅니다. 일반적으로 Class A는 보통주, Class C는 의결권이 없는 우선주입니다. 한편 우리에게 생소한 형태인 Class B는 대주주 및 특수 지분 보유 주주를 위한 것으로, 실제로 증시에서 거래되지 않습니다. 알파벳(구글의 모기업)은 Class B 주식에 1주당 10표의 의결권을 부여하고 있으며, 메타 역시 Class B에 더 많은 의결권을 부여합니다. 즉, Class B 주식은 적은 지분율로도 안정적인 경영권을 확보할 수 있도록 활용되는 특이한 형태입니다.

Vanguard S&P 500 ETF는 S&P 500 지수를 가장 충실하게 따르는 대표적인 ETF 중 하나입니다. 따라서 업종 구성 비중이나 밸류에이션 지표[주가수익비율(Price Earnings Ratio, PER), 주가순자산비율(Price to Book-value Ratio, PBR)] 등도 S&P 500 지수와 동일합니다. 이 ETF의 β(베타, 체계적 위험, 즉 시장 위험을 의미하며 1.00이라는 것은 변동성이 시장과 동일함을 의미)는 1.00으로 시장과 같은 수준의 변동성을 보입니다. 즉, 시장과 같은 흐름을 추종하는 '정통적 패시브 ETF'라고 볼 수 있습니다. 초대형 ETF로 추적오차나 괴리율도 매우 낮습니다.

무엇보다 VOO의 장점은 연간 총보수비용이 매우 낮다는 점입니다. VOO의 연간 총보수비용은 0.03%로, 동종 ETF 중 최저 수준입니다. 동일한 지수를 추종하는 SPY(0.09%)보다도 저렴해서 장기투자자들이 선호합니다.

기술주를 대표하는 ETF - Invesco QQQ Trust(QQQ)

S&P 500 지수가 미국의 대형 우량주 전반을 대표하는 지수라면, 나스닥 지수는 나스닥 시장(NASDAQ Stock Exchange)에서 거래되는 성장 기술주를 대표하는 지수입니다.

나스닥 시장은 상장종목 수가 2024년 말 기준 3,890개로 2024년 7월 기준 2,223개가 상장되어 있는 뉴욕증권거래소보다 더 많은 종목이 거래되는 시장입니다(상장종목 시가총액은 유사).

특히 나스닥 지수에서 파생된 하위 지수인 나스닥-100(NAS-DAQ-100) 지수는 나스닥에 상장된 기업 중 금융 업종 종목을 제외한 시가총액 상위 100개 기업을 선별하여 구성되며 글로벌 대형 기술주를 대표하는 지수로 활용됩니다.

이러한 NASDAQ-100 지수를 추종하는 대표 ETF로는 Invesco QQQ Trust(QQQ)를 꼽을 수 있습니다. 1999년 출시된 이 ETF는 운용자산 규모 3,155억 달러(2024년 말 기준)로 전체 미국 ETF 가운데 운용자산 기준 5위에 해당하며 국내 투자자들에게도 매우 인기 있는 상품 중 하나입니다.

Invesco QQQ Trust(QQQ)는 기술주 중심의 지수 특성을 그대로 반영해 IT와 커뮤니케이션 등 기술(Tech) 업종 비중이 전체 포트폴리오의 60%에 육박합니다. 그 외 아마존과 테슬라와 같은 기술주를 포괄

〈표 3-4〉 Invesco QQQ Trust 기본 정보

출시일	1999년 3월 10일	운용자산	3,155억 달러
수익률	9.45%	투자유형	
수수료	0.20%	시가총액 기준	대형주
발행사	Invesco	투자스타일	성장형

Top 10 종목(전체 비중 48.46%)

애플, 마이크로소프트, 엔비디아, 아마존닷컴, 브로드컴, 메타 플랫폼스, 코스트코 홀세일,
넷플릭스, 테슬라, 알파벳

주: 수익률은 최근 3년(2022~2024년) 연평균수익률
출처: 펀드 홈페이지, 토마스리서치

하는 임의소비재 업종의 비중이 20% 수준에 달해, 기술과 임의소비재 섹터가 80%라는 압도적인 비중을 차지하고 있습니다.

포트폴리오 상위 종목으로는 애플(9.40%), 마이크로소프트(7.86%), 엔비디아(7.45%), 아마존닷컴(Amazon.com: AMZN), 메타 플랫폼스, 브로드컴(Broadcom: AVGO), 알파벳(A·C), 코스트코(Costco: COST), 넷플릭스(Netflix: NFLX), 테슬라 등이 있으며, 2025년 1분기 말 기준 상위 10개 종목의 비중이 48.46%에 달합니다. 이는 앞서 소개한 VOO(32.45%)보다 상위 종목에 대한 집중도가 훨씬 높아, 변동성 노출도 그만큼 크다고 할 수 있습니다.

QQQ에 포함된 대부분의 기업은 시가총액이 큰 대형주이며 그 중에서도 성장성이 높은 기업들이 중심이므로 이 ETF는 성장형 (Growth) 스타일의 ETF로 분류됩니다.

이러한 QQQ는 코로나19 팬데믹 이후 기술 중심의 강세장이 이어 지면서 NASDAQ-100 지수의 급등 영향으로 뛰어난 성과를 기록하 고 있습니다. 하지만 앞서 언급한 상위 종목에 대한 높은 의존도와 주

가 변동성이 높은 기술주 중심의 ETF이기 때문에 투자위험도 상대적으로 높다는 점이 고려되어야 합니다. 총보수비용도 여타 대표 ETF들과 비교해 상대적으로 높은* 0.20%라는 점도 상품 선택 시 참고해야 할 것입니다.

미국 중·소형주를 대표하는 ETF - iShares Russell 2000 ETF(I-WM)

S&P 500 지수보다 미국 뉴욕증시를 더 포괄적으로 나타내는 것이 러셀 3000 지수(Russell 3000 Index)입니다. S&P 500이 시가총액 기준 뉴욕증시 상위 500개의 대형주로 구성된 지수라면, 러셀 3000 지수는 시가총액 상위 3,000종목으로 구성된 지수입니다. S&P 500이 미국 뉴욕증시의 80%를 대변한다면, 러셀 3000은 98%를 대변하고 있습니다.

이 지수는 그 자체로 활용되기보다는 상위 1,000개 대형주로 구성된 러셀 1000 지수와 하위 2,000개, 즉 시가총액 기준 1,001번째에서 3,000번째 종목으로 구성된 러셀 2000 지수로 나뉘어 활용됩니다. 특히 러셀 2000 지수는 '중·소형'주라는 영역을 대표한다는 측면에서 상대적인 활용도가 높습니다.

즉, 러셀 2000 지수는 대형 우량주 중심의 S&P 500 지수나 기술주 중심의 NASDAQ-100 지수와는 다르게 미국 내 중·소형 기업의 흐름과 내수 경기의 체감 온도를 반영하는 지수로 평가됩니다.

이러한 러셀 2000 지수를 추종하는 대표적인 ETF로는 iShares Rus-

---

* 2024년을 기준으로 운용자산 기준 상위 20위 ETF 가운데 QQQ와 iShares Russell 1000 ETF만이 0.20% 이상의 수수료를 부과하고 있으며 대부분의 대형 ETF는 0.03~0.10% 사이에 분포하고 있습니다.

출시일	2000년 5월 22일	운용자산	722억 달러
수익률	1.15%	투자유형	
수수료	0.19%	시가총액 기준	대형주
발행사	BlackRock	투자스타일	혼합형

주: 수익률은 최근 3년(2022~2024년) 연평균수익률
출처: 펀드 홈페이지, 토마스리서치

sell 2000 ETF(IWM)를 들 수 있습니다. 글로벌 자산운용사인 Black-Rock이 운용하며 2000년 출시 이후 중·소형주에 투자하고자 하는 투자자들의 핵심 수단으로 자리잡았습니다.

IWM은 2024년 말 기준 운용자산 규모 722억 달러로 전체 미국 ETF 중 20위권에 랭크된 초대형 ETF입니다. 총보수비용은 0.19%로 앞서 설명한 Vanguard S&P 500 ETF보다 높으며, Invesco QQQ Trust와는 비슷한 수준을 보이고 있습니다.

이 상품은 무려 2,000개에 달하는 종목에 투자할 뿐 아니라, 시가총액 기준 1,000번째 이하 중·소형주에 투자하다 보니 상위 종목의 비중이 5% 수준으로 낮습니다. 또한 Top 10에 포함된 상위그룹 종목이라고 할지라도 크레도 테크놀로지(Credo Technology Group: CRDO), 파브리넷(Fabrinet: FN), 브리지바이오 파마(Bridgebio Pharma Inc.: BBIO)와 같이 일반 투자자들에게는 다소 생소한 기업이 많습니다.

다만 앞서 언급한 바와 같이 IWM은 중·소형주 투자를 고려하는 투자자에게 유용한 선택지입니다. 특히 운용자산 규모 기준 상위에 포진한 ETF들이 대부분 대형주 중심의 펀드인 것과 달리 중·소형주에 특화된 펀드이기 때문에 전체 시장의 흐름에서 벗어난 차별화된 투자상

품을 찾는 투자자들에게는 고려 가능한 대안이 될 수도 있습니다.

대표 ETF에 대한 평가와 선택 기준

앞서 살펴본 세 가지 뉴욕증시 대표지수 추종 ETF(VOO, QQQ, IWM)은 각각 다른 특성을 가진 ETF입니다. 이들은 미국 주식시장을 대표하는 주요 지수를 따라가지만, 편입 종목의 성격과 업종 구성 등에 따라 수익률과 변동성이라는 위험 면에서 차이를 보입니다.

일반적으로 투자에서는 변동성이 낮을수록 위험이 작다고 간주되므로 리스크에 민감한 투자자에게는 낮은 변동성이 중요한 판단 기준이 됩니다.

정확한 성과 비교를 위해서는 단순히 수익률만 보는 것이 아니라 수익을 얻기 위해 감수해야 할 위험이 얼마나 되는지를 함께 따져보는 '위험조정 수익률' 개념을 활용하는 것이 중요합니다.

예를 들면 최근 5년 기준으로는 VOO가 QQQ보다 더 높은 위험조정 수익률을 기록한 것으로 나타납니다. 이는 단순히 수익률의 높고 낮음을 이야기하는 것이 아니라, 일정한 수준의 변동성이란 위험에 대해 보상으로 주어지는 수익이 QQQ보다 VOO가 좀 더 높다는 것입니다.

물론 두 ETF 간 위험조정 수익률의 격차가 크지는 않으며, 이러한 지표는 선택을 위한 수단일 뿐입니다. 중요한 것은 각자의 투자성향과 목표, 리스크 수용 능력에 맞는 ETF를 고르는 일입니다.

참고로 위험조정 수익률을 분석하는 여러 지표들─분산계수, 최대 손실 회복기간, 샤프지수(Sharpe Ratio), 트레이너지수(Treynor Ratio), 젠

〈표 3-6〉 대표지수 추종 ETF의 기간별 수익률과 변동성

	3년		5년	
	수익성	변동성	수익성	변동성
VOO	8.90%	17.31%	14.49%	16.90%
QQQ	9.45%	21.86%	19.95%	21.34%
IWM	1.15%	23.53%	7.29%	22.43%

주: 수익성은 연평균수익률, 변동성은 수익률의 표준편차
출처: 야후 파이낸스(Yahoo Finance), 토마스리서치

센의 알파(Jensen's Alpha) 등—은 5부에서 자세히 설명할 예정입니다. 이 장에서는 우선 수익성과 변동성 측면에서만 세 ETF의 기본적인 특징을 정리하고 비교해보겠습니다.

우선 S&P 500 지수를 추종하는 VOO는 장기수익률이 안정적이고 변동성이 낮습니다. 〈표 3-6〉에서 확인할 수 있듯이, 수익성과 안정성의 균형이 잘 맞는 ETF입니다.

따라서 위험에 대해 다소 보수적이면서 시장 평균 수준의 수익을 원하는 투자자들은 Invesco QQQ Trust(QQQ)를 선택하기보다 VOO를 선택하는 것이 더 적절할 수 있습니다.

하지만 증시 평균 수준의 변동성이라는 위험을 감내하면서 증시 평균 이상의 수익을 원한다면 기술주 중심의 QQQ가 더 적합할 수 있습니다. 〈표 3-6〉에서도 나타나듯 QQQ는 VOO보다 변동성이 크지만, 수익률 역시 높습니다. 특히 최근 5년간 연평균수익률이 20%에 육박해 일정 수준 이상의 위험을 감수할 수 있다면 QQQ가 좋은 투자자산이었음을 알 수 있습니다.

IWM은 수익성과 변동성 측면 모두에서 VOO와 QQQ에 비해 열위한 성과를 보이고 있습니다. 하지만 여전히 많은 투자자가 IWM의

〈표 3-7〉 대표지수 추종 ETF 최근 4년간 연간수익률 비교

	2020년	2021년	2022년	2023년
VOO	18.29%	28.78%	−18.19%	26.32%
QQQ	48.62%	27.42%	−32.58%	54.85%
IWM	20.03%	14.54%	−20.48%	16.84%

주: Vanguard S&P 500 ETF(VOO), Invesco QQQ Trust(QQQ), iShares Russell 2000 ETF(IWM)
출처: Yahoo Finance, 토마스리서치

'상대적 저평가'라는 매력 때문에 이 상품에 투자하고 있습니다. 최근 뉴욕증시가 대형 성장주 중심으로 상승해 왔기 때문에 이 랠리에서 소외된 중·소형 가치주는 현재 저평가 상태에 있습니다.

특히 경기 확장기에는 증시의 상승의 주도군이 대형주 일변도에서 중·소형주로 확산되는 과정을 보이기 때문에 IWM은 향후 중·소형주 반등에 대한 기대감이 반영되어 있는 ETF라고 할 수 있습니다.

끝으로 ETF 선택 과정에서 ETF의 수익률 변동성을 보다 직관적으로 파악하려면 〈표 3-6〉과 같이 연평균 변동성을 보는 것보다, 관심 기간 동안 기간별 수익률의 변동을 직접 비교해보는 것이 좋습니다.

〈표 3-7〉은 최근 4년간 각 ETF의 연간수익률 변화를 보여주는데, 우리는 이를 통해서 QQQ는 매년 평균수익률이 크지만 수익률의 변동 폭 역시 크다는 것을 알 수 있습니다. 따라서 QQQ는 장기투자자 아니라면 투자 타이밍에 따라 결과가 크게 달라질 수 있습니다. 이처럼 높은 수익률이 기대된다고 해서 좋은 ETF가 아닐 수 있다는 점 역시 기억할 필요가 있습니다.

3. 미국 주식 ETF - 업종 편

앞서 3부 2장에서는 미국의 대표지수와 이를 추종하는 대표 ETF—VOO, QQQ, IWM—를 살펴봤습니다. 이번 장에서는 미국 ETF 시장을 더욱 세분화해서 카테고리별로 어떤 종류의 ETF가 있는지 구체적으로 살펴보겠습니다.

ETF는 투자대상(기초자산) 유형에 따라 크게 주식(기업의 주식에 투자), 채권(국가나 기업이 발행한 채권에 투자), 원자재 전반을 포괄하는 상품(원유, 금속, 귀금속, 농산물 등 실물자산에 투자) ETF로 나눌 수 있습니다. 이 외에도 화폐 ETF(달러, 유로 등 통화에 투자), 최근 상장된 비트코인 등 가상자산 ETF(일반적으로 화폐 ETF에 포함), 파생상품을 활용한 ETF(레버리지나 인버스 등 특별한 구조로 수익을 추구) 등 다양한 형태의 ETF가 존재합니다.

이 중에서도 주식 ETF는 2023년 말 기준으로 미국 ETF 시장의 약 80%를 점유하고 있는 핵심 ETF입니다. 앞서 우리가 살펴본 S&P 500, NASDAQ-100, Russell 2000과 같은 대표지수를 추종하는 VOO,

QQQ, IWM도 주식 ETF에 속합니다. 하지만 이들은 방대한 규모의 주식 ETF 시장의 일부에 불과하기 때문에 카테고리를 세분화해 좀 더 자세히 살펴볼 필요가 있습니다.

특히 앞서 살펴본 대표지수 추종형 ETF의 경우 시장에 대한 이해도가 떨어지거나 경험 부족 등으로 투자대상을 구체적으로 정하기 어려울 때, 장기간 매수 후 보유(Buy & Hold) 전략을 원하는 경우에 선택할 수 있는 대안입니다. 반면 투자대상을 구체화해 특정 업종에 집중투자함으로써 시장 평균수익률 이상을 겨냥하는 경우 업종 ETF가 활용될 수 있습니다. 특히 특정 산업에 대한 차별적 정보나 높은 이해도가 있다면 전략적 차원의 투자가 가능한 ETF이기도 합니다.

업종 ETF 투자에서 우리가 활용할 수 있는 가장 대표적인 업종 분류는 스탠더드앤푸어스가 제시한 S&P 500 지수의 구성입니다. 이 지수는 총 11개의 업종으로 나뉘는데, 구체적으로 ① 임의소비재, ② 필수소비재, ③ 헬스케어, ④ 산업재, ⑤ 정보기술(IT), ⑥ 소재, ⑦ 부동산, ⑧ 커뮤니케이션 서비스, ⑨ 유틸리티, ⑩ 금융, ⑪ 에너지로 구분할 수 있습니다.

이 중에서 IT(29.6%)와 커뮤니케이션 서비스(9.2%) 그리고 대표 기술주인 아마존닷컴과 테슬라가 포함된 임의소비재(10.3%) 업종 등 단 3개 업종의 합산 비중이 거의 50%에 달해 실질적으로 기술주 중심의 업종이 뉴욕증시의 흐름을 결정하는 핵심이라고 할 수 있습니다.

이번 장에서는 이들 11개 업종 중 핵심 업종인 기술주 관련 IT, 금융, 헬스케어, 임의소비재, 커뮤니케이션 서비스, 산업재, 기타 업종 ETF를 중심으로 살펴보겠습니다(시가총액 비중 순).

본격적인 업종 ETF 설명에 앞서 참고할 만한 사항을 알려드리면,

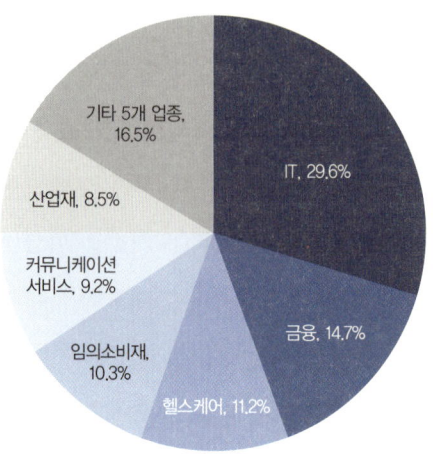

〈그림 3-5〉 S&P 500 지수 업종별 구성비

자료: Vanguard ETF 홈페이지

State Street Global Advisors(SSGA)가 1998년 대부분 첫 선을 보이면서 본격적인 업종 ETF가 시작되다 보니 IT 업종과 부동산 업종을 제외하면 운용자산 규모 기준으로 대표 업종 펀드들이 대부분 SSGA가 출시하고 운용하는 상품들입니다.

더욱이 SSGA가 운용하는 대표 업종 ETF는 S&P 500 지수 내 업종 지수를 충실히 추종하도록 설계되어 있어 업종 ETF 중 가장 보편적이고 안정적인 펀드 상품이라 할 수 있습니다.

뉴욕증시를 대표하는 IT 업종 - 성장주 선호 투자자에게 적합

뉴욕증시에서 가장 핵심적인 업종은 단연 IT입니다. 애플, 마이크로소프트, 엔비디아, 브로드컴 등 여러분이 이름만 들어도 알 만한 기업들이 모두 여기에 속합니다. 2025년 1분기 기준 IT 관련 ETF는 약

130개 이상 상장돼 있으며, 가치주보다는 성장주 중심의 투자를 지향하는 투자자들에게 가장 인기 있는 업종 ETF입니다.

이 중에서 가장 대표적인 두 ETF는 Vanguard Information Technology Index Fund(VGT)와 Technology Select Sector SPDR Fund(XLK)입니다. 두 상품은 운용자산, 총보수비용, 수익률 등 여러 지표에서 모두 최상위권에 있으며 성과 면에서도 큰 격차가 없어 우열을 가리기 어려운 수준입니다.

특히 10년 이상 장기수익률은 두 ETF 모두 비슷한 흐름을 보이는 가운데, 3~5년 중·장기수익률은 XLK가 소폭 앞서는 반면에 최근 1년 수익률은 VGT가 다소 우위에 있는 상황입니다. 이는 운용 전략이나 추종 지수에서 차이가 있기 때문입니다.

또 한 가지 주목할 점은 최근 몇 년간 반도체 관련 ETF가 IT 업종 내에서 특히 강세를 보였다는 사실입니다. 실제로 IT 업종 상위 ETF 10개 중 3개는 반도체에 집중된 ETF일 정도로 필라델피아 반도체 지수의 상승세가 IT 업종 ETF 시장에도 큰 영향을 주고 있습니다.

이번 절에서는 IT 업종을 대표하는 ETF로 Technology Select Sector SPDR Fund(XLK)를 중심으로 살펴보겠습니다. 이 펀드는 S&P 500 내 IT 업종 지수를 충실히 추종하도록 설계됐으며 미국 최초의 IT 업종 ETF로서 시장 신뢰도가 높은 상품이기도 합니다. 연간 총보수비용이 낮아 비용 효율성이 우수한 것도 장점 중 하나입니다.

수익률 측면에서도 장·단기성과가 모두 매우 우수합니다. 〈표 3-8〉을 보면 XLK의 연평균수익률이 10~20%의 높은 수준에서 유지되고 있는 점을 확인할 수 있습니다.

이에 따라 펀드 평가사 리퍼 리더스(Lipper Learders)는 XLK를 수익

	1년	3년	5년	10년
XLK	21.05%	10.25%	20.51%	18.87%

주: 2024년 말 기준. 3~10년은 연평균수익률
출처: FnGuide, 토마스리서치

성, 지속성, 비용 효율성 면에서 최고 등급으로 평가하고 있습니다.

포트폴리오 구성도 어느 한 부문에 치우치지 않고 탄탄합니다. 하드웨어와 소프트웨어는 물론 통신 장비, 반도체, IT 서비스 등 IT 업종 전반을 포괄합니다. 마이크로소프트, 애플, 엔비디아가 상위 3대 종목으로, 전체 자산의 절반 가까운 비중을 차지합니다. 총 65개 종목으로 구성되며 상위 10개 종목 비중은 67.86%에 달할 정도로 상위 종목에 대한 집중도가 매우 높은 펀드 상품입니다.

버핏의 버크셔 해서웨이에 투자하고 싶다면 - 금융 업종 대표 ETF

S&P 500 지수에서 IT 업종 다음으로 큰 비중을 차지하는 것이 금융 업종입니다. 금융 업종에는 은행, 보험, 증권, 신용카드, 금융 서비스, 모기지 리츠(부동산 대출 관련 투자신탁) 등이 포함됩니다. 금리 변화나 경기 흐름에 관심이 있거나 관련 지식을 갖춘 투자자라면 금융 업종 ETF에 주목할 필요가 있습니다.

현재 뉴욕증시에서는 60개 이상의 금융 업종 ETF가 상장돼 있으며 이 가운데 운용자산 기준으로 가장 규모가 큰 대표 ETF는 Financial Select Sector SPDR Fund(XLF)입니다. 이 펀드 상품은 운용자산 규모가 약 482억 달러(2024년 말 기준)에 달하며 총보수비용은 연 0.09%로

⟨표 3-9⟩ Financial Select Sector SPDR Fund(XLF) 장·단기수익률

	1년	3년	5년	10년
XLF	27.66%	7.12%	9.29%	6.86%

주: 2024년 말 기준. 3~10년은 연평균수익률
출처: FnGuide, 토마스리서치

저렴하다는 특징을 갖습니다.

포트폴리오는 대형주 중심의 71개 종목으로 구성돼 있으며 상위 3개 종목인 버크셔 해서웨이(BRK, 14%), JP모간체이스(JPMorganChase: JPM, 10%), 비자(Visa: V, 8%)의 비중만 해도 전체 포트폴리오의 30%가 넘습니다. 상위 10개 종목의 비중도 전체의 55% 이상으로 상위 종목에 대한 집중도가 높은 편입니다.

⟨표 3-9⟩을 보면 XLF의 기간별 수익률은 상당히 안정적인 흐름을 보여주고 있다는 사실을 확인할 수 있습니다. 2024년 말 기준 3~10년 연평균수익률은 7~10%를 안정적으로 기록하고 있습니다. 다만 최근 1년 연평균수익률은 28%에 달할 정도로 높습니다.

XLF의 뒤를 잇는 대표 ETF로는 Vanguard Financials Index Fund(VLF, 110억 달러)가 있으며, 3~5위권에 Invesco KBW Bank ETF(KBWB), iShares US Financials ETF(IYF), SPDR S&P Regional Banking ETF(KRE) 등이 있으나 이들은 각각 30~35억 달러 규모로 운용되고 있어 운용자산 규모 측면에서 1위인 XLF와 다소 큰 격차를 보이고 있습니다.

단기수익률은 저조하지만, 장기수익률은 견조한 - 헬스케어 업종 ETF

IT, 금융에 이어 세 번째로 큰 업종인 헬스케어 업종은 제약, 헬스케어 장비 및 서비스, 바이오테크뿐만 아니라 민간 건강보험 분야를 총괄하는 업종입니다.

이 업종에는 총 70개에 달하는 ETF가 상장돼 있는데, 이 중 운용자산 규모 면에서 가장 크면서 업종 전반을 대표하는 ETF는 Health Care Select Sector SPDR Fund(XLV)입니다. 총보수비용은 0.09%로 낮은 편으로 동일 업종 내 Fidelity MSCI Health Care Index ETF(F-HLC)의 총보수비용(0.08%)을 제외하면 가장 저렴한 수준입니다.

최근 3년 동안 헬스케어 업종 지수의 수익률이 다소 저조해 동일 기간 중 이를 추종하는 ETF의 성과도 부진했지만, 5년 이상 장기수익률까지 부진한 것은 아닙니다. 〈표 3-10〉을 보면 XLV의 5년, 10년 연평균수익률이 각각 6.26%, 7.27%에 달하는 양호한 수준임을 확인할 수 있습니다.

글로벌 펀드 평가사 모닝스타(Morningstar)는 XLV에 최고 등급인 별 5개를 부여하고 있으며, 리퍼 리더스로부터도 수익 지속성, 자산 안정성 및 비용적인 측면에서 최고 수준의 점수를 받았습니다.

〈표 3-10〉 Health Care Select Sector SPDR Fund(XLV) 장·단기수익률

	1년	3년	5년	10년
XLV	1.19%	−0.69%	6.26%	7.27%

주: 2024년 말 기준. 3~10년은 연평균수익률
출처: FnGuide, 토마스리서치

아마존과 테슬라에 투자하고 싶다면 - 임의소비재 업종 ETF

임의소비재 업종은 소매유통, 레저, 자동차, 의류 등 경기민감 소비재를 아우르는 업종입니다. 따라서 이 업종은 경기 하강 국면이 끝나고 회복세로 전환될 때 좋은 성과를 기대할 수 있습니다. 대표 ETF는 Consumer Discretionary Select Sector SPDR Fund(XLY)이며, 총보수비용도 연 0.10% 수준으로 낮은 편입니다.

특히 아마존(AMZN)과 테슬라(TSLA)가 시가총액 기준 40%에 달하는 비중으로 주축을 이루고 있어 관심 있는 투자자라면 임의소비재 업종 ETF를 통해 간접 투자하는 방법을 고려해볼 수 있습니다.

특징으로는 상위 10위권 내 ETF의 수익률은 다소 변동성이 크다는 점을 꼽을 수 있습니다. 이는 포트폴리오 내 큰 비중을 차지하는 테슬라의 주가가 2022년 이후 급등락을 반복한 영향입니다. 물론 테슬라의 이러한 높은 변동성은 단기투자자들에게는 투자기회로 작용해 테슬라 단일 종목에 투자하는 레버리지 ETF(TSLL, TSLT 등)가 고위험군에 투자하는 국내 개인 투자자들 사이에서 인기를 끌고 있습니다.

XLY는 2024년 말 기준으로 최근 1년만이 아니라 장기적으로 좋은 수익률을 제공하고 있는데, 〈표 3-11〉을 보면 5년 기준 연평균수익률이 12.3%, 10년 기준으로는 12%에 이르는 것을 확인할 수 있습니다.

〈표 3-11〉 Consumer Discretionary Select Sector SPDR Fund(XLY) 장·단기수익률

	1년	3년	5년	10년
XLY	25.27%	3.09%	12.30%	12.00%

주: 2024년 말 기준. 3~10년은 연평균수익률
출처: FnGuide, 토마스리서치

구글과 메타 플랫폼스가 주력인 - 커뮤니케이션 서비스 업종 ETF

커뮤니케이션 서비스는 2018년 세계산업분류기준(Global Industry Classification Standard, GICS)이 개정된 이후 통신 업종에 임의소비재 업종 내에 있던 디지털 미디어/엔터테인먼트 및 소셜 네트워크 서비스를 더하면서 탄생한 일종의 신생 업종입니다.

따라서 이 업종은 AT&T(T), 버라이즌(Verizon: VZ), 티모바일(T-Mobile: TMUS) 등과 같은 기존 유·무선 통신 대기업 이외 알파벳(GOOGL, GOOG), 페이스북의 모기업 메타 플랫폼스(META), 넷플릭스(NFLX) 등을 포함하고 있는데, 알파벳과 메타 플랫폼스 두 종목의 비중이 30%를 차지해 이 업종의 핵심을 이루고 있습니다. 따라서 알파벳과 메타에 투자하고 싶은 투자자에게는 대안이 될 수 있는 업종입니다.

대표 ETF는 Communication Services Select Sector SPDR Fund(XLC)로 2018년 신설된 새로운 업종 기준을 반영해 출시됐습니다. 상위 3개 종목은 메타 플랫폼스와 알파벳 Class A, C로 실질적으로는 2개 종목의 비중이 전체의 30% 이상을 차지하며, 상위 10개 종목의 비중은 65%를 상회할 정도로 높습니다.

따라서 XLC에 투자한다면 구글과 메타에 간접 투자하는 효과를 누릴 수 있으며, 넷플릭스나 월트 디즈니, 워너 브라더스와 같은 멀티 미디어 업체까지 함께 투자하는 효과를 기대할 수 있습니다.

만약 구글과 메타에만 관심이 있는 투자자라면 단일 종목에 집중하는 레버리지 ETF(GGLL, FBL 등)가 관심 대상이 될 수 있습니다. 하지만 이들은 개별 종목에 투자하는 것보다 더 높은 변동성을 동반하기 때문에 신중한 접근이 필요합니다. 또한 형태는 ETF지만, ETF의 장점인 분

<표 3-12> Communication Services Select Sector SPDR Fund(XLC)
장·단기수익률

	1년	3년	5년	10년
XLC	33.50%	7.68%	12.58%	–

주: 2024년 말 기준. 3~10년은 연평균수익률
출처: FnGuide, 토마스리서치

산효과와 같은 위험 헤지(hedge)를 기대할 수 없을 뿐만 아니라 위험의
대한 노출 정도가 크게 상승한다는 점도 염두에 두어야 합니다.

항공우주 및 방위산업에 주목한다면 - 산업재 업종 ETF

산업재 업종은 우리가 흔히 2차 산업의 대표 업종이라고 하는 전기
장비, 기계, 건설뿐만 아니라 방위산업(방산), 항공우주 등의 분야를 광
범위하게 아우릅니다.

특히 이 업종에서는 방산과 항공우주가 분야가 큰 관심을 받고 있
습니다. 최근 지정학적 긴장이 크게 고조되면서 방위산업 관련 기업
에 대한 관심이 높아진 데다, AI(인공지능)와 함께 첨단산업으로 인식
되고 있는 항공우주산업은 차세대 성장산업으로 주목받고 있기 때문
입니다.

산업재 업종 관련해서는 40개 이상의 ETF가 상장되어 거래되고 있
는데, 대표 ETF는 Industrial Select Sector SPDR Fund(XLI)로 S&P
500 산업재 업종 지수를 추종합니다. 이 ETF는 79개 종목으로 구성
되어 있는데, 상위 5+1개 종목[GE 에어로스페이스(GE Aerospace: GE), 캐
터필라(Caterpillar: CAT), RTX(Raytheon Technologies Corporation: RTX), 우

	1년	3년	5년	10년
XLI	15.80%	7.65%	10.13%	8.84%

주: 2024년 말 기준. 3~10년은 연평균수익률
출처: FnGuide, 토마스리서치

버(Uber: UBER), 보잉(Boeing: BA) + GE버노바(GE Vernova: GEV)]*의 비중이 전체의 27%, 상위 10개 종목의 비중이 38% 내외로 여타 업종 대표 ETF와 비교해 상대적으로 특정 종목에 대한 쏠림이 적은 안정적인 분산 구조를 보이고 있습니다. 이에 따라 수익의 안정성 측면에서는 오히려 더 긍정적입니다.

산업재는 기술주보다 덜 주목받지만, 경제 전반과 함께 성장하는 업종이기에 균형 잡힌 포트폴리오를 구성할 때 빠질 수 없는 핵심 업종입니다.

참고로 산업재 업종 내에서 시장의 관심이 크게 높아진 항공우주 및 방위산업 중심의 대표 ETF로는 iShares US Aerospace & Defense ETF(ITA), Invesco Aerospace & Defense ETF(PPA)가 있습니다. 이 ETF는 3부 4장 '테마 편'에서 좀 더 자세히 다루겠습니다.

기타 업종 - 필수소비재, 에너지, 소재, 유틸리티, 부동산 업종

S&P 500 지수에는 앞서 다룬 IT, 금융, 헬스케어, 임의소비재, 커뮤니케이션 서비스, 산업재 외에도 필수소비재, 에너지, 소재, 유틸리티,

---

* GE가 3개 회사로 분할. 산업재 업종 내에서는 GE가 GE 에어로스페이스와 GE 버노바로 분할됨에 따라 +1의 개념으로 설명했습니다.

부동산 등 5개 업종이 더 포함돼 있습니다. 물론 이들 모두를 합해도 전체 지수에서 차지하는 비중이 17% 수준밖에 되지 않습니다. 하지만 업종별로 뚜렷한 산업적 특성을 갖고 있어 투자자별 선호가 확실하게 반영될 수 있으며, 각 업종 대표 ETF들은 충분한 운용자산 규모와 일일 거래대금을 기록하고 있어 관심을 가질 만합니다.

필수소비재 업종은 경기 상황과 무관하게 소비되는 생필품 및 서비스와 관련된 기업들로 구성됩니다. 대표 기업으로는 프록터앤갬블(Procter&Gamble: PG), 코스트코(Costco: COST), 월마트(Walmart: WMT), 코카콜라(Coca-Cola: KO) 등이 있으며, 안정적인 사업 구조를 가진 기업에 투자하고자 하는 투자자에게 적합한 업종입니다. 대표 ETF는 Consumer Staples Select Sector SPDR Fund(XLP)입니다. 참고로 버핏은 코카콜라의 장기 보유 주주로도 잘 알려져 있습니다.

에너지 업종은 원유, 천연가스 등 에너지 자원과 관련된 업종으로 엑슨모빌(ExxonMobil: XOM), 셰브론(Chevron: CVX) 등의 기업이 포함됩니다. 이 업종은 국제 유가 및 천연가스 가격에 직접적으로 영향을 받는데, 이들은 경기에 영향을 가장 많이 받지만 지정학적 리스크와 석유수출국 기구(Organization of the Petroleum Exporting Countries, OPEC)의 공급 조절 등에도 영향을 받기 때문에 관련 동향에 대한 이해가 필요합니다. 대표 ETF는 Energy Select Sector SPDR Fund(XLE)입니다.

소재 업종은 귀금속, 화학, 철강 등 원자재와 관련된 산업으로, 뉴몬트(Newmont: NEM), 배릭골드(Barrick Gold: B), 린데(Linde: LIN), 에어프로덕츠(Air Products: APD), 다우(Dow: DOW), 뉴코(Nucor: NUE) 등이 주요 구성종목입니다. 소재 업종은 철강이나 화학과 같은 경기순환 산업과 직결되기 때문에 연관 산업에 관심 있는 투자자는 관심을 가질

〈표 3-14〉 필수소비재, 에너지, 소재, 유틸리티, 부동산 업종 대표 ETF

업종	대표 상장 펀드	총보수비용 (%)	운용자산 (억 달러)	주요 구성종목 (티커)
필수소비재	Consumer Staples Select Sector SPDR Fund (XLP)	0.09	162	코스트코(COST), 월마트(WMT), P&G(PG), 코카콜라(KO)
에너지	Energy Select Sector SPDR Fund (XLE)	0.09	336	엑슨모빌(XOM), 셰브론(CVX), 필립66(PSX), 발레로(VLO)
소재(1)	VanEck Gold Miners ETF (GDX)	0.51	127	뉴몬트(NEM), 베릭골드(GOLD), 아그니코이글 마이너(AEM)
소재(2)	Materials Select Sector SPDR Fund (XLB)	0.09	55	린데(LIN), 리포트맥모란(FCX), 뉴몬트(NEM), 다우(DOW), 뉴코(NUE)
유틸리티	Utilities Select Sector SPDR Fund (XLU)	0.09	164	넥스테라 에너지(NEE), 듀크에너지(DUK), 서던코(SO)
부동산	Vanguard Real Estate Index Fund (VNQ)	0.12	343	아메리칸타워(AMT), 에쿼닉스(EQIX), 리얼티인컴(O)

주: 2024년 말 기준. 3~10년은 연평균수익률
출처: FnGuide, 토마스리서치

만합니다. 다만 경기 외에도 대규모 신증설의 영향을 받기 때문에 업종 내 동향에도 신경을 많이 써야 합니다. 대표 ETF는 Materials Select Sector SPDR Fund(XLB)와 VanEck Gold Miners ETF(GDX) 등이 있습니다.

유틸리티 업종은 전기, 가스, 수도 등 공공서비스 기업들로 구성돼 있으며, 안정적인 수익을 추구하는 보수적 투자자에게 적합합니다. 대표 ETF는 Utilities Select Sector SPDR Fund(XLU)입니다.

끝으로 부동산 업종은 주거용 및 상업용 부동산 투자신탁(REITs)과 부동산 운영 및 개발 기업들로 구성되며, 금리 변화에 민감하게 반응합니다. 대표 ETF는 Vanguard Real Estate Index Fund(VNQ)입니다.

4. 미국 주식 ETF – 테마 편

앞에서는 대표지수 추종 ETF와 함께 투자자의 투자성향과 니즈에 맞춰 투자대상을 더욱 구체화하는 전략의 일환으로 업종 ETF를 살펴 봤습니다. 이번 장에서는 테마 ETF에 대해 살펴보도록 하겠습니다.

투자자가 투자목적이 분명하다면 본인이 원하는 방향에 맞춰 좀 더 정교한 투자상품을 선택할 수 있습니다. 이때 유용한 수단이 바로 테 마 ETF입니다. 업종 ETF가 특정 산업군에 초점을 맞춘 단선적인 방 식이라면, 테마 ETF는 복합적 전략과 구조적 흐름을 반영한 보다 구 체적인 투자수단이라 할 수 있습니다.

여기서 말하는 '테마'는 단기 유행이 아니라 최소 1~2년에서 최대 10년 이상 시장의 중심이 될 수 있는 핵심 변화 요인이나 성장 주체를 의미합니다. 이 중 일부 테마는 이미 시장에 영향을 미치고 있으며 일 부는 향후 중요한 성장 축이 될 가능성이 있는 테마입니다.

현재 뉴욕증시에는 다양한 테마를 반영한 ETF들이 거래되고 있습 니다. 이 가운데서 특히 중·장기 관점에서 주목할 만한 일곱 가지 테마를 선별해 소개하고자 합니다. 이 중에서도 ①~③번 테마는 파급력이 크고 구조적 변화와 밀접하게 연관돼 있어서 4부에서 보다 심층적으로 분석할 예정입니다.

AI와 로봇산업 - 가장 뜨겁고 가장 오래 지속될 테마

2023년 초 세계 최대 전자·IT 전시회인 'CES(Consumer Electronics Show) 2023'에서 인공지능(AI)과 로봇산업(Robotics)이 핵심 화두로 떠오르며 미래 산업의 중심 테마로 주목받았습니다. 이후에도 이 두 분야는 가장 뜨거운 투자 테마로 지속해서 관심을 받고 있습니다.

글로벌 투자은행 UBS(Union Bank of Switzerland)는 애플, 아마존, 알파벳, 마이크로소프트, 메타, 테슬라, 엔비디아로 구성된 '매그니피센트 7'의 주가 급등이 AI 기술의 발전과 확산 덕분이라고 분석했습니다. 또한, 관련 보고서에서 AI 성장 수혜 업종으로 반도체와 소프트웨어 산업을 꼽기도 했습니다.

하지만 AI는 단지 기술(테크) 분야뿐 아니라 의료, 운송, 엔터테인먼트, 사이버 보안 등 전반적인 산업에 파괴적 혁신을 일으킬 게임 체인저로 평가되고 있어 보다 폭넓은 관점에서 관심을 가질 필요가 있습니다. 시장 조사 기업들은 글로벌 AI 시장이 2023년부터 2030년까지 연평균 35.7% 성장해 2032년에는 1.3조 달러 규모에 이를 것으로 전망합니다.

한편, CES 2024에서는 엔비디아의 CEO 젠슨 황(Jensen Huang)이 궁극적 최종 AI의 형태로 '피지컬 AI(Physical AI)'를 언급했는데, 이는 로봇산업을 일컫는 것으로 또 다른 차원의 산업으로의 이행을 예견한

한 권으로 끝내는 미국 ETF 투자

것입니다. 과거의 로봇산업이 인간의 단순 작업을 대체하는 산업용 로봇 중심이었다면, 향후에는 AI와 결합한 자율주행 로봇 택시 및 휴머노이드 로봇 중심으로 전환될 것이라는 의미입니다.

현재 미국 증시에 상장된 AI 및 로봇 관련 ETF는 약 40개 이상입니다. 이 중에서 운용자산 규모와 수익률 측면에서 주목할 만한 대표 ETF는 다음과 같습니다.

▸ Global X Artificial Intelligence & Technology ETF(AIQ)

: AI 기술 전반에 투자하는 ETF로, 반도체·플랫폼·데이터 중심 기업 다수 포함

▸ Global X Robotics & Artificial Intelligence ETF(BOTZ)

: 로봇 하드웨어 및 부품, AI 관련 기업에 투자

▸ ARK Autonomous Technology & Robotics ETF(ARKQ)

: 자동화, 에너지, 인공지능 분야에서 혁신적인 특정 기술 기업에 투자

▸ Dan IVES Wedbush AI Revolution ETF(IVES)

: 2025년 6월 출시. 웨드부시 증권(Wedbush Securities)의 수석 애널리스트 댄 아이브스의 〈AI 30 리서치 보고서(AI 30 Research Report)〉를 기반으로 운용. 출시 3개월 만에 운용자산 규모 7억 달러 돌파

항공우주 및 방위산업 - 지정학적 리스크가 만든 구조적 테마

코로나19 팬데믹 이후, 전 세계 항공 수요가 빠르게 회복되고 있습니다. 이와 동시에 정부와 민간 주도의 우주산업도 빠르게 성장하고 있습니다. 하지만 최근 가장 주목받는 분야는 바로 방위산업(방산)입니다.

특히 2022년 2월 러시아가 우크라이나를 침공한 이후로 전쟁이 장기화되면서 전쟁 주변국들의 자국 방위능력 증강 노력이 본격화되고 있습니다. 특히 최근에는 유럽의 자체무장이 주요 핵심 현안으로 부각되고 있어 막대한 방위비 지출과 함께 관련 산업의 수혜가 예상되고 있습니다.

그뿐만 아니라 중동, 아시아 등 세계 곳곳에서 지정학적 긴장감이 계속되는 만큼, 방위산업에 대한 수요는 단기 유행이 아닌 구조적인 흐름으로 볼 수 있습니다.

이러한 배경 속에서 항공우주 및 방위산업에 투자하는 ETF들도 함께 주목받고 있습니다. 다음은 현재 뉴욕증시에 상장된 대표적인 관련 ETF들입니다.

▸ iShares US Aerospace & Defense ETF(ITA)

: 록히드마틴(Lockheed Martin: LMT), 노스롭 그루먼(Northrop Grumman: NOC), 레이시온(RTX) 등 전통적인 미국 방산 대기업 중심 구성

▸ Invesco Aerospace & Defense ETF(PPA)

: ITA와 같이 전통적인 미국 방산 대기업에 투자하지만 투자 종목 수를 확대해 다양한 종목에 투자하는 ETF

▸ SPDR S&P Aerospace & Defense ETF(XAR)

: 다양한 미국 방산 기업에 투자하면서 로켓과 드론 관련 종목의 비중이 높다는 점에서 특징적인 ETF

▸ Global X Defense Tech ETF(SHLD)

: 미국의 핵심 방산 기업뿐만 아니라 새롭게 강화되는 새로운 무기 체계 관련 기업을 적극적으로 편입. 유럽 방산업체의 비중이 30% 이상으로 높다는 것이 특징

에너지 인프라 - 트럼프 2기 정부 핵심 수혜 산업

트럼프 1기 정부에 이어 2기 정부에서도 핵심으로 꼽히는 정책이 에너지 정책입니다. 트럼프 대통령은 취임하자마자 '국가 에너지 비상사태'를 선언하며 원유와 천연가스 등 화석연료의 생산 확대를 추진하고 있습니다.

그는 이러한 정책을 통해 에너지 가격을 낮춰 미국 내 제조업의 경쟁력을 향상시키는 것뿐만 아니라, '글로벌 에너지 패권'을 장악하는 것을 목표로 하고 있습니다. 실제로 트럼프 1기 정부 초기, 미국은 원유 일일 생산량이 2017년 기준 하루 880만 배럴이었지만, 2019년에는 1,300만 배럴을 돌파하며 사우디아라비아와 러시아를 제치고 세계 1위 산유국이 되었습니다.

중요한 것은 트럼프 정책의 초점이 에너지 가격 상승이 아니라 공급 확대를 통한 가격 안정화에 있다는 것입니다. 이로 인해 직접 원유나 천연가스를 생산하는 기업보다 이를 저장하고 운송하는 '에너지 인프라 기업'들이 더 큰 수혜를 받게 될 것입니다.

다음은 에너지 인프라 산업에 집중투자하는 대표 ETF입니다.

▸ First Trust North American Energy Infrastructure Fund(EMLP)

▸ Global X MLP & Energy Infrastructure ETF(MLPX)

▸ Tortoise North American Pipeline Fund(TPYP)

참고로 이 테마와 관련해 일부 ETF는 미국 국세청 기준 PTP 과세 대상일 수 있으므로 해외 주식 과세 구조에 대한 사전 확인이 필요합니다(앞의 3개 ETF는 PTP 대상 아님). 1부 4장 'ETF의 투자 다양성과 주의해야 할 과세 이슈'에서 이를 구체적으로 언급했는데, 중요한 부분이니 지나치신 분들이라면 지금 돌아가서 참고하시기 바랍니다.

비트코인과 가상화폐 - 2024년 시장을 뒤흔든 신흥 투자대안

비트코인과 같은 가상자산은 이제 제도권 자본시장의 일부로 편입되면서 그 투자자 기반을 크게 확대하고 있습니다. 특히 미국증권거래소(U.S. Securities and Exchange Commission, SEC)가 비트코인(Bitcoin) 현물에 대한 ETF의 투자를 2024년 1월 11일에 허가하면서 자본시장의 큰 관심을 끌었습니다.

2024년 초 ETF 승인이 발표된 직후에는 11개에 불과하던 비트코인 ETF가 2024년 말에 36개로 급증했고 전체 가상자산 관련 ETF 수도 60개를 넘어서며 빠르게 성장했습니다. 이 가운데 iShares Bitcoin Trust(IBIT)는 출시 몇 달 만에 운용자산 200억 달러를 돌파했으며 2024년 말에는 515억 달러에 이를 정도로 빠르게 성장했습니다.

이러한 ETF 시장의 확대는 비트코인 가격 상승에도 직접적인 영향을 미쳤습니다. SEC의 비트코인 현물투자 ETF 승인 기대감이 반영되면서 2023년 4분기 초에만 해도 2만 7천 달러 수준이었던 비트코인 가격은 ETF 출시 직후인 2024년 3월에 7만 달러를 돌파했습니다. 이후 조정 기간을 거쳤지만, 2024년 7월 당시 트럼프 대통령 후보가 〈비트코인 2024 콘퍼런스〉에서 친 가상자산 정책을 발표하면서 재차 강세로 전환했고, 트럼프 대통령 취임 시점인 2025년 1월에는 비트코인 가격이 11만 달러를 돌파하는 초강세 흐름을 보였습니다.

최근에도 스테이블 코인 도입 등 정책적 지원을 등에 업은 데다, 2025년 4월 이후 증시 내 풍부한 유동성을 바탕으로 한 위험 자산 선호가 확산되며 강세를 보이고 있습니다.

하지만 이러한 강세 흐름에도 불구하고 향후 전망에 있어서 전문가들의 견해는 크게 엇갈립니다. 대표적인 가상화폐 무용론자인 버핏은 2018년 비트코인을 '꽤나 지독한 쥐약(probably rat poison squared)'이라 표현했으며 2022년에도 "전 세계 비트코인을 25달러에 팔아도 사지 않겠다"라고 밝힌 바 있습니다.

반면 미국의 자산운용사 아크인베스트먼트(ARK Investment)의 캐시 우드(Cathie Wood) 대표는 "2030년까지 비트코인 가격이 148만 달러에 이를 것"이라는 매우 낙관적인 전망을 내놓기도 했습니다.

이처럼 대표적인 디지털 자산인 비트코인에 대한 전망은 크게 엇갈리지만, 비트코인으로 대표되는 가상자산은 트럼프 정부의 정책적 지원을 바탕으로 많은 관심을 받고 있어 관련 ETF 역시 큰 관심을 받는 투자대안으로 남을 전망입니다.

ESG - 2010년대 중반 이후 부상한 사회책임투자

ESG는 환경(Environment), 사회(Social), 지배구조(Governance)의 약자로 기업의 지속 가능성과 사회적 책임 관련 비재무적 평가 기준입니다. 환경은 탄소 배출, 기후변화 대응, 친환경 에너지, 사회는 인권, 노동 환경, 성평등, 지역사회 관계, 지배구조는 이사회 구성, 윤리 경영, 내부 통제 등을 포함합니다.

2004년 UN 글로벌 콤팩트(Global Compact)가 발표한 보고서 〈누가 승리하는가(Who Cares Wins)〉에서 처음 제안되었고, 이후 2010년대 중반부터 본격적인 관심을 받기 시작해 관련 펀드 및 ETF가 크게 성장했습니다.

이런 성장 배경으로는 기업 평가에 있어서 '재무적' 성과를 핵심 지표로 삼았던 과거와 달리, 기후변화 등 기업이 사회에 미치는 '비재무적'인 지표의 중요성이 금융위기 이후 주목받고 있는 것을 꼽을 수 있습니다.

특히 2020년 BlackRock이 ESG를 미래 투자 전략의 핵심이라 선언하면서 ESG 테마는 글로벌 투자 시장에서 더욱 부각됐습니다.

다만 최근에는 미국 공화당 보수층을 중심으로 ESG에 대한 비판이 확산되고 있으며 실적 발표와 같은 중요한 행사에서 기업들의 ESG 언급이 감소*하는 등 시장의 중심에서 다소 멀어진 상황입니다.

하지만 기업의 친환경, 사회적 책임 및 투명한 지배구조는 이미 대세를 형성하는 핵심적 키워드라는 차원에서 긴 안목으로 지켜봐야 할 중·장기 관심 테마라고 할 수 있습니다. 대표 ETF는 iShares ESG Aware MSCI USA ETF(ESGU)가 있습니다.

원자력 발전 - 전력 수요 급증이 불러온 르네상스

방대한 양의 데이터를 요구하는 광범위한 생성형 AI산업의 확산과 이에 따른 전력 수요 급증으로 원자력 발전이 다시 주목받고 있습니다. 글로벌 투자은행 모건스탠리(Morgan Stanley)는 2024년부터

---

* S&P 500 기업 중 2023년 연간 실적 발표 콘퍼런스콜에서 'ESG'를 언급한 곳은 29곳에 불과해 5년 평균(82개), 10년 평균(43개)을 크게 하회합니다.

2027년까지 글로벌 데이터 센터의 전력 수요가 318TWh 증가할 것으로 전망합니다. 이러한 예상 증가 폭은 인도네시아 전체 연간 전력 사용량에 해당하는 엄청난 수준입니다.

또한, 국제에너지기구(International Energy Agency, IEA)는 2022년 460TWh였던 데이터 센터 전력 소비가 인공지능과 가상화폐 관련 전력 사용 증가로 인해 2026년에는 1,000TWh까지 증가할 것으로 보고 있습니다.

이런 상황에서 태양광, 풍력 등 신재생에너지의 경우 간헐적 생산방식으로 인해 안정적으로 대규모 전력생산을 하는 데 어려움이 있는 반면, 원자력 발전은 일정한 부하의 대규모 전력을 지속적으로 생산할 수 있어 AI 시대의 핵심 에너지원으로 부각되고 있습니다.

실제로 마이크로소프트는 미국 동부 데이터 센터에 원자력 발전소로부터 전력을 공급받는 계약을 체결했으며 소형 모듈 원자로(Small Modular Reactor, SMR)를 도입하는 방안도 추진 중입니다. 특히 오클로(Oklo Inc.: OKLO)나 뉴스케일 파워(NuScale Power Corporation: SMR) 같은 기업들이 SMR 관련 사업을 활발히 진행하고 있는데, 뉴스케일 파워의 경우에는 2023년에 50MWe급 원자로 설계에 성공했고, 2025년 5월에는 미국 원자력 규제 위원회(Nuclear Regulatory Commission, NRC)로부터 77MWe(메가와트)급 원자로 설계에 대한 최종 승인을 획득해 주목을 받고 있습니다.

더욱이 미국의 빅테크 기업들은 2025년 데이터 센터 구축에 연간 3,000억 달러 이상을 투자하며 공격적 사업확장에 나서고 있고, 2030년까지 AI 인프라 투자가 연간 5,000억 달러에 달할 것으로 알려져 원자력 기반 전력 수요는 더욱 확대될 전망입니다. 여기에다 트럼프 대통령이 2025년 5월 23일, 2050년까지 자국 내 원전 설비 용량을 현재의 4배 수준인 400GW로 늘리는 내용을 담은 행정명령에 서명하며 '원전 르네상스'의 가능성을 더욱 끌어올리기도 했습니다.

원자력 관련 대표적인 ETF는 다음과 같습니다.

▸ Global X Uranium ETF(URA)

: 우라늄 생산 및 원자력을 중심으로 한 전력생산 기업에 투자. 우라늄 채굴 및 생산업체의 비중이 상대적으로 높음

▸ VanEck Uranium and Nuclear ETF(NLR)

: 우라늄 생산 및 원자력을 중심으로 한 전력생산 기업에 투자하거나 오클로, 뉴스케일 파워 등 소형 모듈 원자로 기업에 적극적으로 투자

배당 - 영원한 인기 테마, '손안의 새'가 주는 안정적 수익

배당 투자는 예나 지금이나 안정적인 수익을 원하는 투자자들에게 꾸준히 사랑받는 테마입니다. 재무학자 존 린트너(John Lintner)와 제임스 월터(James E. Walter)는 이른바 '손안의 새(Bird in Hand)' 이론을 제시했는데, 이는 불확실한 자본 이득보다 확정된 배당 수익을 더 선호한다는 개념입니다.

이 이론을 바탕으로 한 배당 투자는 안정적인 현금흐름을 선호하는 보수적 성향의 투자자나 은퇴 자산을 운용하는 시니어 투자자들에게 큰 인기를 끌어 왔습니다. 물론 과거의 배당은 저성장 기업이 주주에게 주는 이익 환원의 일반적 형태로만 여겨져 높은 평가를 받지 못했습니다. 하지만 최근에는 대표 성장주인 애플 및 마이크로소프트 등

미국 핵심 기업들이 자사주 취득 및 소각과 함께 배당을 기업가치를 높이는 주주 환원 정책의 핵심으로 삼고 있어서 과거의 '저성장-고배당, 고성장-저배당'이라는 이분법적 구분은 의미가 많이 퇴색되었습니다.

대표적인 배당 ETF는 다음과 같습니다.

▸ Vanguard Dividend Appreciation Index Fund(VIG)

: 배당 성장에 중점을 두며, 최근 10년간 배당을 지속해서 늘린 기업에만 투자. 운용자산 870억 달러(2024년 말 기준), 보수 0.05%, 최근 1년 분배율 1.76%.

▸ Schwab US Dividend Equity ETF(SCHD)

: 가장 인기 있는 배당 펀드 상품. 배당률뿐 아니라 현금흐름, 자기자본이익률(Return On Equity, ROE) 등 질적 지표까지 고려, 운용자산 655억 달러(2024년 말 기준), 최근 1년 분배율 3.53%

▸ Vanguard High Dividend Yield Index Fund(VYM)

: 향후 12개월 예상 배당률이 높은 종목에 투자. 최근 1년 분배율 2.86%

5. 채권 ETF - 장·단기국채 중심

3부 1장에서 전체 채권시장을 대표하는 iShares Core U.S. Aggregate Bond ETF(AGG)와 Vanguard Total Bond Market ETF(BND)를 간단히 소개한 바 있습니다. 이런 채권 ETF는 다양한 채권 자산에 분산투자할 수 있는 수단으로 ETF 특유의 거래 편의성과 함께 채권 수익률과 리스크 관리의 장점을 동시에 누릴 수 있는 상품입니다.

일반적인 채권 ETF는 크게 채권 종류와 만기 구조에 따라 나뉘며, 투자대상 기준으로는 국채, 지방채, 회사채, 신용등급이 낮아 위험은 크지만 높은 금리를 제공하는 하이일드(High Yield) 채권(정크본드), 특수채[물가연동국채(Treasury Inflation-Protected Securities, TIPS 등)] 등으로 나눌 수 있고, 만기 기준으로는 초단기(1년 미만), 단기(1~3년), 중기(3~7년), 장기(10년 이상)로 나눌 수 있습니다.

이렇게 투자대상(여섯 가지)과 만기 구조(네 가지)라는 두 가지 축을 조합하면 총 24개 종류의 채권 ETF로 분류할 수 있습니다. 이 중에서 대표적인 안전자산으로 기관 투자자뿐 아니라 개인 투자자들에게 관심이 높고 유용한 미국 국채를 중심으로 장·단기채권 ETF를 살펴보도록 하겠습니다.

장기국채 ETF - 금리 변동에 따른 투자기회 제공

장기국채 ETF는 주로 만기가 10년 이상 남은 장기 미국 국채에 투자하는 상품입니다. 잔존 만기가 길면 길수록 금리 변동에 따른 가치 변화가 커지기 때문에, 장기국채 ETF는 주로 금리 변동에 따른 시세 차익을 노리는 투자자들이 활용합니다.

기본적으로 채권의 가치는 금리와 역의 상관관계를 갖는데, 채권 발행 시 금리로 할인해서 발행하기 때문입니다. 즉 금리는 채권의 가치를 할인하는 요소이기 때문에 금리가 올라가면 채권의 가치는 하락합니다. 단기채권의 경우 할인 기간이 짧기 때문에 금리 변화에 큰 영향을 받지 않는 것과 달리 장기채권의 경우 할인 기간이 길기 때문에 금리의 변화에 민감합니다. 극단적으로 만기가 3개월 이내로 남은 초단기 채권의 경우 금리의 변동이 있어도 채권 가치가 거의 영향을 받지 않습니다.

따라서 금리 변화에 따른 채권의 가치 변화에서 투자기회를 찾는다면 최소 10년 이상 만기가 남은 장기채권이나 관련 ETF를 통해 가능한데, 미국의 장기국채 중 가장 대표적인 것이 10년 만기 국채입니다. 무엇보다도 가장 유동성이 좋기 때문입니다. 또한 많은 채권이나 채권 관련 상품들이 10년 만기 국채 수익률에 연동되는 경향이 있습니다. 미국 주택 시장과 부동산 시장에 가장 큰 영향을 미치는 30년 만기 모기지 금리도 10년 만기 국채 수익률에 연동됩니다.

이와 같이 미국 국채를 대표하는 10년 만기 국채의 수익률은 2024~2025년 중 지속적인 등락을 거듭하고 있습니다.

2024년 4월 4.6~4.7%에서 시작된 이 수익률은 연방준비제도(Federal Reserve, Fed, 연준)의 금리 인하 기대감으로 9월 3.5~3.7%까지 하락했지만, 트럼프 후보의 당선 가능성이 높아지며 기대 경제성장률 상승에 힘입어 4.3~4.5%로 상승했고, 이후 인플레이션 우려 속에서 취임 직전에는 4.8%까지 치솟았습니다.

이후 10년 만기 국채 금리가 5~6% 이상 될 것이라는 전문가들의 전망과 달리, 스콧 베센트(Scott Bessent) 재무장관의 시의 적절한 정책적 선택과 정부효율화부(Department Of Government Efficiency, DOGE)의 정부 비용 축소 과정을 거치며 10년 만기 국채 금리는 4.5~4.6%로 하향되었고, 트럼프 정부의 공격적인 관세 정책 영향으로 시장의 우려가 인플레이션에서 경제성장 둔화로 이동하며 한때 4%선을 하향돌파하기도 했습니다.

이후 4.2~4.6%의 박스권에서 횡보하던 금리 수준은 고용지표가 악화되며 8월 이후 4%대 초반으로 낮아졌고 연준의 금리 인하 사이클이 재개되면서 추가적인 하향 흐름이 예상되고 있습니다.

특히 트럼프 대통령이 지속적으로 제롬 파월(Jerome Powell) 연준의장을 압박하고 있고, 일부 연준이사들이 파월 연준의장 중심 구조에서 이탈하며 향후 기준금리는 2025년 9월 수준에서 100~125bp 더 하락할 것으로 예상되고 있습니다.

물론 연준이 결정하는 기준 금리는 '초단기 금리'입니다. 하지만 중·장기국채 수익률의 기준이 된다는 측면에서 파급 효과가 클 수밖에 없습니다.

이처럼 장기국채 ETF는 정책 기대감, 인플레이션 전망, 경기 흐름 등 다양한 요인에 민감하게 반응하기 때문에 시장 상황에 따른 정확한 전략적 판단이 요구되는 ETF라고 할 수 있습니다.

장기국채 ETF는 금리 변화에 민감하게 반응하므로 수익률(금리)의 변동성이 커질수록 ETF 가격도 크게 움직이기 때문에 투자의 위험이 상승하지만 투자의 기회를 제공하기도 하며, 반대로 박스권에서 움직인다면 고점 매도-저점 매수라는 트레이딩(단기 매매)을 통해 수익을 노릴 수 있는 기회가 되기도 합니다.

대표적인 장기국채 ETF는 다음과 같습니다.

▶ iShares 20+ Year Treasury Bond ETF(TLT)

　: 만기가 20년 이상 남은 국채에 투자하는 펀드 상품. 가장 대표적인 장기국채 ETF. 운용보수가 0.15%로 다소 높은 것이 흠

▶ SPDR Portfolio Long Term Treasury ETF(SPTL)

　: 만기가 10년 이상 남은 국채에 투자하는 펀드 상품. 낮은 운용보수(0.03%)로 인해 장기투자에 적합

▶ Vanguard Long-Term Treasury Index ETF(VGLT)

　: 만기가 20년 이상 남은 국채에 투자하는 펀드 상품. SPTL과 함께 낮은 운용보수(0.04%)가 강점

▶ iShares 10-20 Year Treasury Bond ETF(TLH)

　: 초장기국채는 아니지만 만기가 10~20년 남은 국채에 투자하는 펀드 상품. 운용자산 규모로는 장기국채 ETF 중 2위. 연간 운용보수는 0.15%로 높은 편

초단기국채 ETF - 안정적 현금흐름 제공

만약 장기국채 ETF와 같이 금리 변화에 따른 가치 변동보다는 안정적인 현금흐름을 제공하는 안전자산에 투자하고 싶다면 만기가 1년 미만인 초단기국채나 관련 ETF에 투자하는 것이 좋은 선택이 될 수 있습니다.

특히 만기 3개월 미만의 국채에 투자하는 ETF는 금리 변동 시 기초자산인 국채의 가치가 거의 영향을 받지 않으며, 국채에서 나오는 이자를 바탕으로 매월 분배금을 지급한다는 특징을 갖습니다. 특히 매월 지급되는 분배금은 연 1회 이자가 지급되는 정기예금과 같은 금융 상품과 비교했을 때 재투자를 통한 복리 효과를 누릴 수 있다는 장점이 있습니다.

대표적인 초단기국채 ETF 중 하나인 iShares 0-3 Month Treasury Bond ETF(SGOV)의 경우 포트폴리오 내 국채에서 발생하는 이자로

〈그림 3-6〉 초단기국채 ETF 시세 차트

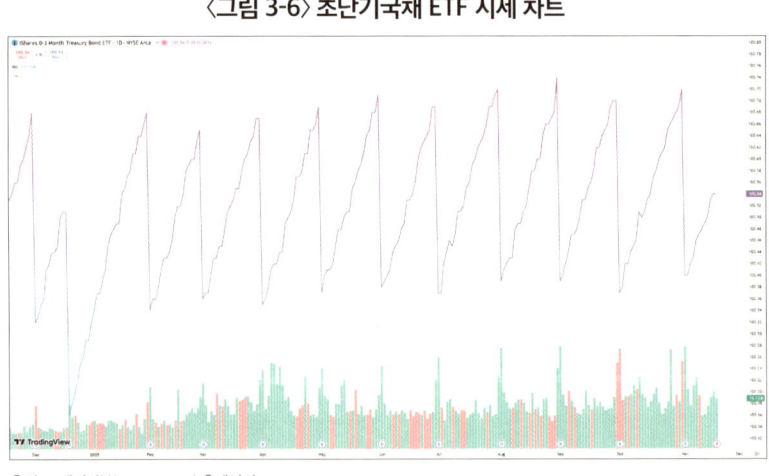

출처: 트레이딩뷰(Trading View) 홈페이지

인해 시세가 상승하지만, 누적된 이자의 전부를 매월 분배금 형태로 투자자들에게 나눠주기 때문에 매월 배당락과 같은 분배락이 발생하며, 이로 인해 가치가 원래 수준으로 돌아가는 현상을 반복합니다. 따라서 이 ETF의 시세 차트는 〈그림 3-6〉에서 보이는 것처럼 톱니바퀴 모양을 보입니다.

초단기국채 ETF가 투자자들에게 더욱 주목받은 계기는 버핏의 투자 전략 덕분이기도 합니다. 2024년 버크셔 해서웨이는 애플(AAPL), 뱅크 오브 아메리카(BAC) 등 주요 주식을 대량 매도하고 약 3,300억 달러에 달하는 자산을 Treasury Bill(T-Bill)을 중심으로 한 초단기국채에 투자했습니다.

이는 당시 연 5% 이상의 수익률을 제공하면서도 가격 변동 위험이 거의 없는 초단기국채의 특성을 고려한 결정이었습니다. 대규모 자산을 단순 현금이 아니라 초단기국채로 운용함으로써 수익성과 안정성을 동시에 확보한 것입니다.

이러한 영향으로 많은 투자자가 증시를 관망할 때 초단기국채를 활용하고 있는데, 개인 투자자 입장에서는 국채를 직접 매수하는 부담을 ETF 형태의 매수로 덜 수 있어 초단기 ETF가 큰 인기를 누리고 있습니다.

초단기국채와 관련된 대표 ETF는 다음과 같습니다.

▸ SPDR Bloomberg 1-3 Month T-Bill ETF(BIL)

▸ iShares 0-3 Month Treasury Bond ETF(SGOV)

6. 상품 ETF - 금 중심

ETF 시장의 핵심을 구성하는 주식과 채권을 제외하고 남은 상품 ETF와 화폐 ETF는 전체 시장에서 차지하는 비중이 상대적으로 작아 보일 수 있지만, 2024년 말 기준으로 운용자산이 약 1,690억 달러(원화 기준 약 245조 원, 환율 1,450원 기준)에 달해 절대적인 규모로는 결코 작지 않은 시장을 형성하고 있습니다. 상장 ETF 수도 상품 ETF만 약 100여 개에 이릅니다. 이런 상품 ETF는 원자재를 포함한 상품을 제조하거나 채굴하는 기업이 아니라 원자재와 같은 상품에 직접 투자하고 싶은 투자자에게는 매우 유용한 투자수단입니다.

상품 ETF에서는 금, 은, 백금 같은 귀금속, 구리, 니켈, 아연 등 산업용 금속 그리고 밀, 옥수수, 콩 등 농산물이 주요 투자대상입니다.

상품 ETF는 인플레이션, 경기 흐름, 지정학적 리스크 등을 반영하는 자산이므로 거시경제에 대한 통찰력을 가진 투자자에게 적합한 투자대상입니다. 특히 상품의 수급 변화 등에 대한 차별화된 경험이나 정보를 갖고 있다면 충분히 도전해볼 만한 투자상품입니다.

예를 들어 금은 인플레이션 위험을 헤지하는 안전자산의 역할을 하고, 구리는 기초 금속 소재로써 경기 전반이 호황으로 진입할 때 수혜를 받는 자산이며, 농산물은 기후변화 및 지정학적 이슈에 영향을 받는 속성을 갖고 있기 때문에 상품별 속성을 충분히 활용할 수 있다면 좋은 투자기회를 찾을 수 있습니다.

금 ETF - 상품 ETF 시장의 대표선수

금 ETF는 상품 ETF 중에서 가장 큰 규모를 자랑하며 전 세계 ETF 시장에서 단연 핵심 자산군으로 자리잡고 있습니다. 미국 증시에 상장된 금 관련 ETF만도 30개가 넘습니다.

금 ETF는 투자 방식에 따라 실물 금(현물)에 직접 투자하는 ETF와 금 관련 광산기업에 투자하는 ETF의 두 가지 유형으로 나뉩니다. 전자는 SPDR Gold Trust(GLD), iShares Gold Trust(IAU), abrdn Physical Gold Shares ETF(SGOL) 등이 대표적이며, 후자는 VanEck Gold Miners ETF(GDX)와 VanEck Junior Gold Miners ETF(GDXJ) 등이 대표 ETF입니다.

▸ SPDR Gold Trust(GLD)

: 가장 대표적인 금 ETF, 금 현물 1/10온스를 보유하는 효과

▸ iShares Gold Trust(IAU)

: GLD보다 보수가 낮고 금 현물 1/50온스를 보유하는 효과

▸ VanEck Gold Miners ETF(GDX)

: 금 관련 대형 광산기업에 투자

금이 상품 ETF의 대표적인 자산으로 자리매김한 데는 안전자산으로써 위험 자산인 주식의 대안이 되기 때문입니다. 특히 금은 인플레이션 위험 회피 차원에서 선호되는데, 경기 침체와 인플레이션이 겹친 스태그플레이션(Stagflation) 상황에서는 가장 안전한 선택지로 평가받고 있습니다.

여기에 더해 세계 각국의 중앙은행이 지속적으로 금 매수에 나서고 있다는 것도 주목할 필요가 있습니다. 과거 연간 총 500톤 규모를 매수하던 전 세계 중앙은행은 2022년 이후 연간 1,000톤 이상을 매수하고 있습니다.

이러한 추세의 배경에는 2022년 러시아-우크라이나 전쟁에 따른 러시아 제재와 관련해 3,000억 달러에 달하는 러시아 정부 금융계좌 동결 사건을 꼽을 수 있습니다. 이 사건으로 인해 미국과 우호적 관계에 있지 않은 국가들은 '달러 자산보다 금이 더 안전하다'라는 인식을 갖게 되었고, 이 결과 안전자산으로써 금의 위상이 더욱 공고해졌다고 평가됩니다.

특히 최근 금 매수세를 견인하고 있는 곳은 인민은행입니다. 중국은 미국의 잠재적 적성국가로 분류되고 있는 데다, 관세 등을 통한 제재가 지속적으로 가해지면서 미국 국채를 줄이고 금을 매수하고 있는 것으로 알려지고 있습니다. 2015년 1.1조 달러였던 중국의 미국 국채 보유액은 2024년 말 7,500억 달러 수준으로 감소했습니다.

더욱이 최근 중국 정부는 외환보유고의 10% 수준에 불과한 금 보

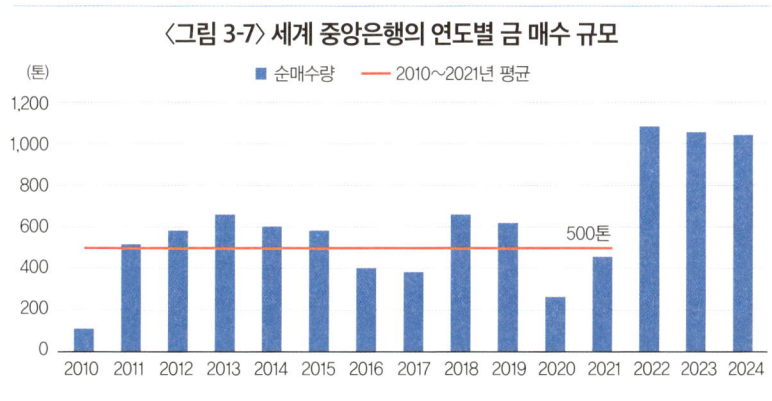

〈그림 3-7〉 세계 중앙은행의 연도별 금 매수 규모

출처: 세계 금 협회(World Gold Council)

유량을 30% 수준까지 끌어올리겠다는 목표를 발표했는데, 2024년 말 기준 중국의 외환보유고가 3.2조 달러에 달하고 지속적으로 무역 흑자를 기록하고 있다는 점을 감안하면 목표 달성을 위해서는 최소 트로이온스(31.1g)당 4,000달러 기준 5,000톤에 달하는 금을 매수해야 합니다. 이러한 중앙은행들의 강한 매수세는 장기적 추세를 지지하는 구조적 요인으로 작용할 수 있습니다.

금 이외의 상품 ETF - 제한적 규모와 과세 이슈

금 외에도 다양한 원자재에 투자할 수 있는 상품 ETF들이 존재합니다. 금 외의 상품 ETF로는 원유, 천연가스와 같은 에너지, 구리 등 산업 금속 그리고 농산물 ETF 등이 있습니다.

대표 ETF는 다음과 같습니다.

▸ SPDR S&P Oil & Gas Exploration & Production ETF(XOP)

: 미국 에너지 기업에 투자

▸ United States Oil Fund LP(USO)

: 서부 텍사스산 원유(West Texas Intermediate, WTI) 선물(근월물)에 투자

▸ Invesco DB Agriculture Fund(DBA)

: 밀, 옥수수, 콩 이외의 축산물 등 주요 농·축산물을 포트폴리오로 구성해 투자

▸ United States Copper Index Fund(CPER)

: 구리 선물에 투자

이처럼 에너지, 농산물, 산업 금속 등 다양한 자산군에 접근할 수 있지만, 운용자산 규모는 금 ETF에 비해 상대적으로 작고 유동성도 제한적이라는 사실에 유의해야 합니다.

또한 금을 제외한 상품 ETF는 시세차익 여부와 관계없이 매도대금의 10%를 무조건 과세하는 PTP 과세 대상이 될 수 있음에 유의해야 합니다. 실제로 앞서 언급한 ETF 중 United States Oil Fund LP(USO), Invesco DB Agriculture Fund(DBA), United States Copper Index Fund(CPER)는 2025년 1분기 기준 PTP 과세 대상입니다.

미국 정부는 원자재 가격의 과도한 시세 변동을 막기 위해 원자재 등 상품 관련 기업과 ETF에 PTP 과세를 광범위하게 적용하고 있기 때문에 투자 전에 반드시 PTP 과세 대상 여부를 확인해야 합니다.

7. 파생상품 ETF
- 레버리지, 인버스, 롱/숏, 커버드콜

ETF의 가장 큰 장점 중 하나는 다양한 투자 전략을 구현할 수 있다는 점입니다. 특히 파생상품을 활용한 ETF는 상승장에서 단기간에 높은 수익을 노리는 데 활용되거나 하락장에서도 수익을 추구할 수 있도록 하고 있습니다. 헤지펀드들의 흔한 전략인 '롱/숏' 전략도 가능하며, 박스권 장세에서 추가 수익을 얻기 위한 전략적 접근도 가능합니다.

이런 ETF는 일반적으로 선물, 옵션, 스왑 등 파생상품을 포트폴리오에 포함시켜 운영합니다. 물론 이러한 파생상품을 100% 이해해야만 관련 ETF를 매매할 수 있는 것은 아닙니다. 하지만 이러한 파생상품 ETF는 예상보다 위험이 커질 수 있다는 점은 명심해야 합니다. 특히 상황별 적절한 대처가 어려운 일반 투자자라면 활용에 각별히 주의해야 합니다.

레버리지 ETF - 고위험-고수익 전략

레버리지 ETF란 기초지수나 자산의 하루 수익률을 2배 또는 3배로 추종하는 ETF를 말합니다(1부 2장 참고). 즉, 만약 어떤 지수가 하루 동안 2% 올랐다면 2배 레버리지 ETF는 4%, 3배 레버리지 ETF는 6% 수익률을 목표로 운용됩니다. 일반적으로 2배 수익률을 추구하는 ETF에는 'Ultra', 3배 수익률을 추구하는 ETF에는 'UltraPro', 'Bull 3X' 등의 명칭이 붙습니다.

이러한 ETF는 차입 또는 선물지수, 지수선물, 총수익스왑(Total Return Swap, TRS), 옵션 등을 활용하며, 이자 및 수수료 등으로 인해 연간 보수가 1%대 수준으로 높게 형성됩니다.

레버리지 ETF는 일일 수익률을 기준으로 하므로 장기투자에는 적합하지 않습니다. 특히, 하루 수익률을 기준으로 매일 수익이 확정되기 때문에 장기투자의 경우 당초 투자 때 기대했던 수익률을 달성하기 어려울 수 있습니다. 예를 들어서 3일간 기초자산 수익률이 각각 +2%, -2%, +2%인 경우, 3배 ETF의 실제수익률은 6%가 아닌 약 5.62%에 그칩니다.

▶ 예시: 100만 원 투자 시

  - 1일 차: 기초자산 +2%, 3배 레버리지 ETF +6% = 106만 원

  - 2일 차: 기초자산 -2%, 3배 레버리지 ETF -6% → 106만 원×(1-0.06%) = 99.64만 원

  - 3일 차: 기초자산 +2%, 3배 레버리지 ETF +6% → 99.64만 원×(1+0.06%) = 105.62만 원

이 예시는 단 3일간의 수익률 변동을 기준으로 한 것이지만 만약 변동성이 큰 시장에 장기간 투자할 경우 기대수익과 실제수익 사이의 차이는 예상보다 훨씬 커지게 됩니다.

2025년 초 기준 뉴욕증시에는 총 118개의 레버리지 ETF가 상장돼 있습니다. 대표 ETF는 다음과 같습니다.

- ▶ ProShares UltraPro QQQ(TQQQ)
  : NASDAQ-100 지수 수익률의 3배 수익률 추구
- ▶ Direxion Daily Semicon Bull 3X Shares(SOXL)
  : 필라델피아 반도체 지수 수익률의 3배 수익률 추구

또한, 최근에는 특정 종목에 투자하는 레버리지 ETF가 출시되어 국내 투자자들에게 많은 관심을 받고 있습니다.

- ▶ Direxion Daily TSLA Bull 2X Shares(TSLL)
  : 테슬라 주가 수익률의 2배 수익률 추종
- ▶ T-Rex 2X Long Nvidia Daily Target ETF(NVDX)
  : 엔비디아 주가 수익률의 2배 수익률 추종

이들 ETF는 테슬라, 엔비디아와 같은 개별 종목에 2배 레버리지를 적용하며 높은 변동성과 위험을 수반합니다. 하지만 이런 ETF들은 신용으로 개별 종목을 매수하는 것과 같으며, 포트폴리오 구성을 통한 분산효과와는 아무 상관이 없기 때문에 진정한 펀드 상품이라고 하기는 어렵습니다. 더욱이 개별 종목의 변동성에 레버리지를 활용해 투자

위험이 크게 상승하므로 일반 개인 투자자들에게는 적합하지 않은 선택이라고 할 수 있습니다.

인버스 ETF - 하락장을 활용한 수익 추구 전략

인버스 ETF는 시장이 떨어질 때 수익을 내는 ETF입니다. 즉, 기초지수나 자산의 움직임과 정반대 방향으로 수익이 나도록 설계돼 있습니다. 예를 들어서 S&P 500 지수가 1% 하락하면 1배 인버스 ETF는 1% 수익을 얻습니다. 1배 인버스 외에도 2~3배의 인버스 수익률을 목표로 하는 인버스 레버리지 상품이 있는데, 주로 2배 인버스 레버리지는 'Ultra Short', 3배 인버스 레버리지는 'UltraPro Short', 'Bear 3X'와 같은 이름이 사용됩니다.

이들 역시 파생상품(선물, 옵션, 스왑 등)을 활용해 수익 구조를 만들며 그에 따라 연간 수수료(보수)가 1% 수준으로 높습니다.

레버리지 ETF와 마찬가지로 인버스 ETF도 매일 수익률을 재조정하는 구조입니다. 따라서 장기 보유 시에는 실제수익률이 왜곡될 수 있으므로 증시 또는 해당 자산의 하락이 예상될 경우 단기로만 활용하는 것이 적절합니다.

2025년 초 기준 뉴욕증시에는 110여 개 인버스 ETF가 상장돼 있으며, 대표 상품은 다음과 같습니다.

▸ ProShares UltraPro Short QQQ(SQQQ)

: NASDAQ-100 지수 수익률의 3배 역방향 수익률 추구

▸ ProShare Short S&P 500(SH)

: S&P 500 지수 수익률의 1배 역방향 수익률 추구

레버리지 ETF와 마찬가지로 개별 종목을 대상으로 한 인버스 ETF 역시 최근에 출시되어 고위험-고수익을 추구하는 투자자들의 관심을 받고 있습니다.

▸ Tradr 1.5X Short NVDA Daily ETF(NVDS)

: 엔비디아 주가 수익률의 1.5배 역방향 수익률 추구

▸ T-Rex 2x Inverse Tesla Daily Target ETF(TSLZ)

: 테슬라 주가 수익률의 2배 역방향 수익률 추구

이러한 ETF들은 개별 종목을 공매하는 정도가 아니라 레버리지로 공매하는 것과 같아서 예상치 못한 높은 변동성에 노출될 가능성이 크기 때문에 투자자라면 특히 신중한 접근이 필요합니다.

롱/숏 ETF - 상승과 하락을 동시에 겨냥하는 전략

롱/숏 ETF는 다양한 재무적 기법을 통해 저평가된 주식을 매수하는 동시에 고평가된 주식을 매도하는 방식으로 운용함으로써 펀드 수익률의 상승 여력을 극대화하고 하락 위험을 제한하는 것을 목표로 하는 펀드입니다.

롱/숏 펀드가 구사하는 전략은 종목뿐만 아니라 업종, 지역도 대상이 됩니다. 지역적으로 미국을 매수(S&P 500 매수)하고 한국을 매도(KOSPI 200 매도)하는 전략 등이 예가 될 수 있겠습니다.

이러한 롱/숏 전략은 이론적으로는 증시의 상승이나 하락과 상관없이 꾸준한 수익을 창출할 수 있습니다. 상승장에서는 저평가 종목에 투자한 매수 포지션에서 수익을 많이 벌어들이고, 하락장에서는 고평가 종목을 공매도한 매도 포지션에서 더 많은 수익을 거둘 수 있기 때문입니다.

다만 펀드매니저 같은 인적 자원에 대한 의존도가 높고, 차입을 통한 레버리지와 파생상품 등이 활용되어 연간 총보수비용이 높은 편입니다(1.00~1.50%).

2025년 초 기준 롱/숏 ETF는 뉴욕증시에 약 16개가 상장되어 거래되는데, 대표 ETF는 다음과 같습니다.

▸ First Trust Long/Short Equity ETF(FTLS)
: 매수 비중 90~100%, 매도 비중 0~50%, 잔여 자산은 현금 보유로 리스크 관리. 펀더멘털 분석과 함께 기술적 분석도 적극적으로 활용

커버드콜 ETF - 수익 확정과 배당 전략

커버드콜 ETF는 주식을 매수하면서 그 주식에 대한 콜옵션(매수 권리)을 팔아 프리미엄 수익을 얻는 '커버드콜' 전략을 사용하는 ETF입니다. 이 ETF에서는 콜옵션 매도로 얻게 되는 수수료(프리미엄)를 투자자들에게 배당 형태로 나눠주기 때문에 일반 ETF와 비교해 분배금이 높고 높은 배당을 원하는 투자자들에게 인기가 높습니다.

하지만 콜옵션을 매도했기 때문에 주가가 옵션의 행사가격 이상으로 상승하더라도 행사가격으로 보유 주식을 매도해야 하며, 이에 따라

〈그림 3-8〉 커버드콜 ETF 수익 구조

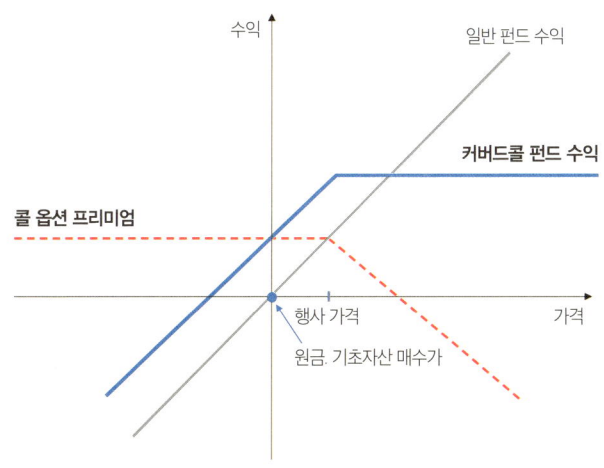

수익이 제한되는 기회비용이 발생합니다. 한편 보유 주식이 하락할 경우에는 손실을 방어하지 못하는 구조입니다.

따라서 커버드콜 ETF는 주가가 급등하거나 급락하지 않고 일정 범위에서 움직이는 '박스권 장세'나 변동성이 큰 장세 또는 상승 흐름이 더딘 장세에서 강점을 발휘합니다. 특히 박스권 장세일 경우 콜옵션을 매도해 확정 수익을 확보하고, 주가가 일정 수준의 행사가격에 도달했을 경우 자본차익을 확보하기 때문에 변동성을 줄이고 추가 수익을 확보하는 전략적 투자수단으로 활용할 수 있습니다.

대표적인 ETF는 다음과 같습니다.

▶ Global X NASDAQ 100 Covered Call ETF(QYLD)

 : NASDAQ-100 지수를 기반으로 하며, 비교적 수수료가 낮고 매달 분배 수익이 발생

▶ JPMorgan Equity Premium Income ETF(JEPI)

: 분배금 수익률이 8~10%로 매우 높아 국내 투자자들에게도 인기가 많은 ETF. S&P 500 내 종목에 투자

▶ JPMorgan Nasdaq Equity Premium Income ETF(JEPQ)

: 분배금 수익률이 10% 이상으로 매우 높아 커버드콜 ETF 중 인기가 많은 ETF. JEPI가 S&P 500 종목에 투자한다면 JEPQ는 NASDAQ-100 지수를 벤치마크함

또 다른 예로는 FT Vest Laddered Buffer ETF(BUFR)가 있습니다. 이 상품은 커버드콜 전략과 유사한데, 상승 수익을 일정 수준까지만 확보하면서 하락 리스크도 일정 범위까지 방어하는 구조입니다. 12개의 버퍼 ETF*를 조합한 펀드 내 펀드(Fund of fund) 상품으로 다양한 만기의 옵션 만기를 활용해 '사다리형' 포트폴리오 구조로 운영됩니다.

파생상품 ETF 활용하기 - 요약

파생상품 ETF는 파생상품 활용에 따른 비용이 수반되어 연간 보수 비용이 높다는 점을 투자 전에 반드시 감안해야 합니다. 특히 파생상품 기반 ETF는 시장의 변화가 나타날 때 적절히 사용하면 도움이 되지만, 장기투자가 아니라 단기투자 용도로만 사용을 제한하는 것이 적절하다는 것을 명심해야 합니다.

예를 들어 레버리지 ETF는 상승장을 적극 공략하고 싶을 때 사용하는 것이 좋고, 인버스 및 인버스 레버리지는 하락장 또는 급락장에

---

* '커버드콜 ETF'와 유사한 개념으로 옵션을 통해서 일정 수준 이상의 수익은 제한하면서 하락 위험도 일정 수준 방어하는 구조를 말합니다.

	ETF 이름 형태	활용 시점
레버리지 ETF	Bull, Long + Ultra, UltraPro, 2X, 3X 등	주가가 상승할 것으로 예상될 때
인버스 ETF	Bear, Short, Inverse, −1X	주가가 하락할 것으로 예상될 때
인버스 레버리지 ETF	Bear, Short, Inverse + Ultra, UltraPro, −2X, −3X 등	주가가 급락할 것으로 예상될 때
롱/숏 ETF	−	시장 방향성이 불확실할 때
커버드콜 ETF	Covered Call, Income 등	주가가 일정 범위 안에서 움직이거나 변동성이 클 때

단기로 대응할 때 활용하는 것이 좋습니다. 롱/숏 ETF는 특정 장세와 무관하게 활용될 수 있는 펀드 상품이지만, 운용 전문가(펀드매니저)의 역량에 따라 성과 차이가 크다는 것을 유의해야 합니다. 커버드콜 ETF는 박스권 장세에서 추가 수익을 추구할 때 적합합니다.

파생상품 ETF는 높은 수익률 달성을 위해 증시 상황별로 단기간 동안 탄력적으로 활용할 수 있지만, 높은 수준의 위험을 감내해야 하고 증시의 흐름을 정확히 판단해야만 목표로 하는 수익을 달성할 수 있다는 측면에서 증시 경험이 많지 않은 일반 투자자라면 신중히 접근해야 하는 펀드 상품입니다.

"꽃을 꺾고 잡초에 물을 주지 마라."

― 피터 린치

4부.

중·장기 유망 테마 ETF

지금 가장 뜨겁고, 앞으로 유망한 테마 ETF

'잡초'가 아니라 '꽃'에 집중해야 합니다. 지금 시장에서 가장 주목받고 있고, 앞으로도 성장 가능성이 높은 세 가지 핵심 테마 ETF를 소개합니다.

ETF 투자는 개인별 투자 경험, 위험에 대한 성향, 추구하는 전략과 특정 분야의 인사이트 여부에 따라 다양한 선택이 가능합니다.

ETF 투자 입문자나 보수적인 투자자라면 가장 기본적인 접근은 미국 대표지수인 S&P 500 지수를 추종하는 ETF에 투자하는 것입니다. 좀 더 공격적인 성향이라면 NASDAQ-100 지수를 추종하는 Invesco QQQ Trust(QQQ)를 선택할 수도 있습니다.

만약 보수적이지만 일정 수준의 위험을 감수할 수 있다면 특정 산업 분야를 추종하는 업종 ETF를 선택하는 것도 좋은 대안이 될 수 있습니다. 예를 들어서 뉴욕증시를 대표하는 IT 업종 ETF나 메타 플랫

〈그림 4-1〉 투자자 성향별 투자 방식(예시)

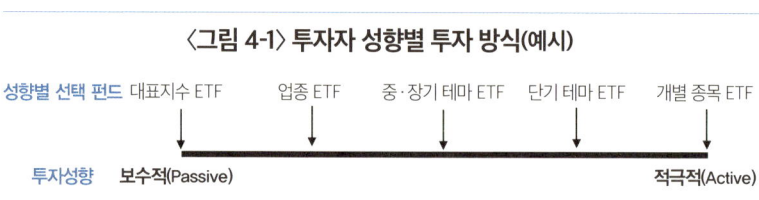

출처: 토마스리서치

폼스나 구글 등이 포함된 커뮤니케이션 서비스 ETF를 선택할 수도 있고, 경기와 금리에 대한 전망을 바탕으로 한 금융 업종 ETF가 선택지일 수도 있습니다.

한편 일반 개인 투자자들에게 바람직하다고 할 수는 없지만, 개별 종목을 기초자산으로 하는 ETF에 투자하는 방법도 있습니다. 이는 ETF 투자 중에서 가장 적극적 또는 극단적 유형이라고 할 수 있습니다. 이러한 ETF의 기초자산으로 가장 많이 활용되는 대표적인 종목은 엔비디아, 테슬라, 메타 플랫폼스와 같이 변동성이 큰 기업입니다.

그러나 이런 ETF의 경우 레버리지나 인버스 구조로 되어 있어서 주식을 신용으로 매수하거나 대주(貸株)를 통한 공매도와 다르지 않습니다. 따라서 기대수익률이 높은 만큼 위험이 크게 증가한다는 점에서 투자 시 각별히 유의해야 합니다.

한편 테마 ETF는 투자자 본인만의 투자성향, 전략 그리고 인사이트를 활용할 수 있는 투자대안입니다. 테마 ETF는 보수적인 대표지수 ETF와 극단적으로 공격적인 개별 종목 ETF의 중간 형태로 중위험-중수익을 추구하는 투자자들에게 적합한 선택지입니다. 특히 투자자 개인의 위험에 대한 성향과 전략을 뚜렷하게 투영한 적극적 투자 방식이라는 점이 장점입니다.

물론 테마 ETF 중 일시적으로 시장의 인기를 끄는 단기성 테마 ETF는 주의해야 합니다. 일부 테마는 일시적인 유행만을 반영해 단기간에 주목을 받다가 소멸하는데, 이 경우 테마 형성 초기에 진입하지 못하면 수익을 기대하기는커녕 손실을 입을 가능성이 큽니다. 또한 빈번한 매매로 발생하는 비용 또한 상당한 부담이 될 수 있습니다.

따라서 테마 ETF에 투자할 때는 짧은 유행을 따라가기보다는 중·장기적으로 지속 가능한 산업과 흐름에 주목해야 합니다. 중·장기 테마의 경우 장기간에 걸쳐 광범위하게 영향을 미치기 때문에 테마 생성 초기에 진입하지 못하더라도 조정 국면일 때 진입하면 일정 수준 이상의 성과를 기대할 수 있다는 점에서 충분히 관심을 가질 만합니다.

그렇다면 지금 어떤 테마가 주목받고 있을까요? 2025년을 기준으로 뉴욕증시에서 가장 많은 관심을 받고 있으면서 중요도, 파급력, 타이밍 등을 감안했을 때 가장 대표적인 중·장기 핵심 테마 세 가지를 꼽는다면 다음과 같습니다.

▸ 인공지능 및 로봇산업(AI & Robotics)

▸ 항공우주 및 방위산업(Aerospace & Defense)

▸ 트럼프 2기 정책 수혜 업종 및 테마: 국채, 에너지 인프라, 은행, 내수 제조업

1. 인공지능 및 로봇산업

2023년 이후 전 세계 증시에서 가장 주목받는 키워드는 단연 '인공지능(AI)'입니다. AI 열풍은 앞으로도 최소 2~3년, 최대 5~10년 이상 지속될 수 있는 중·장기 테마로 시장의 지속적인 주목을 받을 전망입니다.

AI 테마와 관련해 반도체를 공급하는 핵심 기업인 엔비디아의 주가가 폭등하며 초기 시장을 선도했고, 이와 함께 이른바 '매그니피센트 7'이라 불리는 미국의 대표 빅테크 기업들이 AI 관련 핵심 주도군으로 증시를 주도하고 있습니다.

⟨표 4-1⟩ 매그니피센트 7의 연간 주가 상승률

	AAPL	MSFT	NVDA	AMZN	GOOGL	META	TSLA
2023년	51.00%	57.84%	247.52%	84.19%	60.53%	203.82%	112.67%
2024년	30.19%	13.32%	177.10%	45.63%	36.84%	64.98%	66.13%

주 1: AAPL(애플), MSFT(마이크로소프트), NVDA(엔비디아), AMZN(아마존닷컴), GOOGL(알파벳 Class A), META(메타 플랫폼스 Class A), TSLA(테슬라)
주 2: 엔비디아 10:1 액면분할 반영

AI산업 전망 - 2030년까지 연평균 30% 이상의 고성장

현재 AI산업 테마를 매그니피센트 7과 같은 빅테크 기업이 주도하고 있지만, AI산업의 성장에 따른 수혜는 단순히 몇몇 기술 기업에만 국한되지 않습니다. 가장 대표적으로 헬스케어 및 생명과학, 소매 및 전자 상거래, 금융, 통신 등에서 수혜가 예상되며 에너지, 유틸리티 및 농업 그리고 미디어, 엔터테인먼트 외에 자동차, 운송 및 물류 등에서도 매우 광범위한 파급 효과가 나타날 것으로 전망됩니다.

이와 관련해 리서치 기관 마켓앤마켓(MarketsandMarkets)은 머신러닝, 자연어 처리, 컴퓨터 비전, 생성형 AI 등 여러 인공지능 기술이 산업 전반에서 혁신을 일으키고 확산되면서 2023년 1,451억 달러 수준이었던 전 세계 AI 시장이 2030년에는 1조 3,391억 달러 규모에 달할 것이라고 전망하고 있습니다. 이는 7년의 기간 동안 연평균 35% 이상이라는 엄청난 성장률을 기록하며 시장이 9배 이상 확대되는 것을 의미합니다.

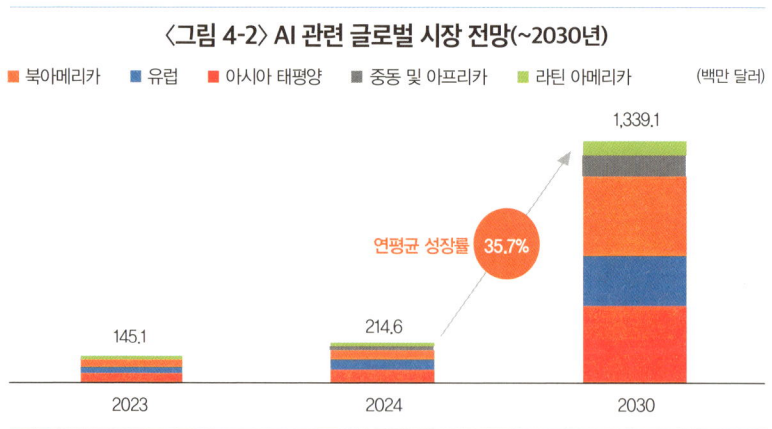

〈그림 4-2〉 AI 관련 글로벌 시장 전망(~2030년)

■ 북아메리카　■ 유럽　■ 아시아 태평양　■ 중동 및 아프리카　■ 라틴 아메리카　(백만 달러)

연평균 성장률 35.7%

1,339.1

145.1 — 2023
214.6 — 2024
1,339.1 — 2030

출처: 마켓앤마켓

다른 리서치 기관들의 전망도 유사합니다. 그랜드뷰리서치(Grand View Research)는 2030년 1조 8,117.5억 달러(연평균 성장률 36.6%)를 전망하고 있으며 넥스트엠에스씨(NextMSC)는 같은 시기 1조 2,354.7억 달러(연평균 성장률 32.9%) 규모의 시장을 형성할 것으로 전망하고 있습니다.

AI산업 구성요소 - 데이터 센터, AI 반도체 칩, 소프트웨어 및 서비스

AI산업은 다양한 기업과 기술이 유기적으로 연결된 거대한 생태계를 형성하고 있습니다. 따라서 AI 테마 관련 ETF에 투자하기 전에 이 생태계의 구조를 이해할 필요가 있습니다.

이 생태계는 크게 ① 대규모 서버를 기반으로 AI 연산 및 다양한 클라우드 서비스를 제공하는 인프라인 데이터 센터(Data center), ② 언어 학습이나 추론 등을 위한 대규모의 연산을 가능하게 하는 AI 반도체 공급자인 칩 메이커(Chip maker) 그리고 ③ AI 기술을 실제로 활용하

〈그림 4-3〉 인공지능 산업 생태계(약식)

출처: 토마스리서치

는 응용 사업자인 소프트웨어 및 서비스 기업의 세 가지로 나뉩니다.

우선 데이터 센터입니다. AI 기술은 엄청난 양의 데이터를 실시간으로 계산하고 처리해야 하므로 이를 뒷받침하는 대규모 컴퓨팅 인프라, 즉 데이터 센터가 반드시 필요합니다. 모든 AI의 시작이면서 가장 핵심적인 역할을 수행하는 포지션이라고 할 수 있습니다.

이러한 대규모 데이터 센터를 운영하는 글로벌 IT 기업들을 하이퍼스케일러(hyper scaler, 대규모 데이터 센터를 기반으로 클라우드 컴퓨팅과 저장 서비스를 제공하는 기업)라고 부릅니다.

대표적인 하이퍼스케일러로는 아마존의 아마존 웹 서비스(Amazon Web Service, AWS), 마이크로소프트의 애저(Azure), 구글의 구글 클라우드(Google Cloud Platform, GCP) 그리고 메타 플랫폼스(Meta Platforms)가 있으며, IBM과 오라클도 주요 데이터 센터 사업자로 꼽힙니다. 물론 이런 초대형 데이터 센터 사업자만 있는 것은 아니며 중·소형 데이터 센터 사업자들도 다양하게 존재하고 있습니다.

한편 데이터 센터에는 스위치, 라우터, 냉각기 등 다양한 부품과 장비가 필요하지만, 기본적으로 이를 운영할 수 있는 반도체가 핵심 구성요소입니다. 이를 통해 데이터 센터가 컴퓨팅, 스토리지 등의 서비스를 제공할 수 있기 때문입니다.

현재 AI 데이터 센터를 위한 다양한 형태의 반도체를 공급하는 기업 중 핵심 역할을 수행하고 있는 기업이 AI산업의 총아로 떠오른 엔비디아(NVDA)입니다. 엔비디아는 H100으로 대변되는 고성능 AI 반도체뿐만 아니라, H20 등 저성능 AI 반도체까지 다양한 스펙과 다양한 용도로 사용이 가능한 고가의 범용 AI 반도체를 생산 및 공급하고 있습니다. 현재 엔비디아는 H100에 그치지 않고 블랙웰과 루빈 등으로 점차 스펙을 고도화하고 있습니다.

한편 브로드컴(Broadcom: AVGO)과 마벨 테크놀로지(Marvell Technology: MRVL)는 범용 AI 반도체가 아닌 ASIC(Application Specific Integrated Circuit)라고 불리는 맞춤형 또는 주문형 AI 반도체를 생산하는 대표적인 기업들입니다.

이 외에 SK하이닉스(000660)나 마이크론 테크놀로지(Micron Technology: MU)는 엔비디아의 H100과 같은 GPU에 적용되는 HBM(High Bandwidth Memory)을 생산하는 대표적인 기업들입니다. 최근에는 AI 반도체 관련 후발주자였던 삼성전자(005930)가 HBM을 엔비디아와 스타게이트 프로젝트 등에 공급하는 계약을 체결하며 이 대열에 합류했습니다.

마지막으로 인공지능 산업의 출발점이자 핵심 기반인 데이터 센터의 컴퓨팅과 스토리지 서비스를 이용해 다양한 형태의 소프트웨어 서비스를 최종 소비자들에게 제공하는 AI 소프트웨어 및 서비스 기업이 있습니다. 우리는 이들을 흔히 SaaS(Software as a Service) 사업자라고 부릅니다.

대표적인 기업으로는 오라클(Oracle: ORCL), 세일스포스(Salesforce: CRM), 서비스나우(ServiceNow: NOW), 어도비(Adobe: ADBE), 인튜이트(Intuit: INTU) 등을 들 수 있으며, 최근 증시에서 가장 주목받고 있는 AI 기업 중 하나인 팔란티어(Palantir Technologies: PLTR)도 SaaS 기업으로 분류될 수 있습니다.

이들은 최근 자체 서비스에 AI 기술을 적극적으로 도입하고 있으며 업무 자동화, 고객 분석, 예측 모델링 등 다양한 비즈니스 분야뿐 아니라 국방 등 정부의 각 기관에 AI 기반 솔루션을 제공하고 있습니다.

한편 AI 기술이 발전하면서 보안의 중요성도 함께 커지고 있습니다. 생성형 AI가 발전함에 따라 코드 작성이 간편해지는 동시에 사이버 공격 방법이 다양화되고 고도화되고 있기 때문입니다.

2024년 글로벌 리서치 기관 가트너(Gartner)의 설문조사에 따르면, 글로벌 기업의 최고정보책임자(Chief Information Officer, CIO)들이 꼽은 최우선 투자 분야는 사이버 보안이었습니다. 해당 분야에서 주목받는 기업으로는 팔로알토네트웍스(Palo Alto Networks: PANW)와 크라우드스트라이크(CrowdStrike: CRWD)가 있습니다. 이들은 AI 기술을 활용한 위협 탐지, 실시간 대응, 해킹 방어 기술을 선도하며 전 세계 기업들의 보안 파트너로 자리매김하고 있습니다.

AI의 궁극적 형태, 피지컬 AI - 자율주행과 휴머노이드 로봇

인공지능 산업의 발전이 궁극적으로 도달할 수 있는 최종 목적지는 무엇일까요? 많은 전문가는 '물리적 AI(Physical AI, 피지컬 AI)'라고 말합니다. 이는 AI가 물리적인 현실 세계와 상호작용하며 복잡한 행동을 수행하는 기술을 말합니다. 가장 대표적인 분야로는 자율주행과 휴머노이드 로봇을 꼽을 수 있습니다.

이러한 '물리적 AI'가 본격적으로 시장에 등장한 것은 2025년 세계 최대 전자·IT 전시회인 CES 2025에서 있었던 젠슨 황의 기조연설에서입니다. 그는 이 기조연설에서 AI의 마지막 발전 단계를 '물리적 AI(Physical AI)'로 규정하며 세 가지 형태 로봇의 현실화가 엄청난 기술 산업을 만들 것이라고 언급했습니다.

그 첫 번째가 단순 추론 및 명령 수행을 넘어 스스로 명령자의 의도

출처: CES 2025

를 해석하고 행동하는 자율성이 부여된 AI 에이전트(Agentic AI), 또는 에이전틱 로봇(Agentic Robot)입니다. 두 번째는 인간의 개입 없이 스스로 주변 환경을 인식하고 운전자의 개입 없이 자동으로 대응해 주행하는 자율주행(Self-driving) 로봇 또는 자율주행 택시입니다.

끝으로 젠슨 황에 의해 가장 발전된 형태의 물리적 AI로 평가된 휴머노이드 로봇이 있습니다. 이는 도로라고 하는 제한적 환경에서 사용되는 자율주행과는 달리 다양한 형태와 다양한 환경에서 명령을 수행할 수 있도록 이족보행 인간 형태로 진보한 AI 로봇입니다.

AI 에이전트 - 현재 사업화에 가장 앞선 분야

최근 주목받는 AI 분야는 '에이전트 기능'을 중심으로 성장 중인 소프트웨어와 서비스입니다. 이러한 'AI 에이전트'는 'AI 코파일럿(Copilot)'으로 분류되는 단순 지원의 영역을 넘어서 자율성과 학습 능력을 갖춘 3세대 AI로, 다양한 분야에서 효율성을 제공하며 사람의 업무를

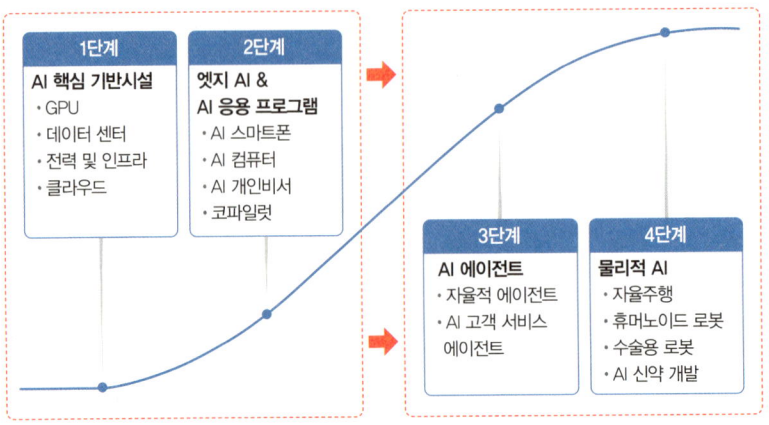

〈그림 4-5〉 AI산업 발전 4단계 전망

1단계	2단계
AI 핵심 기반시설	**엣지 AI &**
· GPU	**AI 응용 프로그램**
· 데이터 센터	· AI 스마트폰
· 전력 및 인프라	· AI 컴퓨터
· 클라우드	· AI 개인비서
	· 코파일럿

3단계	4단계
AI 에이전트	**물리적 AI**
· 자율적 에이전트	· 자율주행
· AI 고객 서비스	· 휴머노이드 로봇
에이전트	· 수술용 로봇
	· AI 신약 개발

주: 〈AI S-curve 프레임워크(framework for AI S-curve)〉, 코투(Coatue) 재해석

보조하거나 대체하고 있습니다.

이 분야는 젠슨 황이 이야기한 본격적인 '물리적 AI' 단계로 넘어가기 전에 다양한 산업에서 꽃을 피울 수 있는 분야이기 때문에 관련 산업 및 ETF에 관심을 가질 필요가 있습니다.

특히 이 시장의 잠재력은 현재보다 수십 배, 많게는 100배까지 확대될 수 있을 것으로 전망되고 있습니다. 예를 들어서 인적 자원(Human Resources, HR) 시장의 연간 총 인건비는 약 2,000억 달러로 추산되는데, 대표 소프트웨어 기업인 워크데이(Workday)의 연 매출은 20억 달러에 불과합니다. 잠재 시장(Total Addressable Market, TAM)이 현재 매출의 100배에 달하는 것입니다.

세일즈와 마케팅 분야도 마찬가지입니다. 이 분야의 연간 인건비는 약 1.1조 달러인데, 대표 기업인 세일스포스의 연 매출은 350억 달러입니다. 잠재 시장은 30배 이상입니다.

이와 같이 산업 전반에서 AI 에이전트를 적극 도입할 경우 소프트

한 권으로 끝내는 미국 ETF 투자

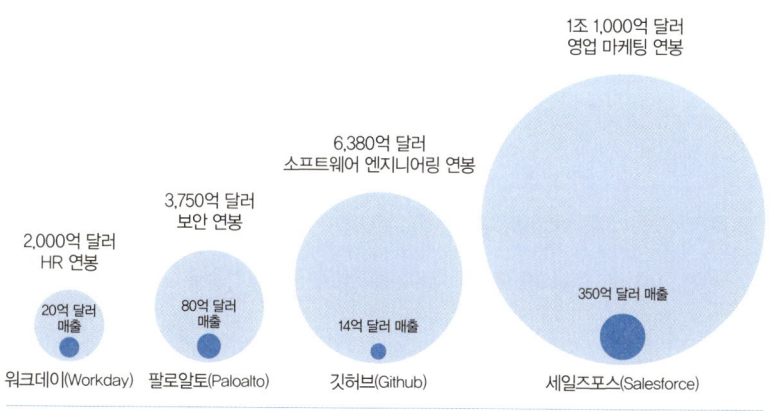

〈그림 4-6〉 AI 소프트웨어 및 서비스 분야 부문별 잠재 시장

1조 1,000억 달러
영업 마케팅 연봉

6,380억 달러
소프트웨어 엔지니어링 연봉

3,750억 달러
보안 연봉

2,000억 달러
HR 연봉

20억 달러
매출

80억 달러
매출

14억 달러 매출

350억 달러 매출

워크데이(Workday)　팔로알토(Paloalto)　깃허브(Github)　세일즈포스(Salesforce)

출처: 미래에셋증권 리서치센터

웨어·서비스 산업의 향후 높은 성장 잠재력을 감안해 관련 ETF에 주목할 필요가 있습니다.

AI 소프트웨어 분야에서 가장 주목해야 할 ETF로는 Invesco AI and Next Gen Software ETF(IGPT)와 iShares Expanded Tech-Software Sector ETF(IGV)가 있습니다.

IGPT는 미래의 소프트웨어 발전과 관련된 매출이 전체 매출의 50% 이상인 기업들로 구성된 STOXX World AC NexGen Software Development Index를 추종하며, 2024년 말 기준 운용자산은 약 4억 달러입니다. 알파벳·엔비디아·어도비 등 대형주 위주이나, 중형주도 약 20% 포함돼 있습니다. 종목 수는 100개지만, 상위 10개 종목 비중이 60%에 달할 정도로 상위 종목에 대한 집중도가 높습니다.

하지만 우리가 주목해야 할 AI 소프트웨어 및 서비스 관련 ETF는 iShares Expanded Tech-Software Sector ETF(IGV)입니다. 우선 운용자산 규모가 93억 달러로 IGPT를 압도합니다. 단순한 소프트웨어

ETF처럼 보이지만, 실제로는 AI 소프트웨어·서비스 핵심 종목으로 구성돼 있습니다. 마이크로소프트, 오라클, 팔란티어, 세일스포스, 서비스나우 등이 주요 편입 종목이며, 어도비, 인튜이트 외에 사이버 보안 대표주자인 팔로알토와 크라우드스트라이크도 포함돼 있습니다.

완전 자율주행 - 성큼 다가온 로봇 택시 시대

휴머노이드 로봇에 앞서 젠슨 황에 의해 AI 로봇 중 하나로 평가받은 '자율주행 로봇'은 이미 본격적인 서비스에 진입한 상태입니다. 현재 자율주행 로봇 시대에서 가장 앞선 기업은 알파벳(GOOGL, GOOG)입니다.

자율주행 기술은 미국자동차공학회(The Society of Automotive Engineers, SAE)가 정의한 6단계의 레벨(Level 0~5) 기준에 따라 구분됩니다. 이 중에서 레벨 4부터를 진정한 자율주행으로 간주합니다. 레벨 1~3은 자율주행이라기보다는 ADAS(Advanced Driving Assistance System), 즉 진보된 형태의 첨단 운전자 보조 시스템에 가깝습니다. 차선 이탈방지 장치 및 전후방 충돌방지 보조 장치, 스마트 크루즈 콘트롤 등이 기본적인 ADAS의 형태입니다.

자율주행 5단계에 해당하는 레벨 4는 운전자의 개입 없이 스스로 주행할 수 있지만, 핸들과 브레이크는 남아 있는 상태입니다. 반면 최종 단계인 레벨 5는 아예 운전대나 브레이크 자체가 없는 완전 자율 시스템의 로봇을 말하며 인간의 개입이 전혀 필요하지 않습니다.

자율주행 분야에서 가장 상업화에 앞선 알파벳은 이미 캘리포니아 샌프란시스코와 로스앤젤레스, 아리조나주 피닉스를 중심으로 '웨이모(Waymo)'라는 이름의 자율주행 차량 서비스를 운영하고 있으며, 조

〈그림 4-7〉 SAE에서 규정한 자율주행 6단계

자율주행 레벨			조향가감속	주행 환경 모니터링	시스템 실패 시 비상 대응	자동 시스템 통제 여부
레벨 0	비자동화 1885~1999년	눈으로 주변을 계속 확인해야 함, 손은 조향장치에 올림(핸들 잡음)				없음
레벨 1	운전자 보조 2000~2009년	눈으로 주변을 계속 확인해야 함, 손은 조향장치에 올림(핸들 잡음)				일부 주행 모드 에서 표시됨
레벨 2	부분 자동화 2000년~현재	일시적으로 손을 떼도 됨				일부 주행 모드 에서 표시됨
레벨 3	조건부 자동화 현재 단계	일시적으로 손을 떼도 됨				일부 주행 모드 에서 표시됨
레벨 4	고도 자동화 현재 단계	눈을 다른 데로 돌려도 됨, 손을 떼도 됨				일부 주행 모드 에서 표시됨
레벨 5	완전 자동화 ~2050년	눈을 다른 데로 돌려도 됨, 손을 떼도 됨				

출처: SAE International

〈그림 4-8〉 레벨 4 자율주행 개념 이미지

만간 텍사스 오스틴, 플로리다 마이애미, 일본 도쿄 등지로 서비스를 확대할 계획입니다.

웨이모는 2024년 10월 기준으로 주간 15만 건의 탑승 수요와 누적 100만 마일 이상의 주행거리를 기록하며 상업적 자율주행 서비스 운영 능력을 입증하고 있습니다. 특히 웨이모는 형식상으로는 SAE 기준 레벨 4 자율주행 로봇 택시지만, 사실상 레벨 5에 근접한 기술 수준으로 평가되어 '완전 자율주행 로봇 택시 시대'가 이미 현실화됐음을 보여줍니다.

한편, 테슬라의 'FSD(Full Self-Driving)' 역시 상업화를 앞둔 대표적인 자율주행 기술(소프트웨어)입니다. 테슬라는 2024년 4분기 FSD 버전 13 소프트웨어를 공개하고 2025년부터는 자율주행 서비스 확대에 나설 계획을 밝힌 바 있습니다.

다만 테슬라는 2025년 6월 22일 텍사스 오스틴에서 제한된 범위의 로보택시(robotaxi) 서비스를 시작했는데, 이는 초기 버전으로 무인(감독자 없는) 상태가 아니라, 탑승자 옆에 안전 모니터 요원이 탑승하는 조건하에서 운행된 것이라 정식 서비스를 개시한 것으로 보기는 어렵습니다. 더군다나 최근 FSD 시스템이 철도 건널목을 제대로 인식하지 못해 사고 위험성이 있다는 점을 문제삼아 미국 고속도로교통안전국(National Highway Traffic Safety Administration, NHTSA)에서 조사 요청을 한 상태여서 본격 상업 서비스까지는 예상보다 더 시간이 소요될 것으로 보입니다.

휴머노이드 로봇 - 멀지만은 않은, 가장 발전된 형태의 피지컬 AI

가장 발전된 형태의 피지컬 AI인 휴머노이드 로봇산업의 시장 규모는 2023년 약 13~22억 달러에 불과할 정도로 초기 단계에 머물러 있다 보니 향후 장기적인 차원의 시장 전망은 연평균 성장률이 10% 후반에서 50% 이상으로 매우 다양합니다. 물론 시장 조사기관 모두가 장기적으로 매우 높은 성장률을 기록할 것이라는 데는 의견을 같이합니다.

예를 들어서 그랜드뷰리서치는 2030년까지 40.4억 달러(연평균 성장률 17.3%)에 달할 것으로 전망하고 있고, 시장조사 기관 SNS 인사이더(SNS Insider)는 2035년까지 796억 달러(누적 연평균 성장률 45.6%)에 달할 것으로 전망하고 있습니다. 글로벌 투자은행 골드만 삭스(Goldman Sachs)는 2024년 2월 보고서에서 휴머노이드 로봇 시장 규모를 2035년 380억 달러로 전망하고 있습니다.

이 외에 다소 급진적인 전망도 있는데, 씨티그룹(Citi)의 애널리스트는 한 팟캐스트에 출연해 2050년까지 휴머노이드 로봇 시장이 7조 달러 규모까지 성장할 것이라고 주장하기도 했습니다.

이와 같이 다양한 의견이 제시되고 있지만, 한 가지 우리가 얻을 수 있는 힌트는 전망 기간이 길수록 누적 연평균 성장률에 대한 기대감이 크다는 것입니다. 특히 2030년과 2035년 전망에는 큰 차이가 있습니다. 결국 이는 2030년 전후를 기점으로 시장이 본격적으로 성장하는 모먼트가 발생할 수 있다는 것으로 해석할 수 있습니다.

현재 휴머노이드 로봇 분야는 초기 단계이긴 하지만 이미 50개 이상의 기업이 개발에 뛰어들 정도로 경쟁이 매우 치열합니다. 대표적인 기업 및 로봇 모델은 다음과 같습니다.

▶ 보스턴 다이내믹스(Boston Dynamics)

: 현대차그룹 산하 기업, 로봇 '올 뉴 아틀라스(Atlas)'를 2025년 말부터 생산 공장에 시범 투입해 사람과 함께 작업

▶ 피겨 AI(Figure AI)

: 미국의 휴머노이드 로봇 스타트업으로 'Figure 02'를 개발. 가사를 상호 협력(주방에서 물건 정리)하에 진행하는 영상 공개

▸ 아질리티 로보틱스(Agility Robotics)

: 로봇 '디짓(Digit)'을 통해 이미 상용화 단계에 진입

▸ 앱트로닉(Apptronik)

: 구글이 총 3억 5,000만 달러를 투자. 산업용 로봇 '아폴로'를 메르스데스-벤츠 공장에 투입해 성능을 점검 중

이 외에 메타 플랫폼스 역시 자사 AI 모델인 '라마(Llama)'의 기능을 극대화한 소비자용 휴머노이드 연구·개발에 집중한다는 계획을 수립한 것으로 알려져 있습니다.

이 중에서 가장 상업화에 근접한 휴머노이드 로봇은 테슬라의 '옵티머스(Optimus)'입니다. 테슬라의 CEO 일론 머스크(Elon Musk)는 직접 자사 전기차 공장에서 로봇을 실제로 훈련시키며 작업 능력을 상당한 수준까지 올려놓은 것으로 알려지고 있습니다.

머스크는 '옵티머스'와 관련해 2025년 2월 실적 발표에서 "올해 말까지 1만 대 생산은 장담할 수 없지만, 수천 대는 충분히 가능하다"라

〈그림 4-9〉 CES 2025에서 소개된 휴머노이드 로봇 모델

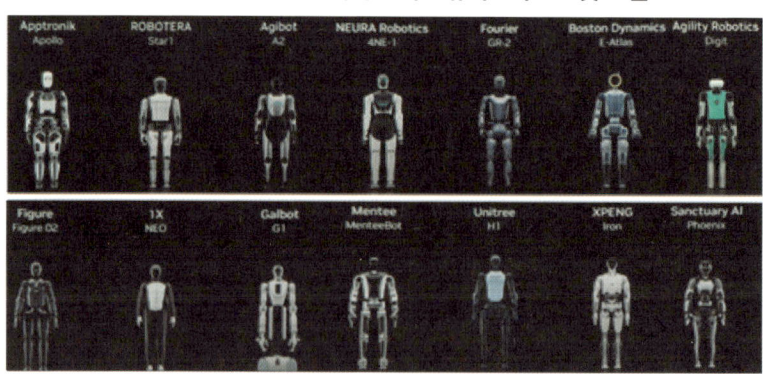

출처: CES 2025

한 권으로 끝내는 미국 ETF 투자

며, "월 1천 대에서 시작해 점차 월 1만 대, 2026년 이후로는 월 10만 대 생산이 가능한 옵티머스 버전 2를 출시할 계획"이라고 밝혔습니다. 머스크의 이러한 전망은 과거 그의 언행을 기준으로 평가할 때 다소 과장된 측면도 있긴 하지만, 옵티머스가 상업화 가능한 수준으로 빠르게 진화하고 있다는 점은 분명합니다.

참고로 투자 전문 매체 〈배런스(Barron's)〉는 옵티머스의 2027년 생산량을 50만 대로 예상했고, 도이치뱅크(Deutsche Bank)는 테슬라가 옵티머스를 2035년 연간 20만 대 판매하며 100억 달러 수익을 창출할 것으로 전망하고, 그 사업 가치를 700억 달러로 추정했습니다.

AI 관련 대표 ETF - AIQ, BOTZ 그리고 IVES

현재 미국 시장에서 AI와 로봇 테마에 집중투자하는 ETF는 총 40여 종이 상장돼 있습니다. 이 중에서 운용 규모와 대표성 측면에서 주목받는 상품은 AIQ와 BOTZ가 대표적이며, 최근 출시되어 돌풍을 일으키고 있는 IVES도 관심을 가질 만한 ETF입니다.

Global X Artificial Intelligence & Technology ETF(AIQ)는 AI와 빅데이터 관련 기업을 중심으로 구성된 Indxx AI & Big Data Index를 추종합니다. 선진국 내 기업 위주로 편입하며 다소 보수적인 운용 성향을 보입니다. 섹터별 비중은 IT 63.6%, 커뮤니케이션 15.2%, 소비재 10.8% 등이며, 주요 보유 종목은 엔비디아, 마이크로소프트, 알파벳, 메타 플랫폼스, 오라클, 팔란티어, 넷플릭스, 브로드컴입니다. 상위 10개 종목 비중은 36.45%이며, 종목당 투자 비중은 3.0~3.5% 수준으로 특정 종목에 대한 의존도가 심하지는 않습니다. 즉, AIQ는 대형 기술주 중심의 안정적 투자처로 AI산업에 폭넓게 참여하고 싶은 투자자에게 적합합니다.

Global X Robotics & Artificial Intelligence ETF(BOTZ)는 AI와 로봇 기술 관련 기업을 대상으로 한 Indxx Robotics & AI Index를 추종합니다. 미래에셋 글로벌 인베스트먼트에서 운용하며 기술주와 산업재 중심으로 구성됩니다. 섹터별 비중은 IT 43.1%, 산업재 41.0%, 헬스케어 13.8%이며 총 43개 종목을 보유하고 있습니다.

상위 10개 종목 비중은 64.79%로 상대적으로 집중도가 높은 편입니다. 대표 편입 종목은 엔비디아, 키엔스(Keyence: 6861.T), SMC(SMC: 6273.T), 화낙(Fanuc: 6954.T), 다이나트레이스(Dynatrace: DT), 야스카와 전기(Yaskawa Electric: 6506.T) 등으로 일본의 정밀 기계·전기 기업이 다수 포함돼 있습니다. BOTZ는 로봇산업과 제조업 자동화에 관심 있는 투자자에게 적합하며 기술주와 산업재를 동시에 포함하고 있어서 성장성과 안정성을 함께 고려한 ETF입니다.

끝으로 Dan IVES Wedbush AI Revolution ETF(IVES)는 2025년 6월 출시된 신생 ETF인데, 웨드부시 증권의 수석 애널리스트인 댄 아이브스의 〈AI 30 리서치 보고서〉를 기반으로 운용되는 일종의 액티브 펀드 상품입니다. 이 ETF는 출시 3개월 만에 운용자산 규모 7억 달러를 돌파하는 돌풍을 일으키고 있는데, AI 투자에 대한 강력한 수요와 아이브스의 브랜드 파워가 결합한 결과로 평가됩니다. 포트폴리오는 오라클, 브로드컴, 알파벳 등으로 구성된 Top 3와 함께 엔비디아, TSMC, 애플, 메타, 아마존 닷컴, 마이크로소프트 등 초대형 미국 기술 기업으로 구성되어 있지만, 알리바바(Alibaba: BABA)와 바이두(Baidu: BIDU) 등 중국 AI 관련 주식도 일부 포함하고 있습니다.

2. 항공우주 및 방위산업

항공우주 및 방위산업(Aerospace & Defense) 분야에서 항공산업은 코로나19 팬데믹 종료 이후 빠르게 수요를 회복하며 투자자들의 주목을 받고 있습니다. 우주산업 역시 스페이스X(SpaceX)를 중심으로 한 저궤도 위성사업과 관련 서비스가 부각되는 가운데, 각국 정부의 방위 전략과 맞물려 위성 수요가 증가하고 있어 장기적인 테마로 분류할 수 있습니다.

그러나 현재 시장에서 가장 뜨거운 관심을 받는 분야는 단연 방위산업입니다. 2022년 러시아-우크라이나 전쟁으로 시작된 지정학적 불안이 여전히 진행 중인 가운데, 이스라엘-하마스 분쟁, 중국과 대만 간 긴장, 동중국해 갈등 등 전 세계적으로도 지정학적 위험이 증가한 상황입니다.

따라서 방위산업에 대한 높은 관심은 단기적인 유행이 아니라 중·장기적으로 지속될 가능성이 높습니다.

항공산업 - 항공과 항공기 수요의 선순환

글로벌 항공 여객 수요는 2020년 코로나19 팬데믹 충격으로 인해 무려 60~65%나 급감했습니다. 그러나 다행히도 이듬해인 2021년부터 빠르게 반등하기 시작했고, 팬데믹이 사실상 종료된 2023년 이후에도 가파른 성장세를 지속해 2024년에는 팬데믹 이전 수준을 완전히 회복했습니다.

국제공항협의회(Airport Council International, ACI)의 추정에 따르면 팬데믹 직전인 2019년을 기준으로 항공 수요를 100으로 설정했을 때, 2024년에는 그 수치가 104에 이른 것으로 추정되어 팬데믹 이전 수준을 완전히 넘어선 것으로 평가됩니다.

향후 항공 여객 수요는 2028년까지 4년간 연평균 5.53%의 성장세

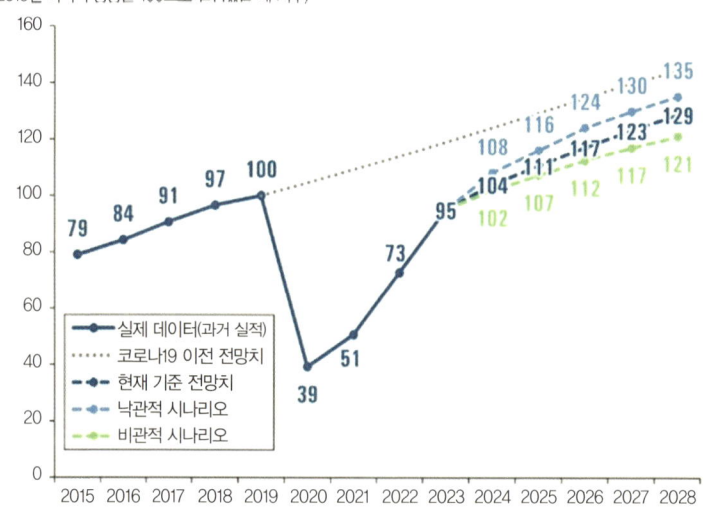

〈그림 4-10〉 글로벌 항공 여행 추이 및 전망

(2019년 여객 수송량을 100으로 설정했을 때 지수)

주: 기준 연도는 2019년으로 계산
출처: 〈세계 공항 교통량 예측(World Airport Traffic Forecasts)〉, ACI

한 권으로 끝내는 미국 ETF 투자

를 이어갈 것으로 예상됩니다(기본 시나리오 기준). 낙관적인 전망에서는 연 6.74%, 비관적인 전망에서는 연 3.86%의 성장이 예측되고 있어서 어떠한 시나리오하에서도 항공산업의 회복은 꾸준할 것으로 기대되고 있습니다.

한편 국제 여객 수요의 빠른 회복은 민간 항공기 수요를 자극하고 있어 여객 수요와 항공기 수요의 선순환이 진행되고 있습니다. 여기에 2029년 이후 노후화된 항공기의 퇴역이 대규모로 진행될 전망이어서 교체 수요도 큰 폭으로 늘어날 전망입니다.

실제로 보잉(Boeing)과 에어버스(Airbus)의 수주잔고는 2021년 이후 꾸준히 증가하고 있습니다. 특히 2023년에는 신규 주문이 인도량을 크게 초과하며 수주잔고가 급증한 상황입니다.

이로 인해 2025~2026년 동안 새롭게 제작된 항공기의 인도량이 늘더라도, 기존 수주 물량을 모두 소화하려면 상당한 시간이 필요할 것으로 보입니다. 2024년 말 기준 보잉의 수주잔고는 5,499대, 에어버스는 8,658대입니다. 합산하면 14,157대로 두 기업의 2024년 인도량 기준 11년치 매출에 해당합니다.

한편 에어버스는 앞으로 20년간 43,360대의 신규 항공기 인도를 예상하고 있습니다. 이 중 여객기는 40,850대, 화물기는 2,510대입니다.

〈표 4-2〉 대표 민간 항공 기업의 2024년 항공기 주문, 인도 및 잔고

	보잉	에어버스	양사 합계
신규 주문(New Order)	569대	878대	1,447대
인도량(Deliveries)	561대	766대	1,327대
수주잔고(Backlog, Units)	5,499대	8,658대	14,157대

출처: 보잉, 에어버스 외 〈비즈니스 인사이더〉, 〈로이터〉 등 미디어

〈그림 4-11〉 2020~2042년 신규 항공 여객기 수요 전망

(대)

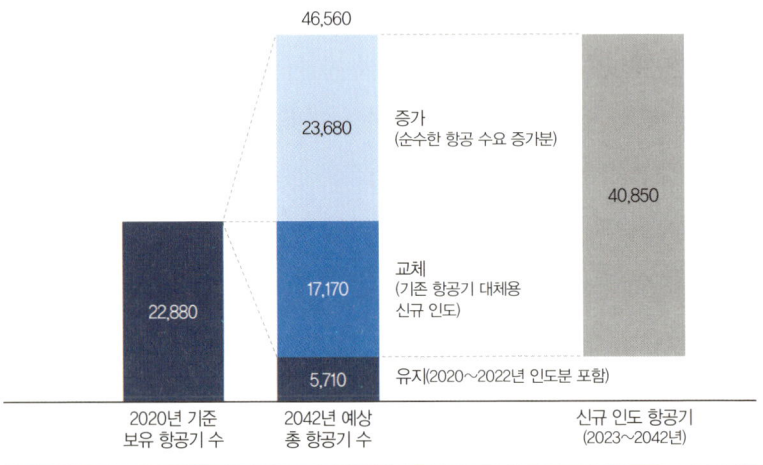

출처: 에어버스

보잉 역시 같은 기간 화물기 925대를 포함해 총 42,595대의 상업용 제트기 수요를 전망하고 있습니다. 이는 양사의 2024년 인도량을 기준으로 50% 이상 증가한 매출이 20년간 지속될 수 있음을 의미합니다.

우주산업 - 국가 차원의 치열한 경쟁

우주산업은 민간 기업뿐 아니라 각국 정부가 직접 나서는 국가 전략 산업으로 자리잡고 있어 구조적 특성상 앞으로도 장기간 시장의 큰 관심을 받을 가능성이 높습니다.

국가 차원에서의 우주 개발 경쟁은 과거 미국과 소련의 대결에서 현재는 미국과 중국의 구도로 바뀌며 더욱 가속화되고 있습니다. 특히 극초음속 미사일 같은 무기 체계의 발전과 우주 기술의 진보로 안보

한 권으로 끝내는 미국 ETF 투자

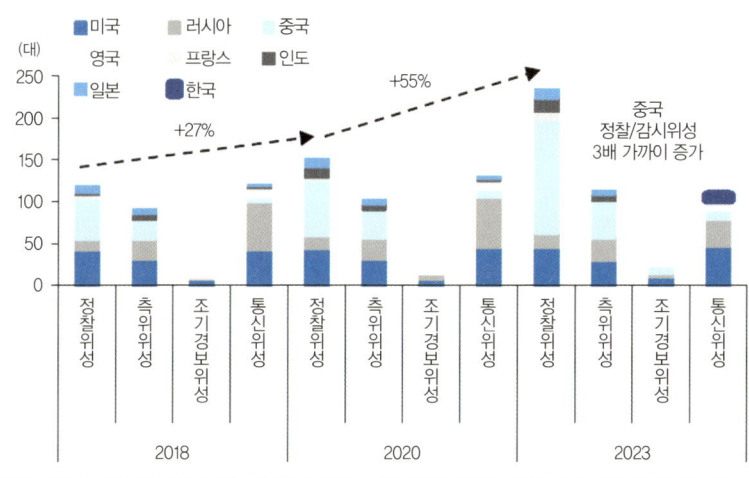

〈그림 4-12〉 주요 국가별 군 위성 수 변화

출처: 산업 자료, 유진투자증권

의 무대가 지상에서 우주로 확대되며 군사위성과 관련된 막대한 투자
자 진행되고 있습니다.

　좀 더 구체적으로 주요 국가들은 정찰 위성 발사로 '우주 감시 정찰'
역량을 확보하는 데 집중할 뿐만 아니라 장기적으로는 우주 전투력을
극대화하는 방향으로 나아가고 있습니다. 여기에는 C4ISR[지휘, 통제,
통신, 컴퓨터(Command, Control, Communications, Computers)의 4개 C와
정보(Intelligence), 감시 및 정찰(Surveillance & Reconnaissance)] 능력에 더
해서 우주 전투력 투사(우주에서 지상 공격, 대우주 방어 능력), ASAT(An-
ti-satellite, 지상이나 전투기에서 미사일, 레이저 등을 발사해 전략 위성을 파괴
하는 인공위성 요격 무기 시스템), 우주 모빌리티(발사체, 우주 수송선) 등에
서의 다양한 역량 강화가 핵심이 될 전망입니다.

　우주 연구 분야의 비영리 싱크탱크인 미국의 시큐어월드파운데이
션(Secure World Foundation, SWF)의 분석에 따르면, 2024년 기준 미국,

〈그림 4-13〉 국가별 우주 전투 능력

국가별 우주 전투 능력 평가 2024년 평가 기준

분야별 기술 수준을 상●(뛰어난 능력 보유), 중●(일부 능력 보유), 하●(미보유)로 평가

부문	미국	러시아	중국	인도	이스라엘
지상에서 저궤도 위성 공격	중	●	상	●	하
지상에서 중궤도·정지궤도 위성 공격	●	●	●	●	●
동일 궤도상 저궤도 인공 위성 공격 (우주 공간에서 직접 충돌)	●	●	●	●	●
동일 궤도상 중궤도·정지궤도 인공위성 공격	●	●	●	●	●

국가별 우주 전투 능력 평가 2024년 평가 기준

분야별 기술 수준을 상●(뛰어난 능력 보유), 중●(일부 능력 보유), 하●(미보유)로 평가

부문	미국	러시아	중국	인도	이스라엘
직접 에너지(레이저·전파 등) 공격	●	●	●	●	●
전자전(위성항법장치(GPS) 교란 등)	●	●	●	●	●
우주 상황 감시	●	●	●	●	●

※위성의 궤도는 높이(고도)에 따라 저궤도(250~2000km), 중궤도(2000~3만6000km), 정지궤도(3만6000km), 고궤도(3만6000km 이상)로 구분 자료·시큐어 월드 파운데이션

주: 시큐어월드파운데이션, 〈조선일보〉 기사(2025년 1월 15일자) 재인용

중국, 러시아, 인도는 ASAT 능력을 모두 보유하고 있는데, 이 중에서 중국은 지상 기반 저궤도 위성 공격 능력, 러시아는 우주 공간에서 직접 충돌하는 저궤도 위성 간 공격 능력에서 강점을 가진 것으로 나타났습니다.

물론 이러한 분석은 절대적인 기준이 아닐 수 있습니다. 그러나 미국이 우주 방위력에서 우위를 확보하기 위한 지속적인 대규모 전략투자의 필요성이 커진 상황임은 분명합니다. 실제로 트럼프 대통령은 2025년 3월 의회 연설에서 '미국판 아이언 돔'이라 불리는 우주 기반 미사일 방어 체계 '골든 돔(Golden Dome)'의 필요성을 강조하기도 했습니다.

민간 기업들도 우주산업 투자에 적극 나서고 있으며, 특히 저궤도 위성사업이 핵심 분야로 부각되고 있습니다.

대표 사례는 테슬라의 CEO 머스크가 대주주(지분율 54%)로 있는

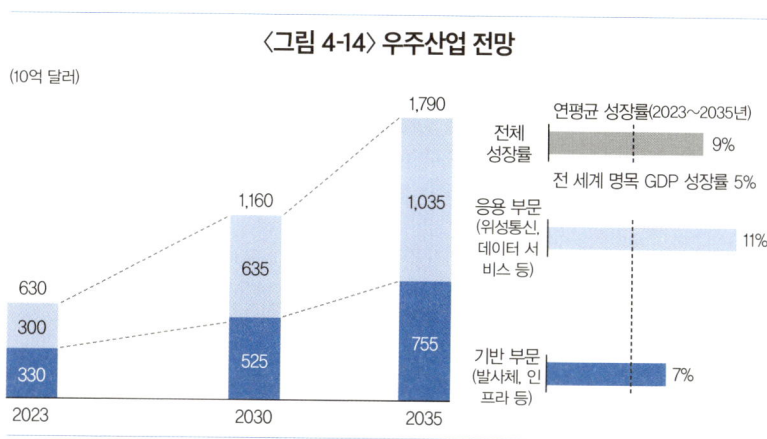

〈그림 4-14〉 우주산업 전망

(10억 달러)

출처: 우주 경제 미래 연구(Future of Space Economy research), 맥킨지컴퍼니 재인용

스페이스X의 '스타링크' 사업입니다. 2024년 초 기준으로 스페이스X는 약 6,000개의 저궤도 위성을 운영 중이며, 2030년까지 12,000개 위성으로 대규모 집합체를 구축하고, 궁극적으로는 42,000개의 위성망을 구축할 계획입니다.

아마존도 자회사 카이퍼 시스템(Kuiper Systems LLC)을 통해 저궤도 위성사업에 뛰어들었습니다. 이 회사는 미국 연방통신위원회(Federal Communication Commission, FCC)로부터 약 1,500개의 위성 발사 승인을 받았으며, 2029년까지 총 3,236개의 위성을 발사할 예정입니다.

이처럼 저궤도 위성 산업이 확대되면서, 저궤도 운용사업 주체뿐만 아니라 장기간에 걸쳐 발사체, 통신 장비, 위성 안테나를 포함한 관련 산업 전반에 광범위한 영향을 미칠 것으로 전망됩니다.

이와 관련해 맥킨지컴퍼니(McKinsey & Company)는 2023년 기준 글로벌 우주경제 규모를 약 6,300억 달러로 추산하며, 향후 연평균 9% 이상 성장해 2035년에는 1조 7,900억 달러에 이를 것으로 내다보고 있습니다.

특히 글로벌 우주 경제 중 기반시설 및 서비스 응용 부문(위성, 발사 장치, GPS 서비스 등)의 성장은 연 7% 수준의 성장률을 보이는 반면, 상업화 응용 기술 분야는 11% 이상 성장할 것으로 예상되어 앞으로 우주산업의 성장을 소프트웨어와 서비스가 주도할 것으로 전망됩니다.

세계적인 회계 및 컨설팅 기관인 프라이스워터하우스쿠퍼스(Price-waterhouseCoopers, PwC) 역시 소형 위성 네트워크 등 우주 관련 분야의 수요가 빠르게 증가하며 향후 10년 내 연간 1.5조 달러 규모의 시장이 형성될 것으로 예측하고 있습니다.

방위산업 - 오랜 기간 시장을 주도할 장기 핵심 테마

우주산업이 초장기 테마라면, 방위산업은 중·장기적으로 유망하면서도 지금 가장 주목받는 테마입니다. 특히 2022년 2월 러시아의 우크라이나 침공 이후, 방위산업은 글로벌 시장에서 가장 주목받고 있는 테마입니다.

사실 2022년 2월 발발한 러시아-우크라이나 전쟁은 당초 단기전으로 예상됐습니다. 하지만 4년 가까이 장기화되면서, 위협을 느낀 주변국들은 자국 방위력 강화를 위해 본격적인 투자에 나서고 있습니다.

이 외에도 전 세계적으로 이스라엘-하마스 전쟁, 중국-대만 간 양안 갈등, 남중국해 분쟁, 중동 지역의 불안정성 등 다양한 지정학적 리스크가 존재합니다. 이러한 요소들은 방위산업의 중·장기 성장성을 뒷받침하고 있습니다.

또한 전쟁이 종료된다고 하더라도 전후 복구사업 외에도 국방력 재정비가 필수적으로 요구되기 때문에 방위산업에 대한 수요는 장기간

〈그림 4-15〉 2025년 언론에 공개된 미국-우크라이나 정상회담

지속될 수밖에 없습니다. 예를 들어 러시아의 경우 우크라이나와의 전쟁이 종료된다고 하더라도 군사력 회복에 6~10년이 걸릴 것으로 예상되고 있습니다.

유럽의 NATO(North Atlantic Treaty Organization) 주요 회원국들은 전쟁이 끝나기 전부터 무기 확충에 나서고 있으며, 이 중에서 폴란드 등은 2~3년 내로 빠른 보강이 필요하다는 입장을 밝히고 있습니다.

여기에 새로운 변수로 떠오른 사건이 2025년 3월 파국으로 끝난 트럼프 미국 대통령과 볼로디미르 젤렌스키(Volodymyr Zelensky) 우크라이나 대통령 간의 정상회담입니다.

이 회담이 언론에 공개된 뒤 유럽은 미국 중심의 기존 안보 전략에 대해 불신을 드러내며, 유럽 국가들은 독자적 방위 체제 구축을 위한 재무장 계획을 발표했습니다.

안 그래도 트럼프 대통령은 NATO 회원국의 방위비 지출이 GDP 대비 2% 수준에 불과한 점을 지속적으로 비판했는데, 이에 더해 우크

라이나 안보도 유럽이 책임지라고 압박하고 있어 재무장 이슈를 차치하더라도 유럽의 방산 지출은 큰 폭의 증가가 불가피한 상황입니다.

유럽의 독자적인 방위 체제 구축에 가장 앞장서고 있는 국가는 독일입니다. 2025년 5월 6일 취임한 프리드리히 메르츠(Friedrich Merz) 신임 총리는 국방비를 부채 한도 규정에서 예외로 인정하는 헌법 개정을 주도해 타결시켰습니다. 독일 정부는 이를 통해 2026년도 국방비 지출을 30% 이상 확대할 예정이며, 국방비를 무제한으로 쓸 수 있도록 기본법(헌법)을 개정하면서 "2029년까지 GDP의 3.5%를 직접 군사비에 지출하겠다"고 발표해 목표 시점이 6년이나 앞당겨질 전망입니다(NATO의 GDP 대비 국방비 지출 목표, 2035년 3.5%).

유럽연합(European Union, EU) 차원에서도 8,000억 유로(약 1,250조 원) 규모의 '유럽 재무장 계획'을 제안했습니다. 2025년 3월 기준 공식 합의는 이뤄지지 않았지만, 프랑스는 '프랑스 핵우산'을 유럽 전체에 확대 적용하겠다는 입장까지 내놨습니다.

이러한 흐름의 배경에는 트럼프 대통령의 일관된 주장, 즉 "NATO 회원국이 방위비를 내지 않으면 미국은 그들(유럽)을 방어하지 않겠다"는 메시지가 반영되고 있다고 볼 수 있습니다. 실제로 미국은 GDP 대비 3% 수준의 방위비를 지출 중인 반면, 유럽 국가들은 2% 방위비 지출을 2024년에서야 간신히 달성했다는 점은 꽤나 대비되는 부분입니다.

여기에서 주목해야 할 것은 EU가 유럽의 군비 지출 확대를 통한 재무장 과정에서 '바이 유러피안(Buy European, 유럽산 구매)' 정책을 우선하겠다고 예고한 것입니다. 특히 총 예산 8,000억 유로 가운데 무기 공동자금 대출금으로 직접 활용될 1,500억 유로(약 236조 원)에 대해

'유럽산 한정' 방침을 분명히 했습니다. 여기에는 영국과 노르웨이가 포함됩니다. 결국 유럽의 재무장과 방위비 증액의 함의는 유럽 방산업체들이 최대 수혜 대상이 될 것입니다.

미국도 국방 예산을 증액하며 빠른 시일 내에 1조 달러를 넘어설 것으로 예상되고 있습니다. 물론 2025년 2월 피트 헤그세스(Pete Hegseth) 미국 국방부 장관이 향후 5년간 매년 8%씩 국방 예산 삭감 계획 마련을 지시했다고 〈워싱턴포스트(The Washington Post, WP)〉가 보도한 바 있습니다.

하지만 미국 국방부는 '2026 회계연도 국방예산'을 책정하는 고위급 예산편성위원회 논의를 거쳐 2025년 6월 26일, 2026 회계연도 국방비 규모를 '1조 100억 달러' 규모로 편성했다고 공식 발표했습니다. 이는 전년 대비 약 13.4% 증가한 규모입니다.

특히 전략적으로 핵무기와 미사일 방어 현대화 예산, 일방향 공격용 드론 예산 등이 상향된 것으로 알려지고 있는데, 이는 향후 전통 무기 체계 일변도에서 드론과 미사일을 중심으로 한 새로운 무기 체계를 추가해 체질 개선에 나서겠다는 신호로 해석될 수 있습니다. 트럼프 대통령이 2025년 3월 의회 연설에서 '골든 돔(Golden Dome)'이라 불리는 새로운 미사일 방어 체계를 강조했다는 점도 이를 뒷받침합니다.

물론 전통 방산업체의 위상이 단기간에 흔들릴 가능성은 낮습니다. 록히드 마틴은 2024년 말 기준 향후 2년간 매출에 해당하는 1,610억 달러의 수주잔고를 확보하고 있으며, RTX, 노스롭 그루먼, 제너럴 다이나믹스 등 전통 방산기업의 위상이 단기간에 약화될 것으로 예상되는 상황도 아닙니다. 다만 미국의 무기 체계가 드론과 미사일 중심으로 전환된다면 이들 기업의 성장 모멘텀은 위축될 수 있습니다.

반면 새로운 기술을 보유한 기업에는 기회가 열릴 수 있습니다. 대표적인 기업이 바로 AI 기반 빅데이터 분석 기업 팔란티어(PLTR)입니다. 이 기업은 러시아-우크라이나 전쟁에서 우크라이나가 러시아 내륙 전략기지를 정밀 타격(우크라이나에서 500km가량 떨어진 러시아 내륙 공군 기지의 전략 폭격기와 석유·정유 시설 등을 정밀 타격하는 데 성공)하는 데 기여하며, 군사 전략 분야에서 주목받기 시작했습니다.

최근 팔란티어는 AI 기반의 빅데이터를 이용해 다양한 군사 전략 및 전술을 제안하는 역량을 빠르게 확대하고 있는데, 특히 방산 스타트업 안두릴(Anduril)과 함께 미국 정부 방산 입찰에 참여 중인 것으로 알려져 있습니다. 이 컨소시엄에는 머스크의 스페이스 X도 포함되어 있어 시장의 관심을 받고 있습니다.

항공우주 및 방산 관련 ETF - ITA, XAR 그리고 SHLD

2025년 초 기준 뉴욕증시에는 항공우주 및 방위산업(Aerospace & Defense)과 관련된 ETF가 총 7개 상장돼 있습니다. 이 중 대표적인 상품은 iShares US Aerospace & Defense ETF(ITA), Invesco Aerospace & Defense ETF(PPA), SPDR S&P Aerospace & Defense ETF(XAR), Global X Defense Tech ETF(SHLD)입니다.

운용자산 기준 규모가 가장 큰 ITA(2024년 말 기준 약 62억 달러)는 Dow Jones US Select Aerospace & Defense Index를 추종하며, 미국 내 항공기 제작·판매·부품, 방위산업 기업에 투자합니다. 종목별 투자 제한은 22.5%로 비교적 높습니다.

포트폴리오에서는 GE 에어로스페이스가 21%, RTX가 15%, 보잉

이 8%를 차지하며, 상위 3개 종목의 합계 비중만 45%에 달합니다. Top 10 종목의 비중도 전체의 75%에 달해, 특정 종목에 대한 투자 집중도가 매우 높은 편입니다.

PPA는 SPADE Defense Index를 추종하는 상품으로, 보안, 우주산업, 방위산업 관련 미국 기업에 투자합니다. 종목별 투자 비중은 10%로 제한되며, 주요 구성종목은 RTX, 록히드 마틴, 보잉, 제너럴 일렉트릭, 제너럴 다이나믹스, 노스롭 그루먼 등입니다. 이들 Top 10 종목에 5~8% 비중으로 고르게 분산투자되고 있습니다.

한편 SPDR S&P Aerospace & Defense ETF(XAR)는 앞선 두 ETF와는 다른 구성으로 차별성을 갖는 상품입니다. 특히 무인기, 드론 등 새로운 무기 체계에 특화된 종목이 다수 포함돼 있다는 점이 특징입니다.

Top 10 구성종목은 Kratos Defense & Security Solutions, AeroVironment, Archer Aviation, BWX Technologies, Curtiss-Wright 등을 핵심으로 포함하며, 이들 중 상당수가 무인항공, 항공 부품 관련 기업입니다. 이런 종목들의 비중은 전체의 30% 이상을 차지합니다.

반면 RTX, GE 에어로스페이스, 노스롭 그루먼, 록히드 마틴, 제너럴 다이나믹스 같은 전통 방산 대기업은 모두 Top 5 밖에 위치하며,

〈그림 4-16〉 SPDR S&P Aerospace & Defense ETF(XAR)의 주요 투자 종목

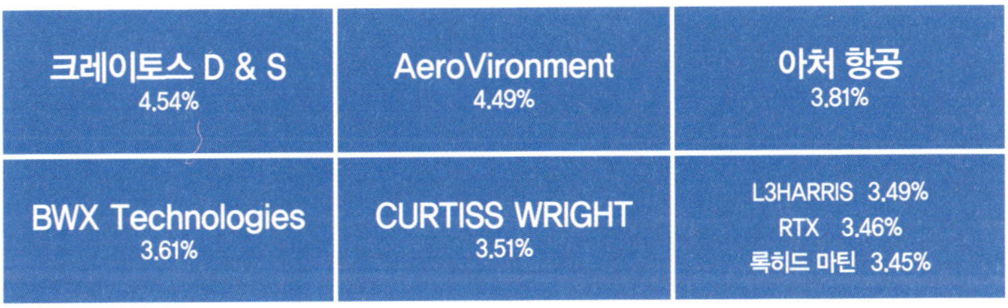

크레이토스 D & S 4.54%	AeroVironment 4.49%	아처 항공 3.81%
BWX Technologies 3.61%	CURTISS WRIGHT 3.51%	L3HARRIS 3.49% RTX 3.46% 록히드 마틴 3.45%

주: 2025년 9월 말 기준
출처: 펀드 홈페이지, 토마스리서치

개별 비중도 약 3% 수준에 그칩니다.

2024년 말 기준 운용자산은 약 26억 달러로, 방산 ETF 가운데서 규모는 세 번째입니다. 연간 운용보수는 0.35%로 ITA(0.40%)와 PPA(0.57%)에 비해 상대적으로 저렴합니다.

ETF 평가기관인 모닝스타와 리퍼 리더스 스코어카드 등으로부터도 긍정적인 평가를 받고 있어, 미국 정부의 무기 체계 변화에 주목하는 투자자에게는 유의미한 선택지가 될 수 있습니다.

하지만 2023년 9월에 출시된 신생 펀드임에도 앞서 언급한 대표적인 항공우주 및 방산 ETF보다 더 시장의 관심을 받고 있는 펀드가 있는데, 바로 Global X Defense Tech ETF(SHLD)입니다. 최근의 방위산업 흐름에 가장 잘 부합하는 펀드로 2025년 9월 말 기준 80%가 넘는 압도적인 수익률을 기록하고 있습니다.

SHLD는 각국 정부의 방위산업 예산 확장으로 인해 수혜를 받는 50개 방위산업 및 기술 관련 기업을 시가총액 기준으로 가중평균한 Global X Defense Tech Index를 추종하는 상품인데, 유럽 방산기업에 높은 비중으로 투자하고 있는 것이 특징입니다.

이 ETF의 포트폴리오 상위 10개 종목에는 독일의 대표 방산 기업

〈그림 4-17〉 Global X Defense Tech ETF(SHLD)의 주요 투자 종목

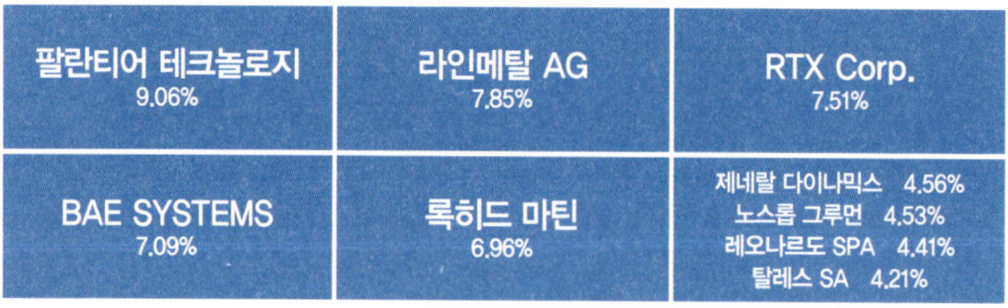

팔란티어 테크놀로지 9.06%	라인메탈 AG 7.85%	RTX Corp. 7.51%
BAE SYSTEMS 7.09%	록히드 마틴 6.96%	제네럴 다이나믹스 4.56% 노스롭 그루먼 4.53% 레오나르도 SPA 4.41% 탈레스 SA 4.21%

주: 2025년 9월 말 기준
출처: 펀드 홈페이지, 토마스리서치

한 권으로 끝내는 미국 ETF 투자

인 라인메탈(투자 비중 8%), 영국의 BAE 시스템즈(7%), 이탈리아의 레오나르도 SPA(4%), 프랑스의 탈레스(4%) 등 유럽 방산 종목이 무려 4개나 포함되어 있고, 프랑스 항공기 개발 업체인 Dassault Aviation(1% 이상)까지 감안하면 유럽 방산기업 비중이 전체 포트폴리오의 25%를 넘습니다. 또한 한국항공우주(0.97%), LIG 넥스원(0.81%), 한화 시스템(0.57%) 등 최근 주목받는 한국 방산업체도 포함하고 있다는 특징을 갖고 있습니다.

SHLD는 미국의 무기 체계 변화도 잘 반영하고 있습니다. 대표적으로 AI 기반의 빅데이터 분석 기업인 팔란티어가 9%의 높은 비중으로 투자되어 있다는 것은 기존의 여타 ETF와 대별되는 특징입니다. 이 외에도 Leidos, L3Harris, Kratos Defense, AeroVironment 등 무인항공기 중심의 방산 기술 기업에도 상대적으로 높은 비중으로 투자하고 있습니다.

다음 〈표 4-3〉은 주요 항공우주 및 방산 ETF의 2021년 이후 기간별 수익률을 정리한 것이니, 관련 ETF에 관심 있는 분들은 참고하시기 바랍니다.

〈표 4-3〉 방산 관련 ETF 수익률 비교

	2021	2022	2023	2024	2025 YTD
ITA	9.39%	9.97%	14.34%	15.82%	42.75%
PPA	7.09%	9.51%	18.41%	25.28%	34.16%
XAR	2.31%	−5.02%	23.79%	23.32%	44.91%
SHLD	−	−	−	35.03%	86.01%

주 1: iShares Aerospace and Defense ETF(ITA), Invesco Aerospace and Defense ETF(PPA), SPDR S&P Aerospace and Defense ETF(XAR), Global X Defense Tech ETF(SHLD)
주 2: YTD는 2025년 연초 이후 9월 말일까지
출처: 야후 파이낸스, 토마스리서치

3. 트럼프 2기 정부의 정책과 최대 수혜 업종 및 테마

앞서 살펴본 AI·로보틱스, 항공우주·방위산업 테마가 장기적 관점에서 유효하다면, 이번에 소개할 트럼프 2기 정부의 정책 테마는 2026~2027년까지 유효할 중기적 투자기회로 볼 수 있습니다. 트럼프 대통령의 임기(2025~2028년)와 임기 말 레임덕 가능성을 감안한 판단입니다.

트럼프 2기 정부의 핵심 과제

트럼프 2기 정부가 가장 먼저 꺼낸 정책 카드는 관세 인상입니다. 그 뒤를 이어 재정적자 축소와 규제 완화, 감세가 주요 정책으로 등장하고 있습니다.

이외에도 제조업 르네상스(Make America Great Again, MAGA) 등이 핵심 정책으로 거론됩니다.

이들 다섯 가지 정책은 다음의 두 가지 큰 방향성을 중심으로 추진되고 있습니다.

첫째, 금리 하락을 유도해 정부와 민간의 이자 부담을 줄이고, 지속 가능한 민간 중심의 경제구조를 만든다.

둘째, 규제 완화를 통해 민간 활력을 높이고, 제조업 기반을 회복해 국가 경쟁력을 강화한다.

물론 이 정책들은 독립적으로 움직이는 것이 아니라 서로 유기적으로 작동하며 궁극적으로 자국 제조업 부활과 금리·재정 안정화라는 두 가지 핵심 목표를 추구하는 구조입니다.

사실 이러한 전반적 정책 방향은 트럼프 1기 정부 때와 크게 다르지 않습니다. 다만 정책 실행의 순서에서 차이가 있는데, 이는 정부 출범 당시의 경제 상황에 맞춘 전략적 선택으로 평가됩니다.

트럼프 1기 정부(2017~2020년)에는 저물가 환경(PCE 물가지수 1.42%)을 배경으로 감세 정책을 먼저 시행한 후 2018년 하반기부터 관세 정책을 본격적으로 추진했습니다. 이는 경제를 충분히 부양한 후 경제에 부담이 될 수 있는 정책을 시행함으로써 충격을 최소화한 전략적 선택으로 평가됩니다.

하지만 트럼프 2기 정부는 높은 인플레이션과 고금리 환경으로 섣불리 감세 정책을 시행하기 어려운 상황에서 출범했습니다. 게다가 바

〈표 4-4〉 2017년 상반기 미국 주요 물가지표

	1월	2월	3월	4월	5월	6월
소비자 물가지수(CPI)	2.5%	2.7%	2.4%	2.2%	1.9%	1.6%
생산자 물가지수(PPI)	1.6%	2.2%	2.3%	2.5%	2.4%	1.9%
개인소비지출(PCE) 물가지수	1.9%	2.1%	2.0%	1.7%	1.4%	1.4%

출처: 미국 노동통계국(Bureau of Labor Statistics, BLS)

이든 정부 당시 GDP 대비 6%에 달했던 막대한 재정적자도 해결해야 할 과제로 떠안은 상태였습니다. 이로 인해 1기 때와는 달리 감세보다는 관세 인상과 재정 긴축을 우선하는 정책적 결정을 내린 것으로 보입니다.

하지만 트럼프 정부의 관세 정책은 트럼프 2기 정부의 출범 전 시장이 예상한 것보다 훨씬 더 높은 강도로 진행되고 있습니다. 특히 2025년 4월 2일 발표된 상호관세율은 시장을 충격에 빠뜨릴 정도로 고강도 정책이었습니다.

이후 4월 9일 일부 수정안이 발표돼 90일 유예와 10% 보편관세로 조정되었고, 주요 국가와 무역협상을 통해 관세율을 조정하고 있지만 과거와 비교해 크게 상승한 실효관세율로 인해 여전히 시장 전반에

〈그림 4-18〉 주요 무역 상대국 상호관세

Reciprocal Tariffs	Tariffs Charged to the U.S.A. Including Currency Manipulation and Trade Barriers	U.S.A. Discounted Reciprocal Tariffs	Reciprocal Tariffs	Tariffs Charged to the U.S.A. Including Currency Manipulation and Trade Barriers	U.S.A. Discounted Reciprocal Tariffs
Country			Country		
China: 중국	67%	34%	Peru: 페루	10%	10%
European Union: 유럽연합	39%	20%	Nicaragua: 니카라과	36%	18%
Vietnam: 베트남	90%	46%	Norway: 노르웨이	30%	15%
Taiwan: 대만	64%	32%	Costa Rica: 코스타리카	17%	10%
Japan: 일본	46%	24%	Jordan: 요르단	40%	20%
India: 인도	52%	26%	Dominican Republic: 도미니카공화국	10%	10%
South Korea: 대한민국	50%	25%	United Arab Emirates: 아랍에미리트	10%	10%
Thailand: 태국	72%	36%	New Zealand: 뉴질랜드	20%	10%
Switzerland: 스위스	61%	31%	Argentina: 아르헨티나	10%	10%
Indonesia: 인도네시아	64%	32%	Ecuador: 에콰도르	12%	10%
Malaysia: 말레이시아	47%	24%	Guatemala: 과테말라	10%	10%
Cambodia: 캄보디아	97%	49%	Honduras: 온두라스	10%	10%
United Kingdom: 영국	10%	10%	Madagascar: 마다가스카르	93%	47%
South Africa: 남아프리카	60%	30%	Myanmar: 미얀마	88%	44%
Brazil: 브라질	10%	10%	Tunisia: 튀니지	55%	28%
Bangladesh: 방글라데시	74%	37%	Kazakhstan: 카자흐스탄	54%	27%
Singapore: 싱가포르	10%	10%	Serbia: 세르비아	74%	37%
Israel: 이스라엘	33%	17%	Egypt: 이집트	10%	10%
Philippines: 필리핀	34%	17%	Saudi Arabia: 사우디아라비아	10%	10%
Chile: 칠레	10%	10%	El Salvador: 엘살바도르	10%	10%
Australia: 호주	10%	10%	Cote d Ivoire: 코트디부아르	41%	21%
Pakistan: 파키스탄	58%	29%	Laos: 라오스	95%	48%
Turkey: 튀르키예	10%	10%	Bosnia: 보스니아	74%	37%
Sri Lanka: 스리랑카	88%	44%	Trinidad and Tobago: 트리니다드토바고	12%	10%
Colombia: 콜롬비아	10%	10%	Morocco: 모로코	10%	10%

주: 2025년 4월 2일 발표
출처: 미국 백악관

큰 부담을 주고 있습니다.

특히 당초 시장은 트럼프의 관세 정책을 협상 수단으로 여겼지만, 현재는 투자·소비 결정에 충격을 줄 정도로 실효성 있는 조치로 받아들이고 있습니다. 실제 이 관세 정책은 재정적자 완화의 재원 확보 수단으로 활용될 전망인데, 향후 감세 정책 시행으로 인해 늘어날 수 있는 정부의 재정적자를 메우는 역할을 할 것으로 예상됩니다.

여기에 볼커룰(Volcker Rule, 은행 자산운용 규제책)과 같은 금융규제 완화를 통해 대형 은행들의 국채 매입을 증대시키고, 스테이블 코인 등을 통해 국채 수요를 강화시킨다면 채권 가격의 상승을 통한 시장금리 하락 효과를 동시에 볼 수 있을 것입니다.

만약 트럼프 정부에서 목표로 하는 10년물 국채 금리가 안정화된다면 정부 차원에서는 국채에 대한 이자 부담을 줄이고, 민간 부문에서는 주택 모기지 금리뿐만 아니라 자동차 할부금리 등을 모두 낮추는 효과를 기대할 수 있습니다. 실제로 30년 만기 모기지 금리는 10년물 국채 수익률에 직접적으로 영향을 받고 있습니다.

관세 정책은 또 다른 방식으로도 활용됩니다. 무엇보다도 미국 기업의 리쇼어링(reshoring)과 해외 기업의 직접투자 유인을 통해 제조업 기반 회복을 도모하는 것입니다. 실제로 TSMC, 소프트뱅크 등은 미국 내 대규모 투자를 진행 중이며, 무역협상 중인 많은 국가로부터도 대규모의 투자 약속을 받아내고 있습니다. 또한 관세는 교역국과의 협상용 지렛대로도 작용해 교역 조건 개선이나 다른 분야의 양보를 이끌어낼 수 있습니다.

이와 같이 다목적 카드로 활용할 수 있기 때문에 트럼프 정부는 출범 직후 시장의 저항에도 불구하고 관세 정책을 강하게 밀어붙이는 것입니다.

한편 규제 완화는 볼커룰 완화 같은 금융분야에만 국한되지 않고, 환경과 노동, 디지털 자산 등 전반에 걸쳐 진행될 예정입니다. 특히 전통 에너지에 대한 규제 철폐는 제조업 경쟁력 강화 및 에너지 패권 확보 차원에서 중요한 의미를 갖습니다. 트럼프 대통령이 취임과 동시에 '에너지 비상사태'를 선포하는 행정명령에 서명한 이유입니다.

트럼프가 추진하는 제조업 르네상스를 실현하려면 전력 요금을 포함한 저렴한 에너지 비용이 필수입니다. 이를 위해 천연가스와 원유 생산을 늘릴 뿐 아니라, 천연가스 수출도 재개해 에너지 가격을 안정시키며 미국 기업의 경쟁력을 높이려는 것입니다.

사실 트럼프 1기 정부는 이 전략의 효과를 이미 경험한 바 있습니다. 2017년 초 미국의 하루 원유 생산량은 880만 배럴로 사우디아라비아와 러시아에 미치지 못했으나, 전통 에너지 규제를 완화하며 2019년에는 1,300만 배럴 수준까지 급증했습니다. 결국 미국은 이를 통해 에너지 패권을 확보하는 동시에 유가를 안정시키는 데 성공했습니다.

관세와 에너지 정책 이후 트럼프 대통령이 공을 들여 추진한 것이 감세 정책입니다. 이 정책은 트럼프 2기 정부의 핵심 정책을 담고 있는 '하나의 크고 아름다운 법안(One Big Beautiful Bill Act, OBBBA)'에 잘 반영되어 있는데, 상·하원의 의결을 거쳐 2025년 7월 4일 트럼프 대통령의 서명으로 발효되었습니다.

이를 통해 2025년 만료 예정인 트럼프 1기의 '감세와 일자리법'을 연장하게 됨으로써 35%에서 21%로 낮아진 법인세가 유지될 뿐 아니라 초과 노동 및 팁 면세 등과 같은 개인 소득세 감면 조치가 추가로

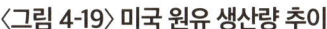

〈그림 4-19〉 미국 원유 생산량 추이

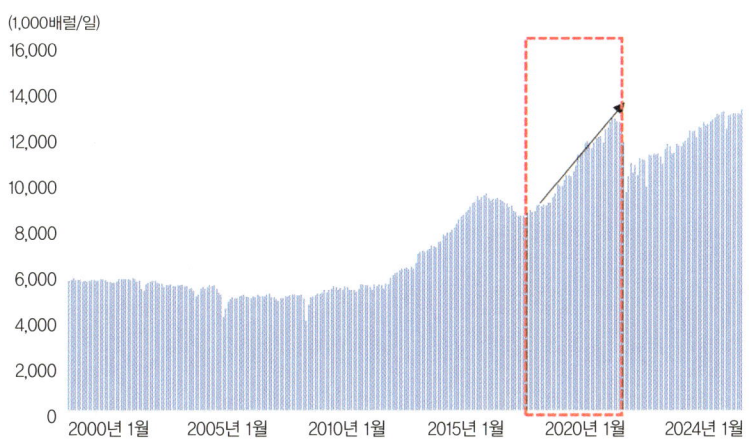

출처: 미국 에너지정보청(Energy Information Administration, EIA)

〈그림 4-20〉 미국 원유 생산량 추이와 국제 유가 동향

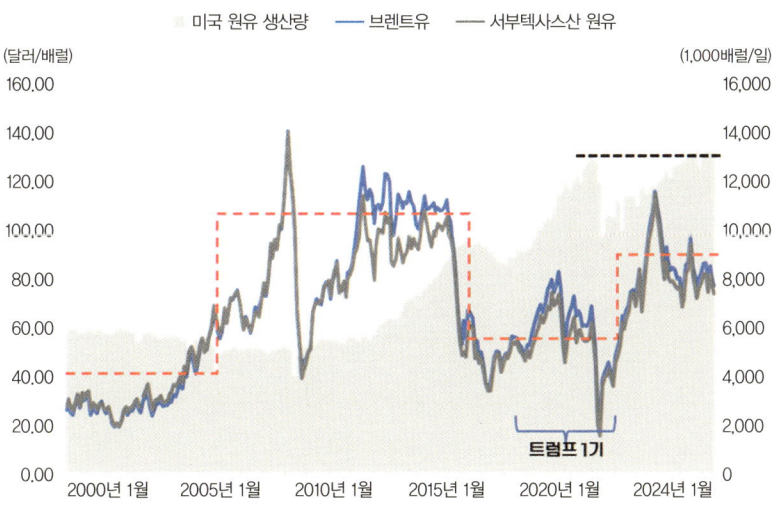

출처: EIA, 토마스리서치

시행되며, 연방·지방정부 세금(State And Local Tax, SALT) 공제한도도 1만 달러에서 4만 달러로 상향되었습니다.

특히 이 법안에서 눈에 띄는 것은 2029년까지 기업들이 취득하는 기계, 설비 등 적격자산에 대해 감가상각 항목으로 100% 경비 처리가 가능하도록 해 기업의 대규모 투자에 대한 부담을 크게 줄였다는 것입니다. 이에 대해 증권회사 메릴 린치(Merrill Lynch)는 법인세율을 21%에서 최대 12~15%로 인하하는 것과 같은 효과가 있을 것이며 관세 부담의 상당 부분을 상쇄할 것이라고 평가했습니다.

트럼프 정부의 친기업적 정책은 1기 정부 법인세 인하를 통해 확인된 바 있는데, 미국 국세청은 트럼프 1기 당시 법인세를 35%에서 21%로 인하한 결과 기업 자본지출이 약 30% 증가한 것으로 분석하고 있습니다.

만약 트럼프 2기 정부의 정책이 성공적으로 시행된다면 제조업의 부흥과 기업의 투자 활성화 그리고 개인의 가처분 소득 증가에 따른

<그림 4-21> 트럼프 2기 정책 진행 순서(예상)

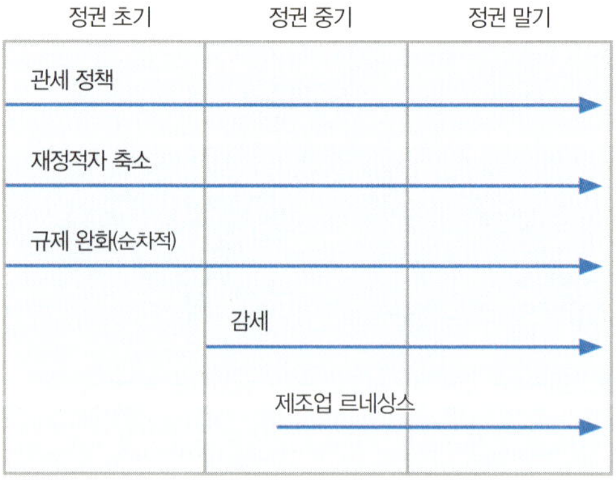

	정권 초기	정권 중기	정권 말기
관세 정책	→→→→→→→→→→→→→→→→
재정적자 축소	→→→→→→→→→→→→→→→→
규제 완화(순차적)	→→→→→→→→→→→→→→→→
감세		→→→→→→→→→→
제조업 르네상스		→→→→→→→→→→

출처: 토마스리서치

소비 증대를 통해 경제성장 달성이라는 퍼즐을 완성하게 될 것입니다.

트럼프 2기 정책과 연관된 네 가지 테마와 관련 ETF

물론 트럼프 정부가 관세 정책을 성공적으로 마무리하고, 재정적자를 축소하며, 감세와 규제 완화라는 목표를 이룰 수 있다고 낙관할 수만은 없습니다. 재정정책이나 경제정책은 진행 과정에서 많은 난관과 변수가 존재하기 때문입니다. 따라서 지속적인 모니터링과 분석 등을 통해 투자위험을 낮추는 노력이 병행되어야 할 것입니다.

지금부터는 트럼프 2기 정책의 수혜가 예상되는 네 가지 테마를 중심으로 핵심 정책의 영향과 투자자들이 관심을 가질 만한 관련 ETF를 살펴보도록 하겠습니다.

국채 금리 완화 - 가치 상승이 기대되는 장기국채

국채 금리는 인플레이션과 고용을 포함한 경기상황 그리고 재정 충당을 위해 발행되는 국채 공급 물량에 영향을 받습니다. 특히 인플레이션과 고용을 핵심 지표로 한 연방준비제도(연준)의 기준금리 결정에 결정적인 영향을 받습니다.

미국 국채는 초단기부터 30년 이상 초장기까지 다양한 형태로 발행되지만 이 중에서 10년 만기 국채가 가장 유동성이 높은 데다, 모기지(주택담보대출), 회사채, 자동차 대출 등 다양한 금융 상품 이자율의 벤치마크로 사용되고 있어 가장 중요합니다. 베센트 재무장관이 트럼프 정부의 목표는 10년 만기 국채 금리를 안정시키는 것이라고 언급한 것, 과거 단기물 중심으로 국채를 발행했던 재닛 옐런(Janet Yellen) 전장관을 비난했던 베센트 재무장관이 국채 발행을 단기물 중심으로 운영해 10년물의 공급 부담을 줄이고 있는 것도 모두 이런 이유 때문입니다.

이러한 정책적 목표에도 불구하고 10년 만기 국채의 수익률은 트럼프 2기 정부의 출범 이후 좀처럼 하향 안정화되지 못하고 꽤 오랜 기간(2024년 11월~2025년 8월) 지속적인 등락을 거듭했습니다. 실제 2025년 1월, 예고된 트럼프 정부의 관세 정책에 따른 인플레이션 우려로 인해 10년물 수익률은 4.8%까지 상승했다가 이후 경기 둔화 우려가 부각되며 3월에는 4.2% 전후까지 하락했습니다.

4월 상호관세 발표 이후에는 미국 채권시장에 대한 신뢰도 추락으로 급등했던 금리가 미 정부의 진화 노력으로 다시 안정되는 등 단기 급등락 상황이 반복되었습니다. 그 이후에도 인플레이션 우려와 고용 우려가 팽팽하게 맞서며 금리는 미 정부에서 원하는 4% 이하로 하향 안정화되지 못하는 모습을 지속했습니다.

한편 8월 이후 기준 금리에 영향을 미치는 거시 환경의 변화가 발생합니다. 특히 9월 이후 고용 부문의 이상이 심각해지면서 이를 감지한 연준이 9월 연방공개시장위원회(Federal Open Market Committee, FOMC) 회의에서 금리 인하를 단행하는 등 금리 인하 사이클이 재개되면서 10년 만기 국채 수익률은 4% 수준으로 빠르게 하락한 상황입니다. 물론 향후 경기에 대한 불확실성으로 채권의 수익률 곡선(Yield Curve)이 가팔라지는 스티프닝(Steepening) 현상이 나타나 아직 장기국채에 해당하는 10년물 국채 수익률의 하향 안정의 속도와 폭에 대한 확신은 어려운 상황입니다.

하지만 이런 '수익률 곡선 스티프닝' 현상에도 불구하고 지금까지

〈그림 4-22〉 10년 만기 국채 수익률 최근 1년 추세(주봉)

출처: investing.com, 토마스리서치

처럼 관세로 인한 인플레이션이 심각하지 않고, 고용 문제가 지속된다면 연준은 2025년 9월, 10월에 이어 12월에도 연이은 금리 인하 결정이 불가피하며, 이런 분위기가 2026년 상반기까지 지속될 경우 10년 만기 국채 수익률의 3%대 진입은 필연적일 수밖에 없을 전망입니다.

만약 이 시나리오가 현실화된다면 장기국채 ETF와 관련해 4.0~4.5%에서 상당기간 유효한 것으로 평가되었던 '스윙 전략'은 더 이상 의미가 없으며, 2026년 상반기까지 100bp 전후의 금리 인하를 전제로 한 '장기국채 ETF 매수&보유' 전략으로 대응하는 것이 바람직해 보입니다.

미 장기국채는 일반적으로 미국 재무부가 발행한 만기가 10년 이상(초장기국채는 만기 20년 이상)인 국채(Treasury Bond)를 말합니다. 만기가 10년 이상 남아 있기 때문에 금리 변화에 따른 가치 변동이 크다는 특징을 갖고 있습니다. 금리는 채권 가치 결정에서 할인율로 작용하기 때문에 하락 시 채권 가치가 상승하며, 만기가 길수록 채권 가치가 금리변화에 민감하게 반응합니다. 따라서 국채 금리가 하락할 때 장기국채를 매수하면 이자수익과 함께 기대 이상의 자본차익을 기대할 수 있습니다.

반면 초단기국채는 주로 T-Bill(Treasury Bill)을 의미하며 짧은 만기로 인해 금리 변동에 따른 채권 가치의 영향이 거의 없습니다. 하지만 2025년 상반기 기준 연간 4.2~4.3%의 안정적인 이자수익을 기대할 수 있습니다. 주식시장이 고평가되었다고 판단한 버핏이 2024년 보유하던 애플 주식의 3분의 2와 뱅크 오브 아메리카 같은 은행주를 대거 처분하고 초단기국채인 T-Bill을 집중적으로 매수한 이유도 가치 변동 위험을 최소화하고 안정적 현금흐름을 확보하기 위한 것입니다.

장기국채 ETF로는 다음과 같은 상품이 대표적입니다.

▸ iShares 20+ Year Treasury Bond ETF(TLT): 잔존 만기 20년 이상 국채로 구성

▸ Vanguard Long-Term Treasury ETF(VGLT): 잔존 만기 20년 이상 국채로 구성

▸ SPDR Portfolio Long Term Treasury ETF(SPTL): 잔존 만기 10년 이상 국채로 구성

▸ iShares 10-20 Year Treasury Bond ETF(TLH): 잔존 만기 10~20년 국채로 구성

운용자산은 TLT가 가장 크지만, VGLT는 연간 보수비용이 0.03%로 TLT(0.15%)보다 훨씬 낮아 비용 측면에서 유리합니다. 둘 다 잔존 만기 20년 이상 국채에 투자해 수익 구조는 유사합니다.

SPTL과 TLH는 잔존 만기 10년 이상 국채에 투자하는 상품으로, 금리에 대한 민감도는 상대적으로 다소 낮습니다. 금리 하락 시 수익률 극대화를 노린다면 VGLT나 TLT가 더 적합합니다.

초단기국채 ETF로는 다음 두 가지가 대표적입니다.

▸ SPDR Bloomberg 1-3 Month T-Bill ETF(BILL): 운용보수 0.14%

▸iShare 0-3 Month Treasury Bond ETF(SGOV): 운용보수 0.09%

운용자산은 큰 차이가 없으며 만기 3개월 미만 국채에 투자한다는 점에서 유사하지만, 비용적인 측면에서는 SGOV가 더 효율적(연간 운용보수 BIL 0.14%, SGOV 0.09%)이라 할 수 있습니다.

전통 에너지 규제 완화 - 생산 증대 수혜가 기대되는 에너지 인프라 업종

트럼프 2기 정부는 취임 직후 '에너지 비상사태'를 선포하며 천연가스 및 원유 개발과 생산 규제를 대폭 완화했습니다. 전통 에너지의 공급을 확대해 에너지 가격을 낮추고 에너지 패권을 공고히 하겠다는 강력한 의지를 밝힌 것입니다.

물론 에너지 증산은 유가가 생산 원가를 상회해야 가능한데, 미국 셰일유전이 밀집한 퍼미안(Permian) 분지 기준으로 국제 유가가 배럴당 60달러 중반 이상이 되야 추가 생산이 가능합니다(60달러 중반대가 BEP). 따라서 트럼프 정부가 바라는 대규모 증산을 실현하려면 배럴당 70달러 초중반 이상의 유가가 유지돼야 합니다.

그러나 현재 국제 유가는 오히려 하방 압력을 받고 있습니다. 고율 관세로 인한 글로벌 경기 침체로 수요가 둔화될 것으로 예상되는 데다, 2025년 4~9월까지 진행되는 OPEC+ 증산의 여파로 최근 2년간 누려 왔던 220만 배럴 감산효과가 완전히 사라지기 때문입니다.

이처럼 원유 증산은 다소 불투명한 반면 천연가스 증산과 수출 확대는 충분히 기대할 수 있는 부분입니다. 트럼프 대통령은 취임 직후 '에너지 비상사태'를 선언하며 바이든 정부 때 금지되었던 연안 지역 천연가스 개발 및 수출을 가능케 한 데다, 관세라는 지렛대로 유럽과

아시아 국가들에 미국산 LNG 수입을 압박하고 있기 때문입니다.

실제로 관세 협상에서 EU는 미국의 에너지를 3년간 7,500억 달러 수입하기로 해, 원유 증산은 제한적인 반면 LNG 생산 확대 가능성은 충분합니다. 일본도 미국산 LNG 수입을 약속한 상태이고, 우리나라 역시 최근 관세 협상에서 향후 3년 6개월 간 1,000억 달러 규모의 미국산 LNG를 수입하기로 한 것(2025년 8월 기준)으로 알려져 있습니다.

이를 위해 미국 천연가스는 텍사스 및 루이지애나주 걸프 코스트를 중심으로 증산이 진행되고 있으며, 트럼프 대통령이 우리나라와 일본을 참여시킨 450억 달러 규모의 알래스카 LNG 프로젝트를 진행하기로 결정해 트럼프 2기 정부 기간 중 천연가스의 생산량이 큰 폭으로 늘어날 전망입니다.

따라서 자연스럽게 천연가스 파이프라인을 중심으로 에너지 인프라 기업의 수혜가 예상되고 있습니다. 뉴욕증시에 상장되어 거래되는 대표적인 미국 에너지 인프라 ETF는 다음과 같습니다.

- ▸ First Trust North America Energy Infrastructure Fund(EMLP)
- ▸ Global X MLP & Energy Infrastructure ETF(MLPX)
- ▸ Tortoise North American Pipeline Fund(TPYP)

이들은 에너지 관련 ETF지만 모두 PTP 과세 대상이 아닌 펀드 상품들이기 때문에 투자에 부담이 없으며, 천연가스 파이프라인 기업 및 관련 MLP(Master Limited Partnership)의 비중이 높아 미국의 천연가스 생산 및 수출 확대의 수혜를 기대할 수 있습니다.

운용자산 규모는 EMLP가 가장 크지만 연간 운용보수가 0.96%로

MLPX(0.45%)와 TPYP(0.40%) 대비 높습니다. 기간별 수익률은 단기 수익률에서 EMLP가 높은 반면 중·장기수익률에서는 MLPX와 TPYP가 앞서고 있습니다.

MLPX와 TPYP는 연간 보수비용에서 큰 차이가 없을 뿐 아니라 포트폴리오의 주요 구성종목도 비슷해 단기뿐만 아니라 중·장기수익률에서 큰 차이를 보이지 않습니다. 다만 TPYP의 경우 운용자산 규모가 작아 2025년 기준 일일 거래대금이 원화 기준 15~20억 원 수준에 불과해 매매와 관련된 유동성 측면에서 주의가 필요합니다.

규제 완화 - 직·간접적으로 수혜가 예상되는 은행업

은행 업종은 고금리와 낙관적인 경제 전망 그리고 정부의 규제 완화 기대 속에서 수혜 업종으로 꼽혀 왔습니다.

하지만 2025년 4월 트럼프 정부의 '해방의 날'로 명명된 상호관세 발표 전후로는 경기 둔화 우려와 채권시장의 불안으로 인해 부진을 면치 못했습니다. 특히 많은 기업이 대규모 투자를 미뤄 당초 이 업종에 대한 기대가 급격히 감소했습니다. 2024년 4분기 대형 은행들의 실적에서 언더라이팅 수익(인수합병, IPO 등)이 외형 성장에 핵심적으로 기여했다는 점을 감안하면 향후 경기 둔화 속에서 이 같은 성장 동력도 지속될 수 있을지 불확실했기 때문입니다.

다행히도 대규모 상호관세 부과가 90일간 유예된 4월 중순 이후 뉴욕증시가 회복세를 보이면서 투자은행도 회복세를 보이고 있는 상황입니다. 특히 기업 인수합병(M&A)이 2025년 하반기 들어서 빠른 회복세를 보이고 있는데, 골드만 삭스는 2025년 9월 말 기준 M&A 규모가 1조 달러를 넘어섰다고 추정한 바 있습니다. 이는 2024년 대비

29% 성장한 것입니다.

여기에 향후 은행의 자기자본 및 차입금을 활용한 고위험 자산(주식, 채권, 파생상품) 투자 금지 규정이자 헤지펀드 및 사모펀드에 대한 투자를 제한하는 '볼커룰' 완화가 수익 확대의 또 다른 기회가 될 수 있습니다. 은행 업종에는 긍정적 상황입니다.

그럼에도 은행 업종이 트럼프 정부의 본격적인 수혜를 받는 시점은 트럼프 정부의 중반기 이후, 즉 관세 충격이 어느 정도 해소되고 감세와 규제 완화가 효과를 발휘하는 2026년 이후가 될 가능성이 큽니다. 물론 관세 충격의 정도, 트럼프 정부의 감세와 규제 완화로 인한 경기부양의 가능성을 확인하며 신중하게 접근할 필요가 있겠습니다.

금융 업종 전반이 아니라 은행 업종에 집중투자하는 ETF로는 다음이 대표적입니다.

▸ SPDR S&P Regional Banking ETF(KRE): 운용자산 37.5억 달러

▸ Invesco KBW Bank ETF(KBWB): 운용자산 55.7억 달러

이 중 KRE는 지방은행에, KBWB는 대형 시중은행 및 투자은행(JP모건, 웰스파고, 뱅크 오브 아메리카, 씨티, 골드만 삭스, 모건스탠리 등)에 투자합니다. 두 상품 모두 연간 보수비용은 0.35%로 동일합니다.

그러나 2022년 실리콘밸리은행(Silicon Vally Bank, SVB) 파산 사례처럼 과거 지방은행의 재정건전성에 대해서는 우려가 여전하고, 이러한 잠재적 위험이 완전히 해소된 것이 아님을 감안한다면 대형 은행 중심의 KBWB가 안전한 선택입니다.

제조업 르네상스 - 내수 중심의 제조업

트럼프 정부의 관세, 규제 완화, 감세 정책은 모두 미국 제조업의 부흥을 목표로 하고 있습니다. 제조업 르네상스는 트럼프 정부의 강한 의지가 담긴 핵심 정책이자 '미국을 다시 위대하게(MAGA)'라는 슬로건과도 맞닿아 있습니다.

트럼프 정부는 민간 부문을 활성화해 미국 경제의 활력을 되찾고자 하며, 제조업의 부활은 그 중심에 있습니다. 이는 일자리 창출과 고용 안정이라는 정책 목표와도 연결됩니다. 특히 코로나19 팬데믹을 거치며 공급망의 불안정을 경험한 미국은 제조업을 국가 안보 및 전략적 자산으로 인식하고 있습니다.

이러한 흐름에 주목하는 ETF가 바로 First Trust RBA American Industrial Renaissance ETF(AIRR)입니다. 이 펀드는 Russell 2500에 포함된 대형 및 중형주 중, 해외 매출 비중이 25%를 넘지 않는 내수 중심 기업에 투자합니다.

투자대상은 주로 상업 서비스, 건설·엔지니어링, 전기 장비, 기계, 은행 업종이며, 은행의 경우에도 미국 중서부 전통 제조업 지역(펜실베이니아, 위스콘신, 미시간, 오하이오, 일리노이, 인디애나, 아이오와) 외에 위치한 금융기관은 제외될 정도로 내수 제조업에 초점을 맞추고 있습니다.

2024년 말 기준 AIRR의 운용자산 규모는 약 29억 달러로 중·소형 ETF 중에서는 작지 않은 수준입니다. 다만 연간 보수비용이 0.70%로 높다는 점은 투자 시 고려되어야 합니다.

"첫 번째 원칙은 돈을 잃지 않는 것이고, 두 번째 원칙은 첫 번째 원칙을 잊지 않는 것이다."

– 워런 버핏

"가장 중요한 것은 돈을 잃지 않는 것이며, 그다음이 자본을 수익으로 전환하는 것이다. 결국 '위험 관리'가 핵심이며, 투자의 90%를 차지한다."

– 오크트리 캐피털(Oaktree Capital) 회장 하워드 막스(Howard Marks)

5부

ETF 선택의 기준, 수익률과 위험

수익률에 눈이 멀어 '위험'을 간과하는 순간, 투자는 투기가 됩니다

ETF 투자는 단순히 '얼마나 벌 수 있는가'가 아니라 '얼마나 위험을 줄이며 목표 수익을 달성할 수 있는가'에 대한 전략적 선택입니다.

1. ETF 투자를 위한
기본적인 체크 사항

1부와 2부에서는 ETF 개념, 명칭의 구성 방식, 미국 ETF에 투자해야 하는 이유 그리고 미국 ETF와 국내 ETF의 세금 차이에 대해 알아보았습니다. 이어서 3부와 4부에서는 뉴욕증시에 상장된 다양한 ETF를 살펴보며 2025~2026년 기준 유망한 테마 ETF를 소개했습니다.

그렇다면 이제 이 중에서 마음에 드는 ETF를 하나 골라서 바로 투자하면 될까요? 물론 가능합니다. 하지만 엄밀히 말하면 그런 결정은 합리적인 의사결정이나 투자라고 할 수는 없습니다.

성공적인 투자를 위해서는 몇 가지 사전 점검이 필요합니다. 가장 먼저 확인해야 할 것은 ETF가 정상적으로 운용되는지 여부입니다. 이를 확인하기 위해서는 '괴리율'과 '추적오차'라는 두 가지 핵심 지표를 살펴야 합니다. 그리고 그다음으로는 해당 ETF의 장기수익률과 기간별 수익 흐름을 확인해 수익의 일관성을 평가해야 합니다.

지금부터는 ETF를 투자대상으로 삼기 전에 반드시 점검해야 할 이 두 가지 기준에 대해 자세히 알아보겠습니다. 5부부터는 난이도가 다소 높아지므로, 각 개념을 천천히 이해하며 따라오시기 바랍니다.

괴리율과 추적오차

우선 핵심 개념부터 다시 한번 더 설명하겠습니다. '괴리율'은 ETF
의 순자산가치와 실제 시장 가격 사이의 차이를 의미하며 '추적오차'
는 ETF의 수익률이 벤치마크 지수를 얼마나 충실히 따라가는지 여부
를 나타내는 지표입니다.

이러한 괴리율이나 추적오차는 당초 ETF 설계 목적에서 벗어난 결
과로, 투자자에게는 위험요인이 될 수 있습니다. 이 내용은 이미 2부
2장에서도 간단히 언급한 바 있습니다. 따라서 ETF에 투자하기 전에
해당 ETF에 괴리율이나 추적오차가 있는지, 있다면 그 정도가 어느
수준이고 얼마나 지속되는지를 확인해야 합니다.

순자산가치와 실제 시장가치의 불일치에서 발생하는 괴리율은 일
반적으로 해당 ETF에 대한 매수세가 강해 시장가치가 순자산가치를
상회하는 '할증(고평가)' 상태가 되거나, 매도세가 강해 시장 가격이 순
자산가치보다 낮아지는 '할인(저평가)' 상태가 되면서 발생합니다.

여기에서 주의할 점은 그 ETF 내 종목이나 산업의 전망이 밝아서

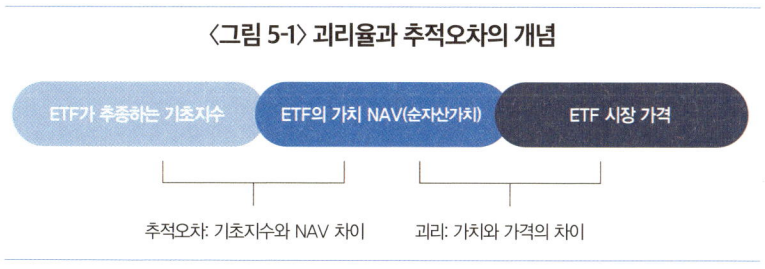

〈그림 5-1〉 괴리율과 추적오차의 개념

출처: 한국거래소

ETF가 고평가 상태에 있는 것도 아니며, 전망이 어두워서 저평가 상태가 되는 것도 아닙니다. 또한 이러한 시장가치와 순자산가치의 괴리는 기관 투자자들의 차익거래로 인해 오래 지속되지도 않습니다.

따라서 투자할 때 당시의 괴리율을 확인해서 시장가치가 순자산가치 대비 할증된 고평가 상태라면 해당 ETF 매수에 주의할 필요가 있습니다.

한편 '추적오차'는 ETF가 벤치마크 지수를 제대로 추적하지 못해서 발생하는 현상입니다. 이러한 추적오차는 일반적으로 ETF 운용 시 지수를 구성하는 모든 종목을 그대로 편입하지 않고 일부 종목만 선택해 구성하는 '부분복제법'을 쓰기 때문에 발생합니다.

부분복제법은 구성종목 전체를 편입하는 '완전복제법'보다 거래비용을 절감할 수 있어서 구성종목 수가 비교적 많은 지수를 추적하는 ETF 또는 인덱스 펀드를 운용할 때 활용되곤 합니다. 이때 편입되지 않는 종목이 급등락하는 경우 '추적오차율'이 발생하게 됩니다.

이 외에도 현금배당금 수령 시기, 종목 교체 시 발생하는 거래비용, 분배금 지급 등으로 인해 일시적인 추적오차가 생길 수도 있습니다. 그러나 만약 부분복제 전략이나 기타 구조적인 이유로 인해 '장기간' 추적오차가 지속된다면 이는 ETF가 지수 추종형 펀드라는 기본 목적을 훼손한 것입니다. 이러한 ETF는 본래의 목적에서 벗어났다고 볼 수 있으며 경계할 필요가 있습니다.

참고로 시장 수익률을 이기기 위해 의도적으로 일부 종목의 비중을 조정하는 '액티브 ETF'나 '스타일 펀드'는 애초에 벤치마크가 없거나 벤치마크를 추종하도록 설계된 것이 아니므로 추적오차의 개념이 적용되지 않습니다.

ETF의 괴리율과 추적오차는 대부분 운용사 홈페이지에서 쉽게 확인할 수 있습니다. 괴리율은 '할증/할인(Premium/Discount)'이라는 항목으로 표기되며, 별도 항목이 없더라도 시장 가격과 주당 순자산가치가 함께 제공되므로 이를 직접 비교해 확인할 수 있습니다.

〈그림 5-2〉 Vanguard S&P 500 ETF(VOO)의 괴리율과 추적오차율

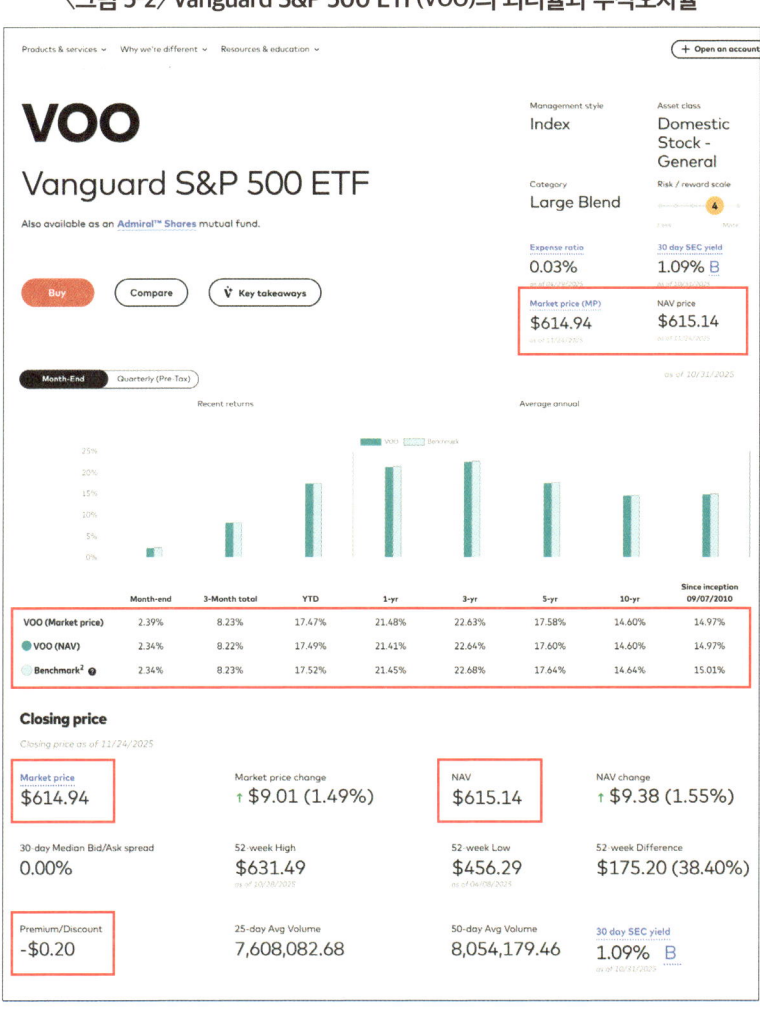

출처: Vanguard S&P 500 ETF(VOO) 홈페이지

<그림 5-3> Invesco QQQ Trust(QQQ)의 팩트 시트(Fact Sheet)

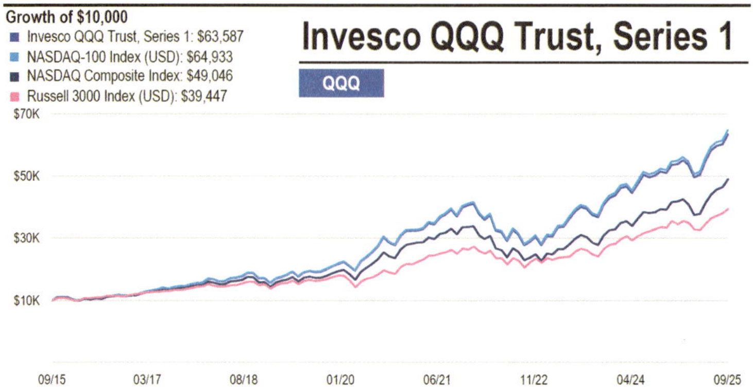

Growth of $10,000

- Invesco QQQ Trust, Series 1: $63,587
- NASDAQ-100 Index (USD): $64,933
- NASDAQ Composite Index: $49,046
- Russell 3000 Index (USD): $39,447

Invesco QQQ Trust, Series 1
QQQ

| | 09/15 | 03/17 | 08/18 | 01/20 | 06/21 | 11/22 | 04/24 | 09/25 |

Data beginning 10 years prior to the ending date of September 30, 2025. Fund performance shown at NAV.

Performance as at September 30, 2025

Performance (%)	YTD	1Y	3Y	5Y	10Y	Fund inception
ETF - NAV	17.93	23.63	31.79	17.34	20.32	10.42
ETF - Market Price	17.84	23.61	31.78	17.34	20.33	10.41
Underlying index	18.10	23.93	32.10	17.59	20.57	10.65
Benchmark[1]	17.34	24.58	28.92	15.20	17.24	8.81
Benchmark[2]	14.40	17.41	24.12	15.74	14.71	8.55

출처: 펀드 홈페이지

추적오차도 수익률 비교를 통해 어렵지 않게 확인 가능합니다. ETF의 순자산가치와 벤치마크 수익률이 함께 표기되므로, 그 차이를 확인하면 됩니다.

일반적으로 해당 펀드 홈페이지를 확인하는 것이 신뢰성과 정확성 면에서 가장 바람직하지만, 만약 용이치 않은 상황이라면 etf.com이나 야후 파이낸스, 또는 FT(Financial Times) 등의 ETF 관련 사이트를 참고할 수 있습니다.

물론 거래량이 많고 유동성이 풍부한 대형 ETF는 괴리율이나 추적오차가 크게 발생할 가능성이 낮습니다. 하지만 거래가 활발하지 않은 중·소형 ETF는 괴리율이나 추적오차가 발생할 확률이 상대적으로 높고, 그 영향이 장기화될 위험도 크므로 주의가 필요합니다. 이런 ETF

의 경우 반드시 괴리율과 추적오차율을 확인한 후 투자하는 것이 바람직합니다.

장기수익률과 수익 흐름의 일관성

수개월에서 1년 내외의 단기수익을 노리고 테마형 ETF에 투자한다면 과거의 장기수익률은 크게 중요하지 않을 수 있습니다. 이 경우 투자의 초점은 장기간 동안 일관된 수익 창출이 아니라 향후 기대되는 단기적인 모멘텀에 있기 때문입니다.

하지만 S&P 500, NASDAQ-100, Russell 2000과 같은 대표지수나 S&P 500 지수 내 업종별 ETF에 투자하려는 경우에는 장기간 안정적인 수익을 제공해 왔는지 반드시 확인해야 합니다. 특히 변동성에 민감한 보수적 투자자라면 기간별 수익률의 편차가 큰 ETF에 투자할 경우 예기치 않은 스트레스와 잘못된 매도 판단으로 이어질 수 있습니다.

예를 들어서 ETF 가격이 일시적으로 30% 하락했을 때 공포심에 매도하면 원금 회복을 위해 다음 투자에서 42.86%의 수익률이 요구됩니다. 이는 결코 쉬운 수치가 아닙니다. 특히 단순히 장기수익률이 높더라도 수익률의 일관성이 결여되면 투자자는 하락기에 손실을 확정 짓고 회복 국면을 누리지 못할 수 있습니다.

또한, 은퇴자처럼 투자자산으로부터의 수익이나 현금흐름에서 생활비를 충당하는 경우에는 수익률을 기대하며 변동성이 큰 ETF에 투자했다가 바닥권에서 자산을 소진할 위험도 있습니다. 이 경우 원금 회복은 사실상 어렵습니다.

2. 위험을 고려한 ETF 선택
- 스타일 박스 활용

ETF에 투자하기 전에는 반드시 몇 가지 핵심 기준을 검토해야 합니다. 그중에서도 괴리율과 추적오차, 장기수익률의 일관성은 투자선택의 오류를 줄이는 기본 요소입니다. 이를 무시하면 기대수익과 실제수익 간의 차이가 커지고, 나아가 의도치 않은 위험을 감수하게 될 수 있습니다. 이와 같이 선택의 오류를 줄이는 과정은 '의도하지 않은 잘못된 투자선택의 가능성'이라는 위험을 '최소화'하는 것으로, 투자결정에 있어서 반드시 수반되어야 하는 필수 요소입니다.

투자성향 이해와 선택의 조건

위험은 기대수익과 실제수익 간의 괴리로 볼 수 있습니다. 즉, 의도치 않는 상황이 우리가 최소화해야 하는 위험인 것입니다. 하지만 투자자가 고수익을 겨냥해 의도적으로 감수하는 위험은 전략적 선택일 뿐 '좋다', '나쁘다'의 판단 대상이 아닙니다. 고수익을 위해 고위험을 감수하는 투자자도 있고, 반대로 위험을 회피하기 위해 낮은 수익에 만족하는 투자자도 있습니다. 이처럼 의도된 위험 감수 여부는 옳고 그름의 문제가 아니라 개인의 성향 문제입니다.

따라서 올바른 투자자라면 투자 전에 자신이 어떤 위험을 감수할 수 있는지를 명확히 아는 것이 중요합니다. 그렇지 않으면 본인의 성향과 맞지 않는 투자선택으로 예상치 못한 손실을 볼 가능성이 커질 수 있습니다.

그래서 소크라테스의 "너 자신을 알라"는 말은 투자 세계에서도 하나의 경구가 됩니다. 다만, 투자 세계에서 '자신을 안다'는 것은 본인이 수용 가능한 위험 수준과 목표 수익률을 명확히 인지하는 것을 의미합니다.

이렇게 본인의 성향을 인지했다면 본인의 투자성향에 기반해 선택할 수 있는 주식 또는 펀드의 스타일을 정확하게 정립할 수 있습니다. 이때 활용할 수 있는 도구가 '모닝스타 스타일 박스' 입니다. 다음 절에서는 투자 ETF 선택 시 '모닝스타 스타일 박스' 활용법에 대해 본격적으로 살펴보겠습니다.

모닝스타 스타일 박스 - 전략적 선택을 위한 활용 도구

투자자 본인의 투자성향을 찾는 방법은 다양하지만, 가장 쉽고 체계적으로 확인할 수 있는 방법은 펀드 전문 평가기관인 모닝스타(Morningstar)에서 제공하는 '모닝스타 스타일 박스(Morningstar Style Box)'를 활용하는 것입니다.

모닝스타 스타일 박스는 시가총액(대형주·중형주·소형주)과 스타일

〈그림 5-4〉 모닝스타 스타일 박스

	가치	혼합	성장			가치	혼합	성장
대형주					대형주	대형주 –가치	대형주 –혼합	대형주 –성장
중형주					중형주	중형주 –가치	중형주 –혼합	중형주 –성장
소형주					소형주	소형주 –가치	소형주 –혼합	소형주 –성장

출처: 모닝스타

〈그림 5-5〉 위험 성향과 추구 수익률에 따른 모닝스타 스타일 박스

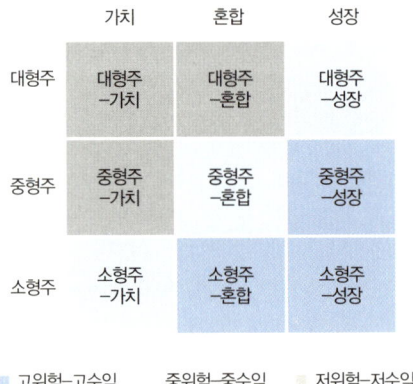

■ 고위험–고수익   중위험–중수익   저위험–저수익

출처: 모닝스타, 토마스리서치 재해석(John Wiley & Sons, Morningstar Guide to Mutual Funds 참조)

(성장주·가치주·혼합주)이라는 두 가지 축을 기준으로 구성됩니다. 이 두 축을 결합하면 〈그림 5-4〉와 같이 총 아홉 가지의 ETF 투자형태를 도출할 수 있습니다.

이러한 아홉 가지 투자형태 중 보수적인 투자자라면 '대형주–가치' 영역의 ETF를 선택하는 것이 일반적입니다. 반면, 매우 공격적인 투자자는 '소형주–성장' 영역의 ETF를 선호할 수 있습니다. 만약 성향

한 권으로 끝내는 미국 ETF 투자

이 극단적으로 공격적이지는 않지만 다소 공격적인 투자자라면 '소형주-혼합'이나 '중형주-성장' 조합을 선택할 수 있으며, 중위험-중수익을 원하는 투자자는 '대형주-성장', '중형주-혼합', '소형주-가치' 등을 투자대상으로 고려할 수 있습니다.

〈그림 5-5〉는 '모닝스타 스타일 박스'를 위험 성향과 추구하는 수익률에 따라 재분류한 것입니다.

이 그림에서 짙은 파란색 영역은 '고위험-고수익' 추구형, 옅은 파란색은 '중위험-중수익' 추구형, 회색은 '저위험-저수익' 추구형을 의미합니다. 자신의 투자성향에 맞는 스타일을 선택하면 부담해야 할 위험과 기대수익 사이의 균형을 보다 안정적으로 맞출 수 있습니다.

모닝스타 스타일 박스의 유용성과 한계

모닝스타 스타일 박스는 투자자의 위험 성향에 따라 적절한 ETF를 선택하는 데 큰 도움이 됩니다. 하지만 아무리 좋은 도구라도 제대로 사용하지 않는다면 좋은 결과를 기대할 수 없습니다.

예를 들어서 고위험-고수익형 ETF는 시장 변화에 매우 민감한데, 위험 회피 성향의 보수적인 투자자가 이런 상품을 선택했다가 큰 하락이 발생한다면 이를 견디지 못하고 바닥에서 손절할 가능성이 높습니다. 이처럼 제대로 된 의사결정을 하지 못한다면 예상치 못한 손실을 경험할 가능성이 높습니다. 투자업계에서는 결과를 알고 나면 절대 하지 않을 선택도 미래를 모르는 상태에서는 욕심에 사로잡혀 쉽게 저지르게 되는 경우가 허다합니다.

물론 모닝스타 스타일 박스는 투자 의사결정 전에만 활용할 수 있는 도구가 아닙니다. 이미 포트폴리오를 구성한 후에도 사후적 평가 및 포트폴리오 재조정을 위한 유용한 도구로 사용할 수도 있습니다.

다만 이 도구가 제시하는 구분이 절대적인 기준은 아닙니다. 소형주가 모두 위험한 투자자산은 아니며, 대형주라고 해서 무조건 안전한 것도 아닙니다. 또한, 성장주가 항상 수익이 높고, 가치주가 낮다고 단정할 수도 없습니다. 소형주라도 뛰어난 재무 구조와 안정적 주가흐름을 보일 수 있으며, 증시 상황에 따라 저평가된 가치주가 시장을 주도하며 높은 수익률을 제공하기도 합니다.

결국 스타일 박스는 빠르게 투자유형을 파악하는 데는 도움이 되지만, 위험과 수익에 대한 부정확성과 모호성 때문에 현실에서 발생할 수 있는 다양한 예외를 설명해주지는 못한다는 한계를 지닙니다.

하지만 이러한 한계에도 불구하고 모닝스타 스타일 박스가 여전히 많이 활용되는 이유는 바로 '직관성' 때문입니다.

개별 ETF의 수익률 변동성, 재무 구조, 현금흐름 등을 모두 분석하는 것은 많은 시간이 소요될 뿐만 아니라 일반 개인 투자자들이 수행하기에는 쉽지 않은 작업입니다. 반면 스타일 박스는 시가총액과 성장/가치 여부라는 두 축만으로 위험과 수익을 시각적으로 구분할 수 있어서 실용적인 판단 도구로 작용합니다.

따라서 일반 개인 투자자들이 투자를 결정해야 하는 초기 단계에서 유용한 기준을 제공해주는 정도로만 활용된다면 충분히 의미 있는 도구가 될 것입니다.

3. 위험의 측정과 최적의 투자안 선택

이제 우리는 ETF의 괴리율과 추적오차, 수익의 일관성 등을 확인하고, '모닝스타 스타일 박스'를 이용해 투자성향에 맞는 '투자 가능 펀드 상품'이라는 나만의 ETF 후보군을 구성할 수 있습니다.

이 단계는 마치 마케팅에서 다음 페이지의 〈그림 5-6〉처럼 TAM(-Total Addressable Market, 전체시장), SAM(Serviceable Available Market, 유효시장), SOM(Serviceable Obtainable Market, 수익시장) 순으로 목표 시장을 좁히는 방식과 유사하다고 할 수 있습니다.

'투자 가능 펀드 상품' 후보군을 확정했다면, 이제는 투자할 최적의 펀드(ETF)를 확정하기 위해 후보 펀드들의 '기대수익률'과 '위험'을 명확하게 파악해야 합니다. 막연히 받아들이는 '위험'의 개념을 수치로 객관화해서 규정하지 않으면 잘못된 선택으로 이어질 수 있기 때문입니다.

〈그림 5-6〉 전략적 시장의 구분

TAM
(Total Addressable Market, 전체시장)

SAM
(Serviceable Available Market, 유효시장)

SOM
(Serviceable Obtainable Market, 수익시장)

기대수익률과 표준편차

투자안 비교에 있어서 '기대수익률'은 상대적으로 명확한 개념입니다. 기대수익률은 시나리오별로 발생 가능한 수익과 그 확률을 곱해 더한 값이기 때문입니다. 이를 수식으로 표현하면 〈그림 5-7〉과 같이 표현할 수 있습니다.

당연한 이야기지만 이 기대수익률은 높을수록 선호되는데, 이렇게 되기 위해서는 높은 확률로 기대될 수 있는 수익이 커야 할 것입니다.

〈그림 5-7〉 기대수익률 수식

$$\text{기대수익률: } E(R_j) = \sum_{s=1}^{S} p_s R_{sj}$$

하지만 일반적으로 투자의 상황별 확률과 기대수익은 정규분포의 형태를 따르기 때문에 높은 확률로 높은 수익의 발생을 기대하기는 어렵습니다. 또한 개별 투자안별로는 서로 다른 형태의 정규분포의 형태를 이루기 때문에 상황별 확률과 수익의 차이가 얼마나 큰지를 확인해야 합니다.

이처럼 투자안의 상황별 확률과 수익에 차이가 있다는 것은 실제수익이 기대수익에서 벗어날 수 있는 정도의 차이와 같은 개념입니다. 이때 실제수익이 예상 수익에서 얼마나 벗어날 수 있는지를 수치로 표현한 것이 바로 변동성, 즉 '위험'입니다.

재무이론에서는 "위험은 기대수익률을 중심으로 미래의 현금흐름이나 예상 수익(또는 수익률)의 분산정도(variability)"라고 규정하고 있습니다. 따라서 위험을 '분산' 혹은 '표준편차'로 계산하며, 이는 결국 불확실성과 같은 개념으로 받아들여집니다.

예를 들어서 연간 기대수익률이 10%로 동일한 두 ETF가 있을 때, 하나는 −10%~+30% 범위에 수익률이 분포하고 다른 하나는 −40%~+60% 범위에 분포한다면 불확실성의 폭이 더 큰 후자가 훨씬 위험한 투자안이 됩니다.

이들 상품을 각각 상품 A와 B로 가정한다면 이들 두 상품의 분산정도를 〈그림 5-8〉과 같이 나타낼 수 있습니다.

10,000원을 투자했을 때 '상품 B'의 경우 기대수익은 1,000원(기대수익률 10%)입니다. 하지만 불황의 경우 최악에는 4,000원의 손실이 날 수도 있고, 호황의 경우 최상으로 6,000원의 수익이 발생할 수도 있습니다. '상품 A'도 예상 수익이 1,000원으로 '상품 B'와 동일하지만, 불황의 경우 최대 1,000원으로 손실이 제한되며, 호황의 경우 최대 수

〈그림 5-8〉상품(ETF) A와 B의 분산정도

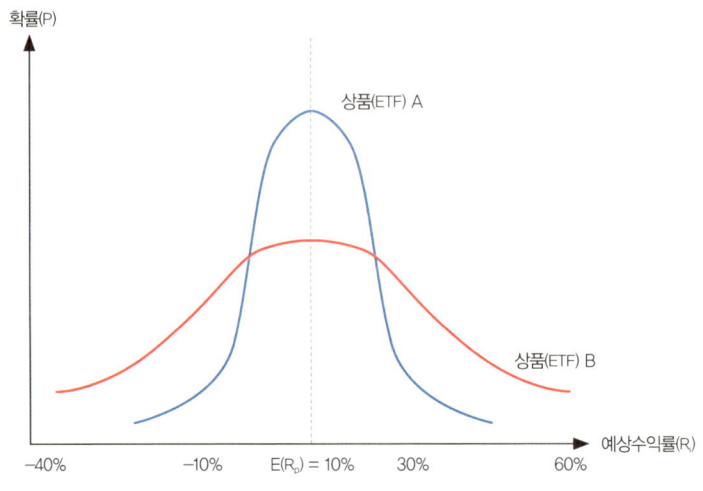

익은 3,000원까지만 가능합니다.

이와 같이 일정 수익을 중심으로 발생 가능 수익의 범위가 얼마나 넓은지는 앞서 정의한 '분산정도(variability)'로 표현할 수 있는데, 〈그림 5-8〉에서는 '상품 B'의 분산정도, 즉 위험이 '상품 A'의 분산정도와 비교해서 확연히 크다는 것을 알 수 있습니다.

만약 수익률만 보고 두 투자안을 동일하다고 평가한다면 손실의 가능성이 큰 투자안을 선택하는 우를 범할 수 있습니다. 합리적인 투자자라면 수익의 가능성뿐만 아니라 수반되는 위험의 정도도 함께 평가할 수 있어야 합니다.

앞서 언급한 바와 같이 재무 이론에서는 위험을 '분산(variance)' 또는 '표준편차(standard deviation)'라는 수치로 계산합니다. 이때 분산은 기대수익률과 실제 발생한 수익률의 차이(편차)를 제곱하고, 발생 확률을 곱해 구합니다. 분산을 구하는 산식에서 제곱을 사용하는 것은

$$분산: \quad \sigma^2(R_j) = \sum_{s=1}^{S} p_S \left[R_{Sj} - E(R_j) \right]^2$$

$$표준편차: \quad \sigma(R_j) = \sqrt{\sigma^2(R_j)}$$

수익률 간의 편차가 양수든 음수든 상관없이 그 차이 자체를 반영하기 위한 것입니다.

표준편차는 분산의 제곱근으로 산출됩니다. 분산과 표준편차는 실제로 변동성에 대한 동일한 개념이기 때문에 특별한 경우를 제외하고는 서로 구분하지 않는 것이 일반적이지만, 재무이론에서는 분산보다는 표준편차로 변동성, 즉 위험을 측정하는 것이 일반적입니다.

지금까지 설명한 수익률과 위험 지표인 표준편차에 대한 이해를 돕기 위해 앞서 예로 들었던 동일한 기대수익률을 가진 두 상품, A와 B의 수익률 분포를 비교해보겠습니다. 상품 A는 〈표 5-1〉에서와 같은

〈표 5-1〉 상품 A의 기대수익률

확률(P_A)	0.05	0.20	0.50	0.20	0.05
수익률(R_A)	−10%	0%	+10%	+20%	+30%

〈표 5-2〉 상품 B의 기대수익률

확률(P_B)	0.10	0.25	0.30	0.25	0.10
수익률(R_B)	−40%	−10%	+10%	+30%	+60%

확률로 기대수익률이 −10%에서 +30% 범위에 분포하고, 상품 B는 〈표 5-2〉와 같은 확률로 기대수익률이 −40%에서 +60% 범위에서 분포하고 있다고 가정하겠습니다.

예시에 나온 대로 상품 A와 상품 B의 기대수익률은 상황별 예상 수익률에 발생확률을 곱해서 산출되는데, 둘 다 10%를 기록하고 있음을 알 수 있습니다.

▸ $E(R_A) = 0.05 \times (-10\%) + 0.20 \times (0\%) + 0.50 \times (+10\%) + 0.20 \times (+20\%) + 0.05 \times (+30\%) = 10\%$

▸ $E(R_B) = 0.10 \times (-40\%) + 0.25 \times (-10\%) + 0.30 \times (+10\%) + 0.25 \times (+30\%) + 0.2 \times$

〈표 5-3〉 상품 A의 표준편차

확률(P_A)	수익률(R_A)	$R_A - E(R_A)$	$P_A[R_A - E(R_A)]^2$
0.05	−10%	−0.20	0.002
0.20	0%	−0.10	0.002
0.50	+10%	0.00	0.000
0.20	+20%	+0.10	0.002
0.05	+30%	+0.20	0.002

$\sigma_A = 0.0894$

〈표 5-4〉 상품 B의 표준편차

확률(P_B)	수익률(R_B)	$R_B - E(R_B)$	$P_B[R_B - E(R_B)]^2$
0.10	−40%	−0.5	0.025
0.25	−10%	−0.2	0.010
0.30	10%	0.0	0.000
0.25	30%	0.2	0.010
0.10	60%	0.5	0.025

$\sigma_B = 0.2646$

(+60%) = 10%

하지만 위험을 나타내는 표준편차가 '상품 A'는 0.0894인 데 반해 '상품 B'는 0.2646으로 큰 차이가 나는 것을 〈표 5-3〉, 〈표 5-4〉를 통해 확인할 수 있습니다.

수익률이 같더라도 변동성이 큰 B는 더 높은 위험을 내포하고 있기에 위험을 회피하는 투자자라면 A를 더 가치 있는 투자안으로 판단할 것입니다.

물론 우리가 비교해야 하는 상품은 표준편차만 다른 것이 아니라 기대수익률도 함께 다른 경우가 더 많습니다. 좀 더 현실적인 비교 대상을 위해 〈표 5-5〉와 같은 상황별 확률과 수익률의 분포를 갖는 상품 C가 있다고 가정해보겠습니다.

'상품 C'의 경우 기대수익률이 20%이고, 표준편차가 0.2190이니

〈표 5-5〉 상품 C의 기대수익률

확률(P_C)	0.10	0.20	0.40	0.20	0.10
수익률(R_C)	−20%	0%	+20%	+40%	+60%

〈표 5-6〉 상품 C의 표준편차

확률(P_C)	수익률(R_C)	$R_C - E(R_C)$	$P_C[R_C - E(R_C)]^2$
0.10	−20%	−0.40	0.016
0.20	0%	−0.20	0.008
0.40	+20%	0.00	0.000
0.20	+40%	+0.20	0.008
0.10	+60%	+0.40	0.016

$\sigma_C = 0.2190$

'상품 B'와 비교해 모두 우위에 있어 '상품 C'는 '상품 B'보다 당연히 좋은 투자안입니다. 하지만 A와 비교하면 수익률은 높지만 위험도 크기 때문에 어떤 것이 비교 우위에 있는지 쉽게 판단하기 어렵습니다.

이러한 투자안을 평가하는 방법은 다음 장에서 살펴보기로 하고, 조금 더 현실적인 예시로 먼저 SPY와 QQQ의 최근 수익률과 표준편차를 비교해보겠습니다. 2024년 8월 30일 기준, 지난 12개월간 SPY는 23.98%, QQQ는 24.52%의 수익률을 기록했습니다.

월평균수익률은 SPY가 1.88%, QQQ가 1.96%로 QQQ가 조금 높습니다. 월평균수익률 계산에서는 월별 동일한 가중치를 적용한 단순 평균을 사용했는데, 주가의 월간 발생 확률이 동일하기 때문입니다.

한편 표준편차는 SPY가 4.11%, QQQ가 4.99%로 위험 역시 QQQ

〈표 5-7〉 SPY와 QQQ의 월간 기대수익률 및 분산 비교

	R_{SPY}	$[R_{SPY}-E(R_{SPY})]^2$	R_{QQQ}	$[R_{QQQ}-E(R_{QQQ})]^2$
t-11	−5.40%	0.0053	−6.07%	0.0064
t-10	−1.84%	0.0014	−1.17%	0.0010
t-9	+9.13%	0.0053	+10.82%	0.0079
t-8	+4.45%	0.0007	+5.78%	0.0015
t-7	+1.30%	0.0000	+1.38%	0.0000
t-6	+5.22%	0.0011	+5.28%	0.0011
t-5	+2.95%	0.0001	+1.14%	0.0001
t-4	−4.03%	0.0035	−4.37%	0.0040
t-3	+5.06%	0.0010	+6.15%	0.0018
t-2	+3.20%	0.0002	+6.30%	0.0019
t-1	+1.21%	0.0000	−1.68%	0.0013
t	+1.37%	0.0000	−0.09%	0.0004
$E(R_X)$		+1.88%		+1.96%
$STD(R_X)$		4.11%		4.99%

출처: 토마스리서치

가 조금 더 큽니다. 따라서 이 경우도 이전 예시 중 상품 A와 C의 상황과 비슷합니다.

참고로 표준편차 계산에서 12개월 데이터를 기반으로 평균수익률과의 편차를 제곱한 값을 11로 나눈 이유는 월간 수익률과 평균수익률 편차의 합이 0이 된다는 제약조건의 영향을 받고 있기 때문에 독립적인 값의 수가 하나 줄어드는 제약을 고려해 자유도에 -1을 반영한 것입니다.

앞의 예시와 같이 위험과 수익률이 모두 다른 투자안 중에서 최적의 선택을 하기 위해서는 경제학자 해리 마르코위츠(Harry Markowitz)가 제시한 '효율적 프런티어(Efficient Frontier)' 개념을 이해할 필요가 있습니다.

마르코위츠는 1952년 《저널 오브 파이낸스(Journal of Finance)》에 발표한 논문 〈포트폴리오 선택(Portfolio Selection)〉에서 '평균-분산 지배

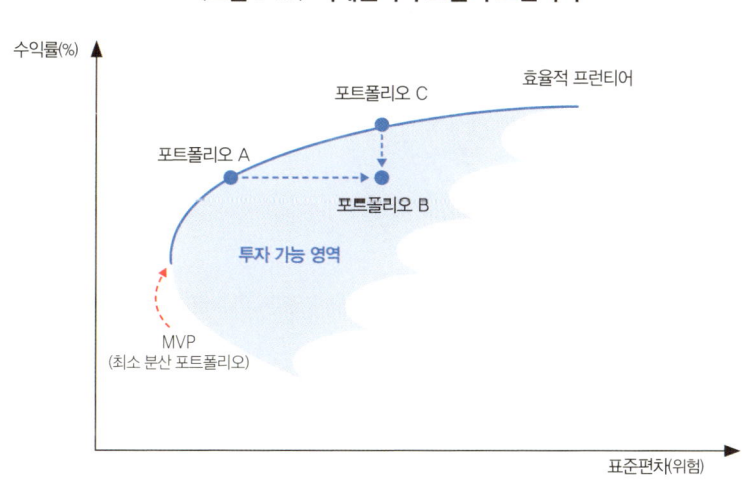

〈그림 5-10〉지배원리와 효율적 프런티어

출처: 〈포트폴리오 선택〉, 헤리 마르코위츠

원리(Mean-Variance Dominance Principle)'를 사용한 최적 포트폴리오 결정 과정을 제시했습니다. '평균-분산 지배 원리'는 동일한 위험에서는 기대수익률이 높은 포트폴리오, 또는 동일한 수익률에서는 위험이 더 낮은 포트폴리오가 상대를 지배한다는 것입니다.

수많은 투자안을 이 원리에 따라 비교하여 비효율적 투자안을 제거하면 각 위험 수준에서 가장 높은 기대수익률을 제공하는 포트폴리오만 남게 됩니다. 이 포트폴리오들을 연결한 선이 바로 '효율적 프런티어'입니다. 따라서 효율적 프런티어에 존재하는 포트폴리오 중 투자자들은 주어진 위험하에서 추가적인 위험을 감수하지 않으면 더 이상의 수익률을 기대할 수 없습니다. 참고로 그중에서도 가장 위험이 낮은 포트폴리오를 '최소 분산 포트폴리오(Minimum Variance Portfolio, MVP)'라고 부릅니다.

효율적 프런티어상에 있는 포트폴리오 중 투자자의 선택은 각자의

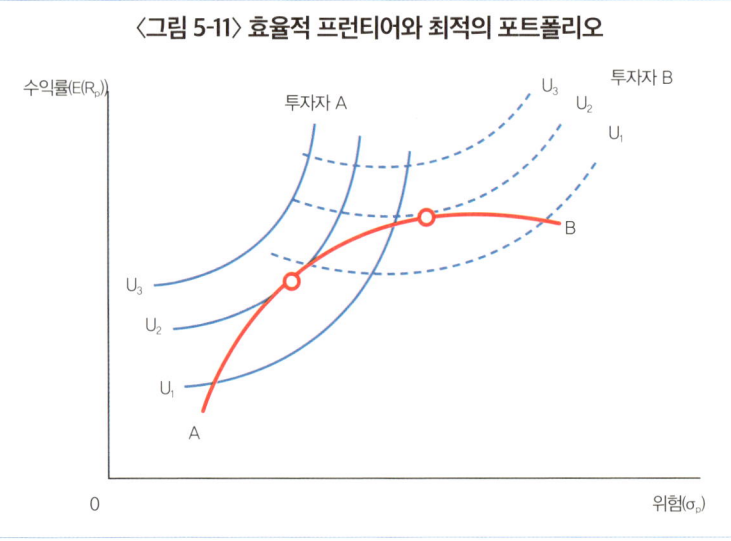

〈그림 5-11〉 효율적 프런티어와 최적의 포트폴리오

출처: 〈포트폴리오 선택〉, 마르코위츠

효용 함수에 따라 달라집니다. 이때 동일한 효용을 주는 위험과 수익률의 조합을 나타내는 '무차별 곡선(Indifference Curve)'이 사용됩니다.

〈그림 5-11〉에서 보듯이 위험에 민감한 투자자 A는 단위당 위험 증가 시 높은 수익률이 제공되어야 동일한 효용을 갖기 때문에 가파른 곡선을, 반대로 위험에 비교적 둔감한 투자자 B는 완만한 곡선을 그리며 각자 자신에게 가장 적합한 포트폴리오를 선택하게 됩니다.

또 다른 위험 측정 방법 - 최대 낙폭

표준편차 외에도 자산의 위험도를 판단하는데 활용되는 지표로 '최대 낙폭(Maximum Draw Down, MDD)'이 있습니다. 이는 특정 기간 동안 발생한 최대 낙폭을 해당 자산의 위험으로 평가하는 다소 직관적인 방법입니다. 이는 고점 대비 최저점의 하락률로 계산되며 일반적으

〈그림 5-12〉 최대 낙폭 수식

$$MDD(\%) = \frac{\text{저점 가격} - \text{고점 가격}}{\text{고점 가격}} \times 100$$

〈표 5-8〉 최근 10년간 S&P 500 지수와 NASDAQ 지수의 하락 및 회복기간

S&P 500 지수	2015. 07~2016. 02	2018. 09~2018. 12	2022. 01~2022. 10
- 낙폭	−12.31%	−17.51%	−25.43%
NASDAQ 지수	2015. 07~2016. 02	2018. 08~2018. 12	2021. 11~2022. 12
- 낙폭	−16.75%	−21.91%	−36.40%

출처: FnGuide, 토마스리서치

로 일정 기간 내 10% 이상 하락한 경우만을 기준으로 합니다.

이때 적용 기간이 너무 짧으면 증시 변화를 충분히 반영하지 못해 위험 평가에 오류가 있을 수 있어 보통 5~10년의 중·장기 데이터를 활용하는 것이 바람직합니다. 특히 지수 투자에서는 단기 조정보다 장기적인 흐름 속의 하락 폭을 분석해야 의미 있는 MDD를 도출할 수

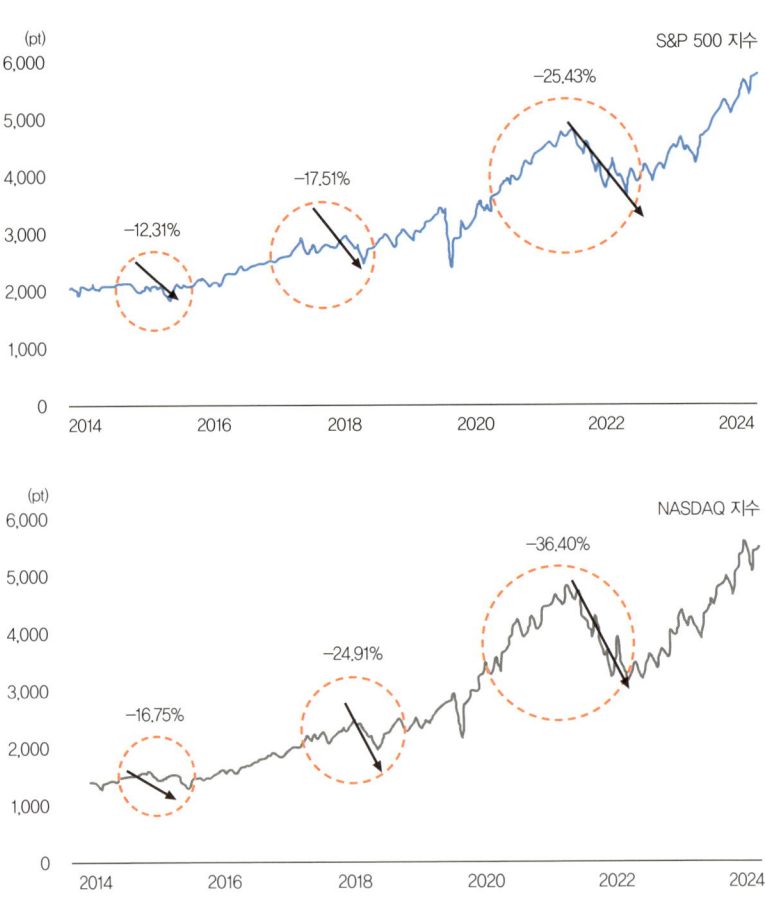

〈그림 5-13〉 S&P 500 지수와 NASDAQ 지수의 중장기 흐름(최근 10년)

출처: FnGuide, 토마스리서치

있습니다.

예를 들어 S&P 500 지수와 NASDAQ 지수의 최대 낙폭을 살펴보도록 하겠습니다. 최근 10년간 두 지수는 〈표 5-8〉과 〈그림 5-13〉에서 보는 바와 같이 모두 세 차례 이상 10% 이상의 하락을 겪었으며, 그중 가장 큰 하락은 2022년에 발생했습니다.

S&P 500 지수는 2022년 1월 고점(4,796.56pt)에서 같은 해 10월 저점(3,577.03pt)까지 약 25.43% 하락했고, NASDAQ 지수는 2021년 11월 고점 대비 13개월간 36.4%나 하락했습니다.

이전의 두 차례 하락(2015~2016년, 2018년) 폭이 10~20%였음을 감안하면, 2022년 하락이 중·장기 차원에서 뉴욕증시의 위험으로 인식해야 하는 '최대 낙폭'이라고 할 수 있습니다. 물론 2020년 코로나19 팬데믹 당시에도 양 지수는 단 1개월만에 30%가 넘는 급락을 기록했지만, 이는 일시적 충격으로 인한 급락이고 이후 연준의 유동성 공급으로 빠르게 회복되는 등 비정상적이고 일시적인 상황이어서 최대 낙폭 대상에서는 제외했습니다.

최대 낙폭이라는 지표가 갖는 가장 대표적인 효용은 투자자가 자신의 리스크 허용 한계를 기준으로 투자상품을 선택할 수 있게 해준다는 점입니다.

예를 들어서 손실을 30%까지 감내할 수 있는 투자자라면 최대 낙폭이 25.43%인 S&P 500 지수 기반 ETF(SPY, VOO 등)에 투자할 수 있습니다. 하지만 최대 낙폭이 36.40%를 기록한 NASDAQ 지수 관련 ETF인 QQQ 등에는 보다 신중한 접근이 필요하다는 것을 알게 해줍니다.

최대 낙폭은 장기 자산 관리 계획을 세우는 데도 유용하게 활용될 수 있습니다. 즉, 최대 낙폭과 회복기간은 향후 투자를 통한 재무적 목표의 달성 과정에서 최악의 경우까지 감안할 때 어느 정도의 자산이 필요한지, 최대 낙폭과 같은 큰 폭의 조정이 발생했을 때 어떻게 대응할지에 대한 기준을 사전에 계획할 수 있도록 합니다.

예를 들어 은퇴 후 5억 원의 자산으로 은퇴 생활을 하고자 하는 투자자가 투자대상 자산의 최대 낙폭이 30%임을 인지했다면, 은퇴 시 실제로는 7억 원의 자산이 있어야 최대 낙폭이 발생하는 약세장을 만나더라도 곤란을 겪지 않을 것이라는 사실을 알게 될 것입니다.

만약 충분한 자산을 준비하지 못한 경우라면 원금 손실에 대한 불안감으로 본인의 투자성향과 다른 자산을 무모하게 선택하는 잘못된 투자 의사결정을 내릴 수도 있습니다. 따라서 최대 낙폭을 감안해 사전 대비를 해둔다면 하락장에서의 심리적 부담과 투자 오류를 줄일 수 있습니다.

4. 최종 선택에 사용될 지수들
- 다양한 '위험조정 수익' 지표

앞서 우리는 평균수익률과 분산이라는 지배 원리에 따라 효율적 프런티어상에서 최적의 포트폴리오를 선택하는 이론적 접근을 살펴보았습니다. 동일한 수익률이라면 더 낮은 위험을 가진 투자안이, 동일한 위험이라면 더 높은 수익률을 제공하는 투자안이 지배한다는 개념이 핵심이었습니다. 나아가 투자자의 성향을 반영한 무차별 곡선을 적용하면 이론적으로 최적의 포트폴리오를 도출할 수 있습니다.

하지만 '효율적 프런티어'는 순수 이론에 가까워 실전 적용에는 한계가 있습니다. 일반 투자자 스스로가 얼마의 위험(분산)에 얼마의 보상(수익)이 주어지면 최적의 포트폴리오(또는 펀드)가 되는지 구체적으로 계량화하는 데 많은 어려움과 제약이 따를 수밖에 없기 때문입니다.

그럼에도 불구하고 이를 소개한 이유는 투자자라면 위험과 그에 따른 보상의 관계가 어떻게 정립되어야 하는지에 대해 한 번쯤 고민하고 정리할 필요가 있기 때문입니다. 특히 기대수익률, 표준편차, 최대 낙폭 등의 개념은 앞으로 투자안을 선택할 때 유용하게 사용될 지표들입니다.

지금부터는 이런 지표들을 활용해 실전에서 투자안을 비교·선택하는 데 유용하게 활용할 수 있는 '위험조정 수익(Risk Adjusted Return, RAR)'이라는 지표들을 소개하겠습니다. 이는 효율적 프런티어처럼 절대적인 최적값을 제시하지는 않지만, 복수의 투자안을 비교 평가하는 데 활용할 수 있는 상대적 기준을 제공함으로써 투자상품별 위험과 수익에 대한 관계를 논리적으로 추론해 합리적인 투자안을 선택할 수 있는 준거를 제공한다는 데 의미가 있습니다. 따라서 위험조정 수익은 투자 판단 시 반드시 참고해야 할 핵심 지표라 할 수 있습니다.

'위험조정 수익'을 쉽게 표현하면 단순 수익률에 해당 자산의 위험도를 반영하여 조정된 수익률이라고 할 수 있습니다. 따라서 동일한 수익률이라도 위험이 높은 투자안은 조정 후 수익률이 낮아지고, 반대로 안정성이 높은 투자안은 더 유리한 평가를 받을 수 있습니다.

이러한 관점에서 보면, '고위험-고수익' 상품이 반드시 유리한 선택이 아닐 수 있습니다. 오히려 '중위험-중수익' 또는 '저위험-저수익' 상품이 위험 대비 수익 측면에서는 더 나은 선택이 될 수도 있습니다.

즉, 단순히 수익률만으로는 '고위험-고수익' 투자상품이 더 매력적으로 보일 수 있지만, 위험을 반영해 평가하면 실질적인 기대수익은 예상보다 높지 않을 수 있다는 것입니다.

현재 자본시장에서 가장 널리 활용되는 위험조정 수익 지표는 다음의 다섯 가지입니다. ① CAGR(연평균수익률)* 대비 MDD(최대 낙폭) 비

---

* CAGR은 'Compound Annual Growth Rate' 또는 'Cumulative Annual Growth Rate'로 누적 연간성장률, 즉 연 복리 수익률을 의미합니다.

율, ② 분산계수(Coefficient of Variation), ③ 샤프지수(Sharpe Ratio), ④ 트레이너지수(Treynor Ratio), ⑤ 젠센의 알파(Jensen's Alpha)입니다.

이제부터는 이 각각의 다섯 가지 지표가 어떤 의미를 가지며 투자자 입장에서 어떻게 활용할 수 있는지를 자세히 살펴보겠습니다.

누적 연간수익률/최대 낙폭 비율

투자에서 중요한 질문 중 하나는 "하락장에서 얼마나 빨리 이전 고점을 회복할 수 있는가?"입니다. 이 질문에 대한 답을 수치로 보여주는 지표가 바로 누적 연간수익률 대비 MDD 비율입니다. 당연하겠지만 이 비율은 높을수록 좋으며, 이는 빠른 시간 내에 이전 고점을 회복한다는 것을 의미합니다. 그렇기 위해서는 누적 연간수익률이 높을수록 좋습니다. 일정 기간(t_0 ~ t_n)까지의 누적 연간수익률을 구하는 방법은 수식으로 표현하면 〈그림 5-14〉와 같습니다.

〈그림 5-14〉 누적 연간수익률 수식

$$CAGR(t_0, t_n) = \left(\frac{V(t_n)}{V(t_0)} \right)^{\frac{1}{t_n - t_0}} - 1$$

주: V(t_n)=n 시점의 가치, V(t_0)=현재 시점의 가치

앞서 살펴본 S&P 500 지수의 최근 10년(2014년 8월~2024년 8월) 간 데이터를 기준으로 이 지표를 계산해보면 다음과 같습니다.

▶ S&P 500 지수 계산 예시

① 현재 지수: 5,648.40pt

② 10년 전 지수: 2,003.37pt

③ CAGR =(5,648.40 / 2,003.37)^(1/10) - 1 = 10.92%

④ MDD = 25.43%

⑤ CAGR/MDD = 0.4295 → 예상 회복기간 2.33년

같은 방식으로 NASDAQ 지수도 계산하면 최근 10년간 CAGR이 14.48%이며, 동일 기간 중 MDD가 -36.40%였기 때문에 CAGR/MDD는 0.3979가 됩니다. 이는 최대 낙폭 이후 이전 고점을 회복하는 데 2.51년(=1/0.3979)이 소요됨을 의미합니다. 이를 정리하면 〈표 5-9〉와 같습니다.

표에서 확인할 수 있듯이, S&P 500 지수는 NASDAQ 지수보다 회복 속도 측면에서 다소 우위를 보입니다. 이는 S&P 500 지수를 추종하는 SPY나 VOO가 NASDAQ-100 지수를 추종하는 QQQ보다 더 선호될 수 있다는 의미입니다.

다만 두 지수 간 회복기간의 차이는 약 2개월에 불과하므로 큰 차별성을 갖고 있는 것은 아닙니다. 따라서 좀 더 높은 위험을 감수하더라도 높은 수익률을 원하는 투자자라면 여전히 QQQ를 선호할 수도 있습니다.

한편 실제로 2023년부터 2024년까지의 실제 회복 속도를 보면

〈표 5-9〉 최근 10년간 S&P 500 지수와 NASDAQ 지수의 CAGR/MDD

	CAGR	MDD	CAGR/MDD	예상 회복기간
S&P 500 지수	10.92%	−25.43%	0.4295	2.33년
NASDAQ 지수	14.48%	−36.40%	0.3979	2.51년

출처: FnGuide, 토마스리서치

한 권으로 끝내는 미국 ETF 투자

S&P 500은 1.25년(15개월), NASDAQ은 1.17년(14개월)만에 고점을 회복해 예상 회복기간을 크게 단축했습니다. 이는 최근 1년 반 동안 S&P 500은 26.25%, NASDAQ은 42.01% 상승하는 등 증시 전반이 기술주를 중심으로 초강세를 보였기 때문입니다.

이처럼 과거 평균 수치만으로 미래 회복 속도를 정확히 예측하기는 어렵지만, 서로 다른 투자상품 간의 비교, 선택에 있어서 상대적 기준을 제시한다는 데 의미가 있다는 정도로 이해하시면 되겠습니다.

분산계수

누적 연간수익률/MDD 비율이 조정 이후 회복 속도에 초점을 맞췄다면, 분산계수(Coefficient of Variation)는 일정 기간의 전반적 위험과 수익률을 바탕으로 자산을 평가하는 또 다른 지표입니다. 분산계수는 다음과 같은 수식으로 계산됩니다.

▶ 분산계수 = 표준편차(σ) ÷ 기대수익률(E(R))

분산계수는 특정 자산의 기대수익률이 어느 정도의 위험을 수반하는지 보여줍니다. 이런 점에서 분산계수는 '위험조정 수익 지표'라기보다는 '수익 조정 위험 지표'라고 할 수 있습니다. 이 지표는 수치가 클수록 기대수익률에 더 큰 위험이 따른다는 의미이므로 일반적으로는 값이 낮을수록 우수한 투자안으로 간주합니다.

이 지표를 활용하면 5부 3장의 예에서 우열을 가리지 못했던 상품 A와 상품 C를 평가할 수 있습니다. '상품 A'의 기대수익률은 10%였고,

표준편차는 0.089였습니다. 한편 '상품 C'의 경우 기대수익률은 20%였고, 표준편차는 0.219였습니다. 이를 다음과 같이 계산하면 상품 A의 분산계수가 상품 C보다 낮은 것을 확인할 수 있습니다.

- ▸ 분산계수(상품 A)=0.089/0.10=0.890
- ▸ 분산계수(상품 C)=0.219/0.20=1.095

상품 C는 수익률 면에서는 상품 A 대비 크게 앞섭니다. 하지만 높은 변동성 위험으로 인해 상품 A 보다 열위한 자산으로 평가됩니다. 물론 위험 선호형 투자자라면 상품 C를 선호할 수 있습니다. 하지만 모든 투자의 기본 가정인 위험 회피형의 합리적 투자자에게는 상품 A가 더 가치 있는 자산입니다.

이번에는 좀 더 현실적인 예시인 SPDR S&P 500 ETF Trust(SPY)와 Invesco QQQ ETF(QQQ)의 최근 12개월(2023년 9월~2024년 8월) 성과를 분석해보겠습니다.

QQQ는 월평균수익률에서 소폭 우위(1.96% vs. 1.88%)를 보였지만, 위험 수준 역시 더 높았습니다(4.99% vs. 4.11%). 분산계수 기준으로 보면 SPY의 조정 위험(2.1862)이 QQQ(2.5459)보다 낮습니다. 결과적으로 최근 1년 기준으로는 SPY가 QQQ보다 더 우수한 성과를 기록했

〈표 5-10〉 SPY와 QQQ의 최근 12개월 월간 성과 비교

	분산(σ)	기대수익률(E(R))	분산계수
SPY	4.11%	1.88%	0.0411/0.0188 = 2.1862
QQQ	4.99%	1.96%	0.0499/0.0196 = 2.5459

다고 해석할 수 있습니다.

샤프지수 - 가장 체계적이고 대표적인 지표

앞서 살펴본 누적 연간수익률/MDD 비율이나 분산계수에 비해 샤
프지수(Sharpe Ratio)는 다소 직관성이 떨어질 수 있습니다. 그러나 샤
프지수는 투자성과 평가에 있어서 위험을 얼마나 잘 보상했는지를 가
장 논리적이고 체계적으로 측정하는 지표로, 실제 투자업계에서 널리
활용되고 있습니다.

샤프지수는 1966년 경제학자 윌리엄 샤프(William Sharpe)에 의해
개발된 지표로 펀드가 벤치마크 수익률 대비 얼마나 효율적으로 운용
되었는지를 측정하기 위해 처음 도입되었는데, 이는 투자자가 부담하
는 위험을 자산의 수익률이 얼마나 잘 보상하는지를 나타냅니다. 이때
수익률은 그 자산의 전체 수익률이 아니라 위험을 감수한 대가로 얻
은 초과수익률(=총수익률-무위험 수익률)을 사용합니다.

예를 들어 최근 5년간 연평균수익률이 20%이고 표준편차가 10%
인 'X'라는 펀드 상품이 있는데, 현재 무위험 수익률(예: 국채 수익률)이
연 5%라고 한다면 X의 샤프지수는 1.50이 됩니다.

〈그림 5-15〉 샤프지수 수식

$$\text{샤프지수:} \quad \frac{R_p - R_f}{\sigma_p}$$

주: R_p=자산 또는 펀드의 연평균수익률, R_f=무위험 수익률, σ_p=수익률의 표준편차

‣ 상품 X의 샤프지수 =(20% - 5%) ÷ 10% = 1.50

<표 5-11> 최근 5년간 상품 'Y'와 'Z'의 연간 성과

	T_1	T_2	T_3	T_4	T_5	평균
펀드 Y	25%	10%	5%	−10%	35%	13%
펀드 Z	8%	10%	15%	7%	10%	10%

좀 더 구체적인 예로 투자자가 펀드 Y와 Z 중 하나를 선택하려 한다고 가정해보겠습니다. 이 두 펀드의 최근 5년간 성과는 〈표 5-11〉과 같습니다.

이 경우 펀드 Y의 표준편차는 17.54%, Z는 3.08%입니다. 무위험 수익률은 상품 X의 경우와 동일하게 5%로 가정하겠습니다. 두 펀드의 샤프지수는 다음과 같습니다.

‣ 펀드 Y의 샤프지수 = (13% - 5%) ÷ 17.54% = 0.4561

‣ 펀드 Z의 샤프지수 = (10% - 5%) ÷ 3.08% = 1.6234

수익률만 보면 펀드 Y가 더 매력적으로 보일 수 있으나 위험 대비 보상이라는 측면에서는 펀드 Z가 훨씬 우수합니다. 즉, 합리적인 투자자라면 펀드 Z를 선택하는 것이 일반적입니다.

샤프지수는 복수의 금융 상품을 비교 평가하는 것뿐만 아니라 단일 투자안의 절대적 평가에도 활용할 수 있습니다. 예를 들어서 샤프지수는 기본적으로 투자자산(펀드)이 위험을 부담하는 것에 대해 얼마나 더 보상을 받았느냐를 측정하는 지표이므로 이 지수의 값이 0이라면 위험에 대한 보상이 없었다는 것입니다.

〈표 5-12〉 중·장기 샤프지수별 투자안 평가

샤프지수	0 또는 (-)	0.0~0.3	0.3~0.8	0.8~1.0	1.0 이상
기대 성과	Poor (매우 나쁨)	Not Good (부진)	Good/ Very Good(양호)	Very Good/ Excellent(우수)	Excellent++ (매우 우수)

출처: 토마스리서치

만약 (-)라면 위험을 부담했음에도 불구하고 오히려 국채나 정기예금과 같이 위험이 없는 투자상품에 투자한 것보다 못한 것으로 상대적으로 손해를 본 경우이니 적절한 투자대안이 될 수 없습니다.

그렇다면 샤프지수의 절대치가 어느 정도가 되어야 적절한 투자대상으로 평가할 수 있을까요? 일반적으로 5년 이상의 중·장기 평가 기준에서 샤프지수가 0.5~0.7이면 양호한 성과로 판단할 수 있습니다.

물론 일부 전문가들은 샤프지수가 1.0이상이면 좋고(good), 2.0 이상이면 매우 좋으며(very good), 3.0이상이면 뛰어난(excellent) 성과라는 기준을 제시하기도 합니다. 모닝스타와 같은 펀드 전문 평가기관에서는 샤프지수가 1 이상이면 꽤나 좋은(pretty good) 성과를 보인 것이며, 2 이상이면 아주 뛰어난 펀드(outstanding fund) 성과라고 평가하고 있습니다.

하지만 1이상, 심지어는 2~3 이상의 샤프지수는 단기적인 성과 측정에서나 가능하며, 장기성과 측정의 기준이 될 수는 없습니다.

이는 세계 최고의 투자자로 알려진 버핏의 예를 통해서도 확인할 수 있습니다. 전미경제연구소(National Bureau of Economic Research, NBER)에 따르면 1976년부터 2011년까지의 성과를 기준으로 했을 때 S&P 500 지수의 샤프지수가 0.39였던 반면 버핏의 투자성과를 측정한 샤프지수는 0.76이었습니다.

또 다른 예로 금융 전문 컨설팅 및 투자 자문 회사인 모틀리 풀(The Motley Fool)에 따르면 2024년 7월 기준 최근 15년간(2008~2023년) 버핏의 샤프지수는 0.97이었습니다. 동일 기간 S&P 500 지수의 샤프지수는 0.58이었습니다.

우리는 이 데이터를 통해 ① 버핏이 장기적으로 시장 수익률(S&P 500)을 2배 가까이 앞섰다는 것과 ② 이러한 버핏의 투자성과도 샤프지수 1.0을 넘지 못했다는 것을 알 수 있습니다. 이렇게 엄청난 성과를 낸 투자자도 장기성과가 샤프지수 1을 넘기기 어렵습니다.

결론적으로 기간별로 어느 정도의 기간을 기준으로 하는가에 따라 샤프지수의 평가가 달라질 수 있겠지만, 5년 이상 중·장기를 기준으로 했을 때 0.5~0.7 수준이라면 시장 수익률(S&P 500)에 크게 뒤처지지 않는 좋은 투자안이라고 할 수 있을 것입니다. 실제로 〈표 5-13〉에서 볼 수 있듯이 뉴욕증시에 상장된 주요 ETF 중 5~10년 장기 기준 샤프지수가 1.0을 넘는 경우는 없으며, VGT 정도가 유일하게 10년 기준으로 0.96을 기록해 1에 근접한 성과를 보이고 있습니다.

샤프지수는 위험을 감안한 수익률 평가지표로 널리 활용되지만, 몇 가지 한계점이 자주 지적되기도 합니다. 첫째, 샤프지수는 과거 데이터를 기반으로 계산되므로 수익률과 분산 같은 과거 특성이 미래에도 유지된다는 가정이 전제되어야 유효합니다. 예를 들어서 S&P 500처럼 비교적 안정적인 대형 지수를 추종하는 ETF에는 어느 정도 유용하게 작동하지만, 경기 변동에 민감한 산업이나 테마 ETF에는 부적절할 수 있습니다.

경기순환 산업처럼 특정 시점의 호황기에 측정된 샤프지수를 경기 침체기에 적용할 경우 왜곡된 결과가 나올 수 있기 때문입니다. 또한,

〈표 5-13〉 대표 미국 ETF의 중장기 기간별 샤프지수

	티커	3년	5년	10년
SPDR S&P 500 ETF Trust	SPY	0.38	0.78	0.76
iShares Core S&P 500 ETF	IVV	0.38	0.78	0.77
Vanguard S&P 500 ETF	VOO	0.39	0.78	0.77
Vanguard Total Stock Market ETF	VTI	0.30	0.72	0.71
Invesco QQQ Trust	QQQ	0.32	0.90	0.90
Vanguard FTSE Developed Market ETF	VEA	0.06	0.42	0.31
Vanguard Growth ETF	VUG	0.28	0.79	0.79
iShares Core MSCI EAFE ETF	IEFA	0.08	0.41	0.31
Vanguard Value ETF	VTV	0.42	0.64	0.64
iShares Core U.S. Aggregate Bond ETF	AGG	−0.75	−0.37	0.00
Vanguard Total Bond Market ETF	BND	−0.76	−0.37	0.01
iShares Russell 1000 Growth ETF	IWF	0.33	0.83	0.85
iShares Core S&P Mid-cap ETF	IJH	0.19	0.53	0.50
Vanguard FTSE Emerging Markets ETF	VWO	−0.27	0.24	0.14
iShares Core S&P Small-cap ETF	IJR	0.06	0.44	0.46
Vanguard Dividend Appreciation ETF	VIG	0.37	0.68	0.77
Vanguard Total International Stock ETF	VXUS	−0.02	0.38	0.26
Vanguard Information Technology ETF	VGT	0.42	0.93	0.96
Vanguard Mid-Cap Index Fund	VO	0.06	0.50	0.52
Invesco S&P 500 Equal Weight ETF	RSP	0.20	0.58	0.57

출처: etf.com, 야후 파이낸스, 토마스리서치 정리

장기채권 ETF처럼 최근 몇 년간 금리 상승기에는 낮은 샤프지수를 보이더라도 금리 하락이 예고된 상황이라면 해당 지표는 오히려 투자기회를 놓치게 만들 수 있습니다.

둘째, 샤프지수에서 위험을 나타내는 표준편차(σ)는 체계적 위험과 비체계적 위험을 모두 포함하는 총위험입니다. 특히 ETF처럼 분산투자를 전제로 하는 상품이라면 비체계적 위험은 이미 제거된 상태로, 체계적 위험만을 반영한 평가가 더 적절할 수 있습니다. 이 점을 보완

〈그림 5-16〉 정규분포와 왜도

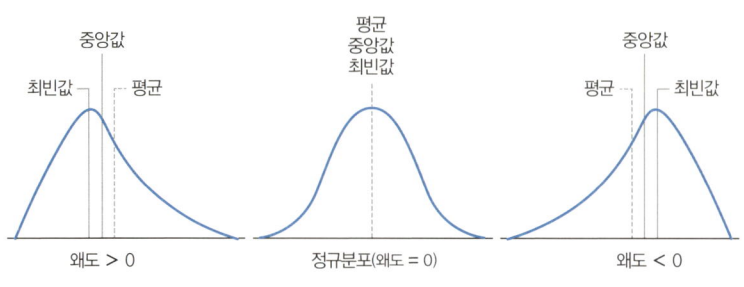

한 대안이 바로 트레이너지수입니다.

셋째, 샤프지수는 수익률이 정규분포를 따른다는 가정하에 산출되는데 실제수익률은 첨도(kurtosis, 분포의 뾰족한 정도), 왜도(skewness, 분포의 비대칭성), 팻테일(fat-tail)과 같은 비정형 테이터의 특성을 보이는 경우가 많습니다. 이런 특성은 정규분포 기반의 분석과 괴리를 만들어 샤프지수의 신뢰도를 떨어뜨릴 수 있습니다.

넷째, 샤프지수는 모든 변동성을 위험으로 간주하는데, 이는 상방 변동성(예상 수익 초과분)까지도 부정적으로 해석하는 문제를 야기합니다. 이를 개선하기 위해 소티노지수(Sortino Ratio)가 제안되었습니다. 이 지수는 평균수익률 이하의 하방 변동성만을 위험으로 간주해 표준

〈그림 5-17〉 소티노지수 계산 방식

$$소티노지수: \frac{포트폴리오\ 수익률 - 무위험\ 수익률}{하방\ 표준편차} = \frac{R_p - R_f}{\sigma_{p(d)}}$$

주: R_p=포트폴리오 수익률, R_f=무위험 수익률 $\sigma_{p(d)}$=포트폴리오의 하방 표준편차(downside standard deviation)

편차를 산출합니다.

하지만 이러한 한계에도 불구하고 샤프지수는 여전히 가장 널리 쓰이는 위험조정 수익률 지표입니다. 그 이유는 다음과 같습니다.

첫째, 이론적 기초가 탄탄합니다. 샤프지수는 노벨경제학상 수상자인 윌리엄 샤프가 제안한 지표로 위험(표준편차) 대비 초과수익률을 계산해 자산이 어느 정도의 보상을 제공하는지를 평가합니다. 수많은 학술 논문에서 활용되며 그 타당성이 입증되었습니다.

둘째, 계산이 단순하고 개념이 명확합니다. 수익률 평균과 분산만 알면 쉽게 산출할 수 있어서 일반 투자자도 이해하고 활용하기 쉽다는 장점이 있습니다. 트레이너지수나 소티노지수처럼 체계적·비체계적 위험, 상·하방 위험 등 전문적 지표에 대한 추가 계산을 요구하지 않기 때문에 접근성이 높습니다.

셋째, 보편성과 친숙함도 강점입니다. 수많은 투자자와 평가기관이 샤프지수를 활용하고 있어서 서로 다른 ETF나 펀드 간 비교 기준으로 널리 쓰입니다. 이러한 활용도는 앞으로도 계속 유지될 가능성이 높습니다.

넷째, 다양한 기간과 자산 간 비교에 적합합니다. 보편성이 떨어지는 지표라면 이론적으로 더 체계적이더라도 다양한 상품과 기간을 기준으로 평가하는 데 한계가 있습니다. 따라서 다양한 투자상품을 비교 평가하고자 하는 투자자라면 샤프지수가 여전히 핵심 도구로 활용될 수밖에 없습니다. 다른 지표보다 범용성이 뛰어나기 때문에 비교 가능성을 중시하는 투자자에게는 여전히 핵심 도구로 활용됩니다.

트레이너지수

트레이너지수(Treynor Ratio)는 샤프지수와 달리 총위험이 아닌 체계적 위험(β)을 기준으로 초과수익률을 평가하는 지표입니다. 즉, 샤프지수가 위험을 총위험(표준편차)으로 인식해 이에 대한 보상(초과수익률)으로 산출된 지표라면, 트레이너지수는 위험을 체계적 위험(β)로 인식해 이에 대한 보상이 얼마나 잘 이뤄졌는지를 나타내는 지수입니다.

연기금 펀드처럼 광범위하게 분산된 포트폴리오에서는 비체계적 위험이 거의 제거되어 샤프지수와 트레이너지수가 유사하게 나타나기도 합니다.

여기에서 트레이너지수 산출을 위한 체계적 위험(β)는 〈그림 5-19〉와 같이 계산합니다.

이를 이용한 트레이너지수는 〈그림 5-20〉과 같습니다.

예를 들어서 펀드 '가'는 수익률 10.0%, β는 0.8이고, 펀드 '나'는 수

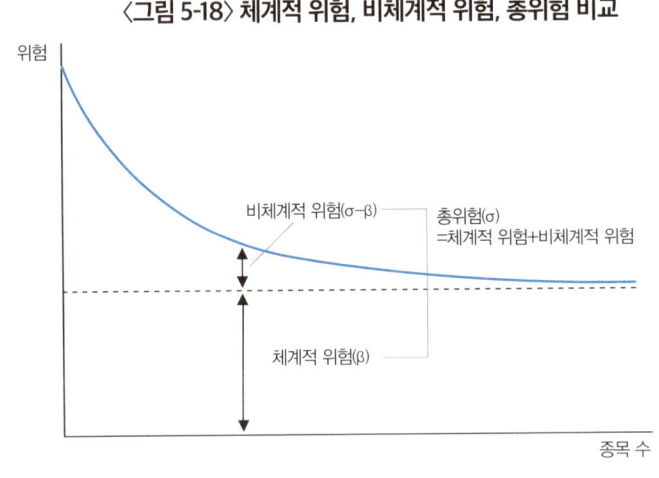

〈그림 5-18〉 체계적 위험, 비체계적 위험, 총위험 비교

〈그림 5-19〉 체계적 위험(β) 수식

$$\beta_p = \frac{\text{포트폴리오와 시장 수익률의 공분산}}{\text{시장 수익률 분산}} = \frac{Cov(R_p - R_m)}{Var(R_m)} = \frac{\sigma_{pm}}{\sigma_m{}^2}$$

〈그림 5-20〉 트레이너지수 수식

$$\text{트레이너지수}: \frac{\text{포트폴리오 수익률} - \text{무위험 수익률}}{\text{체계적 위험}} = \frac{R_p - R_f}{\beta_p}$$

익률 14.0%, β는 1.2라고 가정해보겠습니다. 무위험 수익률을 5.0%로 가정할 경우 트레이너지수를 다음과 같이 평가할 수 있습니다.

- ▸ 펀드 '가'의 트레이너지수 = (10.0% - 5.0%)/0.8 = 0.0625
- ▸ 펀드 '나'의 트레이너지수 = (14.0% - 5.0%)/1.2 = 0.0750

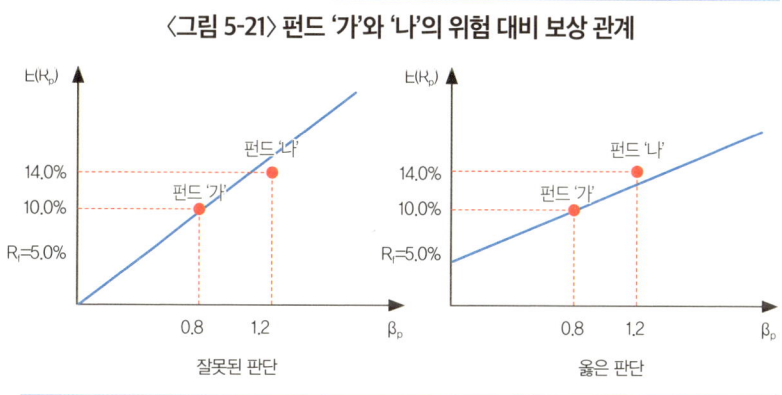

〈그림 5-21〉 펀드 '가'와 '나'의 위험 대비 보상 관계

언뜻 생각하기에 위험이 0.8인데 수익률이 10.0%의 경우 위험이 0.8에서 1.2로 50% 증가했으니 수익률도 50% 증가하여 15.0%가 되어야 동등한 성과를 나타낸 것으로 판단되어 수익률 14%인 펀드 '나'가 열위하다고 생각할 수 있습니다.

하지만 위험이 50% 증가한 상태에서 초과수익률은 5%에서 9%로 증가했으니 80% 늘어난 것입니다. 위험에 대한 보상은 단순한 총수익률이 아니라 초과수익률이라는 점을 기억해야 합니다.

젠센의 알파

젠센의 알파(Jensen's Alpha)는 기대수익률과 실제수익률 간 차이를 측정하는 지표로, 자본자산가격결정모형(Capital Assets Pricing Model, CAPM)을 기반으로 합니다. 위험을 감안한 초과수익률을 보다 정밀하게 평가할 수 있다는 점에서 샤프지수, 트레이너지수보다 이론적으로 발전된 형태로 간주됩니다.

'자본자산가격결정모형'이란 자본시장이 균형상태를 이룰 때, 자산의 가격과 위험과의 관계를 나타내는 모형을 말합니다. 흔히 CAPM이라고 부르며, 수식은 $E(R_p) = R_f + \beta_p \times (R_m - R_f)$로 정의됩니다.

자본시장이 균형을 이룬다는 것은 마르코위츠의 '효율적 프런티어' 상의 최적 포트폴리오 상태만 존재하는 것을 의미하며, CAPM은 이를 기준으로 위험 자산으로만 이뤄진 '효율적 프런티어'와 무위험 자산이 결합한 포트폴리오의 결합에 대한 이론적 가치를 제시하고 있습니다.

〈그림 5-22〉에서 포트폴리오에 내재된 위험(β_p)에 대해서는 이론적으로 $E(R_p)$의 수익이 예상되는데, 실제로는 R_{p1}이나, R_{p2}와 같은 수익이

〈그림 5-22〉 젠센의 알파에 따른 펀드 평가

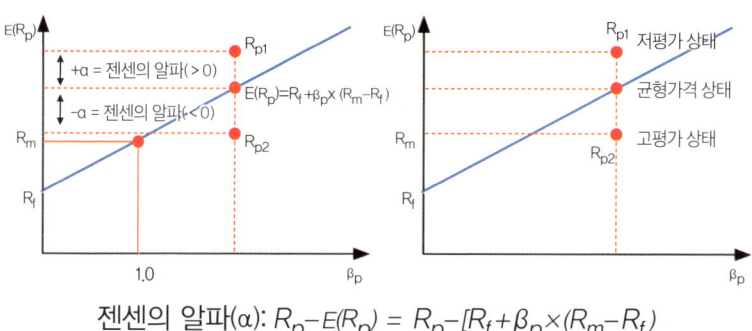

$$젠센의\ 알파(α): R_p - E(R_p) = R_p - [R_f + β_p × (R_m - R_f)]$$

발생할 수 있습니다. 이때 R_{p1}의 수익률은 이론적으로 계산된 수익률보다 크기 때문에 젠센의 알파가 (+)가 되며, R_{p2}는 이론적으로 계산된 수익률 보다 작기 때문에 젠센의 알파가 (-)가 됩니다.

이때 R_{p1}과 같이 기대 이상의 수익률을 기록하면 자산(펀드)이 '저평가' 상태에 있다고 하고, R_{p2}의 경우와 같이 기대수익률을 하회하면 '고평가'된 상태라고 평가합니다. 당연히 R_{p1}이 선호되는 자산입니다.

젠센의 알파는 경제학자 마이클 젠센(Michael Jensen)이 제시한 지표로 펀드 성과 평가에서 널리 활용되고 있으며 복수의 투자안 중 상대적으로 우위(저평가)에 있는 펀드를 선택하는 데 활용됩니다.

5. 최종 선택에 도움을 주는 금융정보 플랫폼

지금까지 우리는 투자자산의 수익성과 위험을 함께 고려한 다섯 가지 대표적인 위험조정 수익률 지표를 살펴보았습니다. 구체적으로는 CAGR/MDD 비율, 분산계수, 샤프지수, 트레이너지수, 젠센의 알파 등이 있었습니다.

이 중에서 CAGR/MDD 비율과 분산계수는 비교적 직관적이고 계산이 단순하다는 장점이 있지만, 이론적 기반이 부족하다는 한계가 있습니다. 또한, 이들 지표 역시 자산 가격의 시계열 데이터를 바탕으로 각각의 수치를 직접 계산해야 하는 번거로움이 존재합니다.

한편, 샤프지수나 트레이너지수, 젠센의 알파 등은 이론적 타당성은 뛰어나지만, 계산 과정이 복잡하고 일반 투자자가 직접 활용하기는 어렵습니다. 이처럼 투자 실무에서 이 지표들을 일일이 계산해 활용하기에는 현실적인 제약이 따릅니다.

다행히 야후 파이낸스(Yahoo Finance)와 같은 주요 금융정보 사이트에서는 이러한 위험조정 수익률 지표들을 일정 기간별로(1년, 3년, 5년,

10년 등) 계산해서 제공합니다. 특히 대표 위험조정 수익 지표인 샤프 지수는 다양한 ETF 관련 사이트에서 제공되고 있어 손쉽게 활용할 수 있습니다.

따라서 앞서 설명한 지표들의 개념을 충분히 숙지하고 있다면 야후 파이낸스를 비롯한 사이트들을 활용해 실제 투자 판단 시 참고할 수 있을 것입니다. 다만 젠센의 알파처럼 공개 빈도가 낮은 지표들은 활용에 제약이 있다는 점을 유의해야 합니다.

우리가 배운 여러 평가지표를 손쉽게 활용할 수 있도록 도와주는 대표적인 금융정보 사이트로는 야후 파이낸스, FT(파이낸셜타임스), 그리고 etf.com 등이 있습니다. 지금부터 이들의 활용 방법을 알아보겠습니다.

야후 파이낸스 - 다양한 위험조정 수익률 지표 제시

야후 파이낸스는 위험조정 수익률 관련 정보를 가장 폭넓게 제공하는 대표적인 사이트입니다. 우선 인터넷 브라우저에 https://finance.yahoo.com 주소를 입력하면 야후 파이낸스 홈페이지에 접속할 수 있습니다(〈그림 5-23〉). 사이트 상단 검색창(①)에 원하는 ETF의 이름이나 티커(ticker)를 입력하면 해당 상품의 종합 정보 페이지로 이동하게 됩니다.

다음으로 〈그림 5-24〉와 〈그림 5-25〉처럼 예를 들어서 VOO를 입력하여 Vanguard S&P 500 ETF(②)를 검색하면 가격, 그래프, 주요 수치, 펀드 설명, 보유 종목 구성 등의 정보가 요약된 화면을 볼 수 있습니다. 이 중 왼쪽 사이드바 메뉴의 하단에 위치한 'Risk(위험)' 항목(③)

〈그림 5-23〉 야후 파이낸스 활용하기 ①

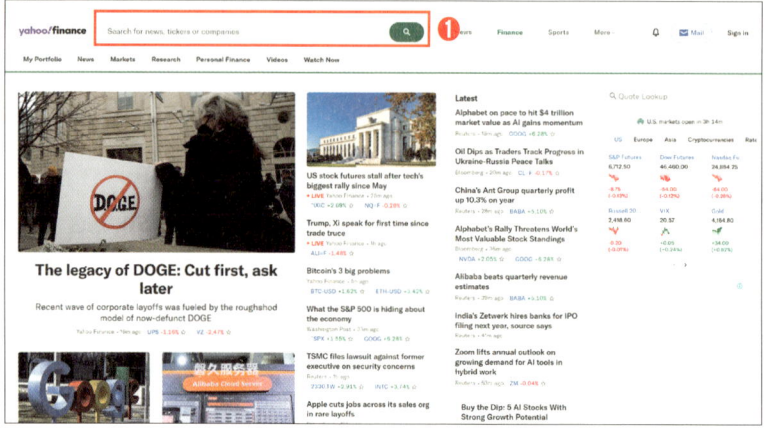

출처: 야후 파이낸스 홈페이지

〈그림 5-24〉 야후 파이낸스 활용하기 ②

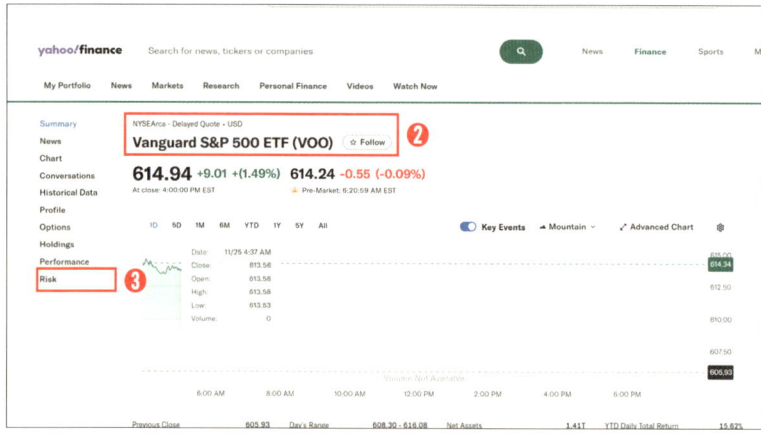

출처: 야후 파이낸스 홈페이지

을 클릭하면 샤프지수, 트레이너지수, 베타, 표준편차 등 주요 위험 지
표들이 정리된 'Risk Statistics(위험 통계)' 페이지(④)로 이동할 수 있습
니다.

이전 절에서 이러한 지표들의 의미와 해석 방법을 충분히 이해했기

〈그림 5-25〉 야후 파이낸스 활용하기 ③

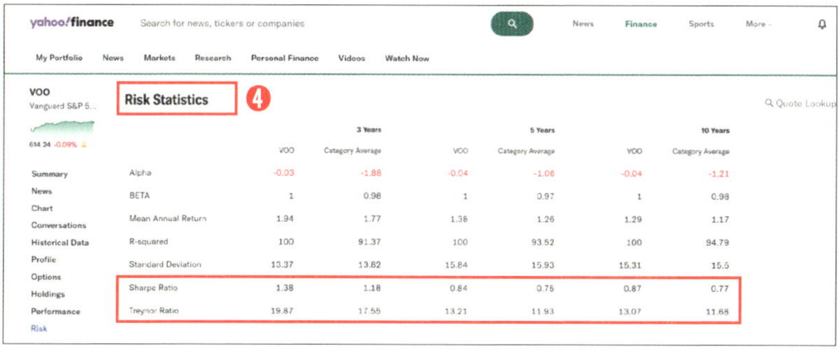

	3 Years VOO	3 Years Category Average	5 Years VOO	5 Years Category Average	10 Years VOO	10 Years Category Average
Alpha	-0.03	-1.88	-0.04	-1.06	-0.04	-1.21
BETA	1	0.98	1	0.97	1	0.98
Mean Annual Return	1.94	1.77	1.36	1.26	1.29	1.17
R-squared	100	91.37	100	93.52	100	94.79
Standard Deviation	13.37	13.82	15.84	15.93	15.31	15.5
Sharpe Ratio	1.38	1.18	0.84	0.75	0.87	0.77
Treynor Ratio	19.87	17.55	13.21	11.93	13.07	11.68

출처: 야후 파이낸스 홈페이지

때문에, 이 페이지에서 제공하는 정보를 바탕으로 각 ETF의 성과를 비교하면 보다 합리적인 투자 의사결정을 내릴 수 있습니다.

또 다른 유용한 온라인 공간 - FT, etf.com 등

야후 파이낸스 외에도 Financial Times(FT)와 etf.com 역시 ETF 관련 위험 지표를 제공하는 유용한 플랫폼입니다.

먼저 FT는 최고의 글로벌 금융저널로 홈페이지에서 ETF 정보를 별도로 제공합니다. 브라우저에 https://ft.com을 입력한 뒤 상단 메뉴에서 'MARKET' 카테고리를 선택한 후 하위 메뉴 중 'Market Data'를 클릭하면 검색창이 표시됩니다. 여기에 ETF명 또는 티커를 입력하면 해당 상품의 요약 정보와 위험 관련 지표를 확인할 수 있습니다(〈그림 5-26〉).

특히 해당 ETF와 관련해 상단에 표시되는 메뉴 중 'Risk' 항목을 클릭하면 표준편차, 베타 그리고 샤프지수를 1년, 3년, 5년 기간 단위로 확인할 수 있어 유용하게 활용할 수 있습니다.

〈그림 5-26〉 FT 사이트를 이용한 ETF 위험 및 위험조정 수익 지표 파악

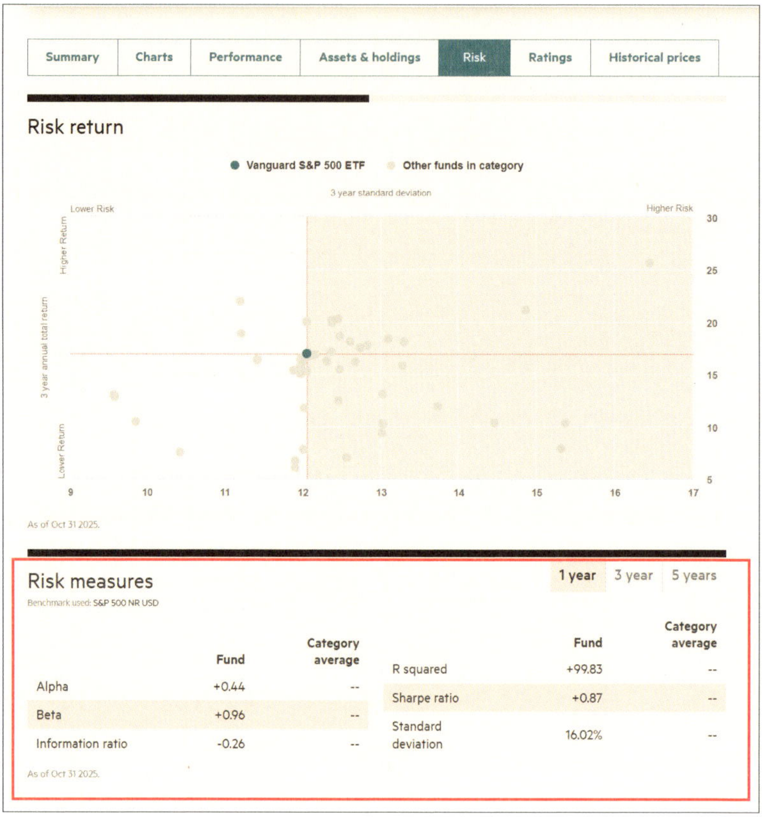

출처: FT.com

 etf.com 역시 다양한 ETF 상품에 대한 상세 정보를 제공하는 플랫폼입니다. 다만 일부 데이터는 유료 가입자에게만 제공되었다가 최근 유료화 정책을 중단한 것으로 알려져 있습니다. 추가 비용 부담을 원치 않는 투자자들이라면 최근 변경된 정책 사항을 반드시 확인 후 활용하시기 바랍니다.

6. 최종 선택에 활용될 수 있는 참고 자료
- 전문기관의 평가

ETF를 포함한 펀드 투자자에게 있어서 위험조정 수익률 지표는 반드시 이해하고 넘어가야 할 핵심 개념입니다. 하지만 표준편차, 베타, 무위험 수익률, 리스크 프리미엄 등의 복잡한 용어들은 초보 투자자들에게는 큰 부담이 될 수 있습니다. 실제로 이 개념들을 완전히 이해하지 못하는 경우도 적지 않습니다.

그러나 이러한 이론을 잘 몰라도, 합리적으로 투자 관련 판단을 내릴 수 있도록 도와주는 전문 평가기관들이 존재합니다. 물론 일부 정보는 유료로만 제공되고 기관마다 평가 방식에도 차이가 존재하긴 하지만, 무료로 공개되는 기본 정보만으로도 투자 의사결정에 많은 도움을 받을 수 있습니다.

이번 장에서는 대표적인 전문기관 두 곳을 소개하고, 그들의 평가 지표를 실제로 어떻게 활용할 수 있는지 살펴보겠습니다.

다양한 ETF를 평가하는 대표 기관 - 모닝스타

첫 번째로 소개할 기관은 글로벌 펀드 평가의 선두주자 모닝스타 (Morningstar, Inc.)입니다. 1984년 설립된 이 기관은 2025년 11월 기준 32개국에서 운용되고 있으며 방대한 글로벌 네트워크를 통해 다양한 투자 정보를 제공하고 있습니다.

〈그림 5-27〉 모닝스타 로고

모닝스타는 주식, 국내외 펀드, 퇴직연금 상품 등을 아우르는 약 50만 개 이상의 데이터를 구축하고 있으며 각종 분석 도구와 리서치를 통해 일반 투자자부터 기관 투자자까지 다양한 고객층을 지원합니다. 이 평가 결과는 〈뉴욕타임스(The New York Time)〉, 〈월스트리트저널(The Wall Street Journal)〉, 〈파이낸셜타임즈(Financial Times)〉 등 주요 매체에서도 자주 인용되며, 실제 펀드 마케팅에도 적극 활용되고 있습니다.

또한, 모닝스타는 자체 개발 분석 툴을 활용해 펀드를 직접 운용 중이며, 운용자산 규모는 2023년 기준 2,950억 달러(원화 기준 약 400조 원)에 달합니다.

이 기관은 단순 수익률이 아닌 위험조정 수익률을 기준으로 펀드를 평가하며 총 5개의 별로 투자등급을 결정합니다. 위험조정 수익률 중심의 다양한 평가를 통해 가장 우수한 펀드에 별 5개가 부여되며, 그이하는 별이 4~1개까지 부여됩니다. 현재 별 5개를 받은 펀드는 전체의 약 10%이며, 별 4개를 받는 펀드는 전체의 22.5%인 것으로 알려져 있습니다.

모닝스타 등급은 몇 개 이상이어야 투자할 만한 펀드일까요? 일반적으로 별 3개를 받은 펀드는 '위험 대비 적정 수익률을 제공한 펀드'로 평가됩니다. 즉, 위험조정 수익률 관점에서 봤을 때 평균 이상의 성과를 냈다는 의미입니다. 따라서 별 4~5개는 그 이상으로 우수한 성과를 기록한 것으로 간주할 수 있습니다.

물론 모닝스타의 평가는 과거 데이터를 기준으로 한다는 점에서 미래 수익률을 보장하지는 않습니다. 실제로 2017년 〈월스트리트저널〉은 과거 성과 데이터를 바탕으로 한 모닝스타 등급의 예측력에 대해 의문을 제기한 바 있습니다. 이에 대해 모닝스타는 그들이 제공하는 투자등급이 절대적인 투자기준이 될 수는 없다면서도, 등급과 실제 성과 간의 상관관계를 정량적으로 분석해 높은 등급을 받은 펀드가 그렇지 않은 펀드보다 더 나은 수익률을 기록해 왔다는 점을 입증했습니다.

결국 투자 의사결정에 있어서 절대적인 기준이 될 수는 없지만, 의사결정 시 판단 기준이 될 수는 있다고 하겠습니다. 특히 샤프지수가 높은 펀드가 모닝스타에서도 높은 평가를 받는 경우가 많다는 점에서도 이들의 등급은 신뢰할 만한 지표로 활용될 수 있습니다. 또한 모닝스타에서는 별점을 기준으로 한 등급 외에도 여러 지표를 함께 제공하고 있어 투자 시 유용하게 참고할 수 있습니다.

이를 활용하기 위해서는 먼저 https://morningstar.com 홈페이지에 접속해 상단의 검색창에 원하는 ETF 티커를 입력합니다. 예를 들어서 Vanguard S&P 500 ETF를 보려면 VOO를 입력합니다. 그러면 해당 ETF의 관련 정보 페이지로 이동합니다.

해당 페이지의 '시세(Quote)' 카테고리에서는 별 등급, 거래량, 수익률, 비용 등 기본 정보가 제공됩니다. 참고로 별점 옆에 있는 '모닝스타 메달리스트 등급'은 향후 성과에 대한 예측 등급으로, 유료 회원에게

〈그림 5-28〉 모닝스타 평가 시스템 활용하기 ①

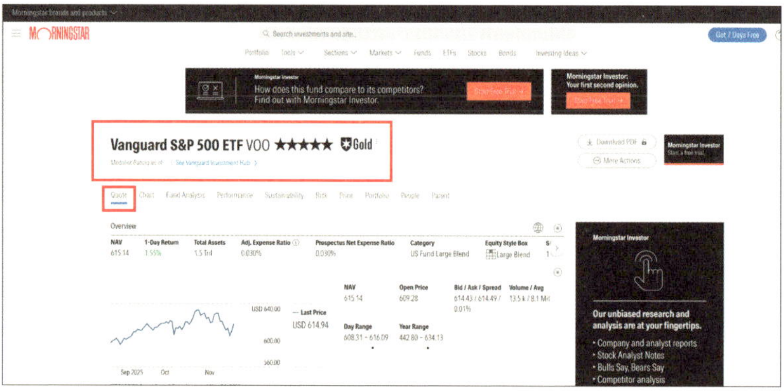

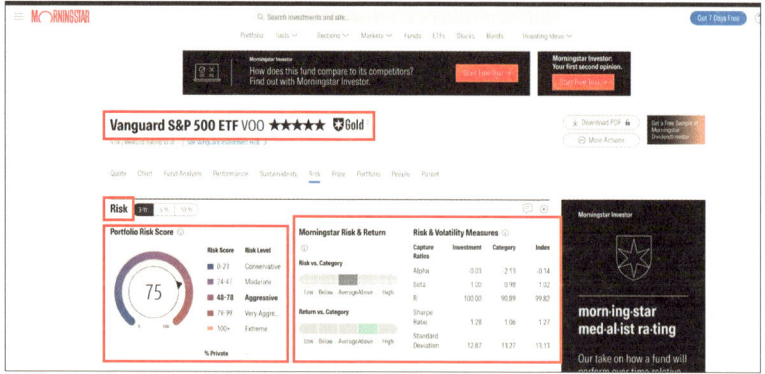

출처: 모닝스타 홈페이지

〈그림 5-29〉 모닝스타 평가 시스템 활용하기 ②

출처: 모닝스타 홈페이지

한 권으로 끝내는 미국 ETF 투자

만 공개됩니다.

‘성과(Performance)’ 항목에서는 최근 10년간 수익률 추이를 볼 수 있고, ‘위험(Risk)’ 항목에서는 표준편차, 베타, 샤프지수 등의 위험 지표가 함께 제공되어 투자 의사결정에 활용할 수 있습니다. 특히 해당 포트폴리오의 위험 점수와 함께 어떤 위험 성향의 투자자에게 적합한지도 알려줍니다.

예를 들어서 VOO는 위험 점수(Risk Score) 75점으로 ‘적극적(Aggressive)’ 성향으로 분류되며 최근 3년 기준 샤프지수는 0.39로 나타납니다. 특히 모닝스타 위험과 수익(Morningstar Risk and Return) 항목을 보면 위험은 평균 수준인 데 비해 수익은 평균보다 높은 것이 확인됩니다.

마지막으로 ‘포트폴리오(Portfolio)’ 탭에서는 자산 구성, 스타일 특성, 수익성, 모멘텀, 퀄리티 등 다양한 지표를 확인할 수 있습니다.

<그림 5-30> 모닝스타 평가 시스템 활용하기 ③

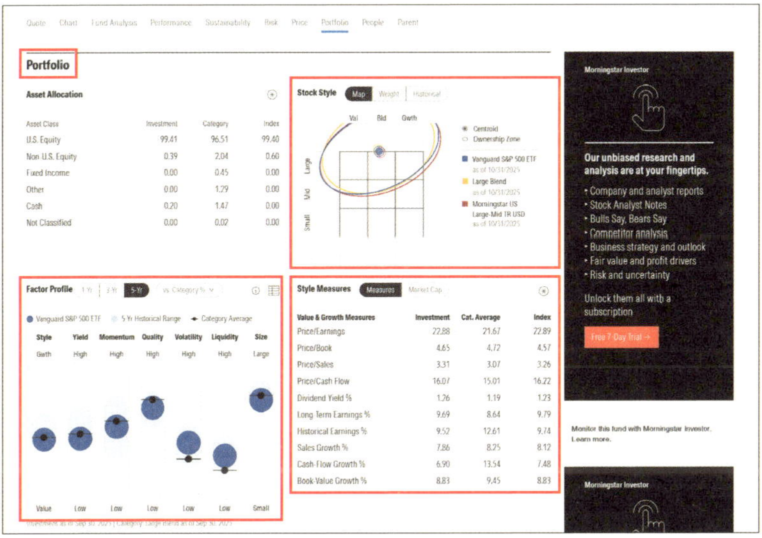

출처: 모닝스타 홈페이지

VOO의 경우 '대형주-혼합(Blend)' 스타일이며, 성장(Growth) 성향이 약간 강한 것으로 분석됩니다.

이처럼 모닝스타는 단순 등급 외에도 실질적 투자 판단에 유용한 다양한 정보를 제공하므로 ETF 선택 시 꼭 참고할 만한 사이트라 할 수 있습니다.

또 다른 대표적인 ETF 평가기관 - 리퍼 리더스 스코어카드

모닝스타 평가와 함께 우리가 투자 의사결정 시에 참고할 만한 것이 '리퍼 리더스 스코어카드(Lipper Leader Scorecard)'의 평가입니다. '리퍼 리더스 스코어카드'는 1973년에 설립된 펀드 전문 평가사 '리퍼(Lipper)'의 펀드 평가 시스템입니다. 이 회사는 현재 런던증권거래소 그룹(London Stock Exchange Group, LSEG)에 소속되어 있어 'LSEG 리퍼'로 불리기도 합니다.

LSEG 리퍼는 3년, 5년, 10년의 성과를 기준으로 펀드의 수익(Total Return), 수익의 지속성(Consistent Return), 안정성(Preservation), 세금 효율성(Tax Efficiency), 비용(Expense)의 5개 항목에 대해 다섯 가지 평가 등급을 부여하는데, 이 중에서 상위 20%는 ⑤, 하위 20%는 ①을 부여하며 나머지는 각각 20%씩 ②~④ 등급으로 분류됩니다.

리퍼 리더스 스코어카드에서 수익(Total Return)은 위험조정 수익이 아닌 절대 수익을 기준으로 평가하기 때문에 투자 의사결정 시에는 펀드의 위험을 평가한 수익의 지속성과 안정성 등급을 함께 참조하는 것이 바람직합니다. 특히 일정 기간 후 투자자금을 회수하고자 할 경우 수익의 지속성과 안정성은 반드시 참고할 필요가 있습니다.

〈그림 5-31〉 리퍼 리더스 스코어카드 활용하기 ①

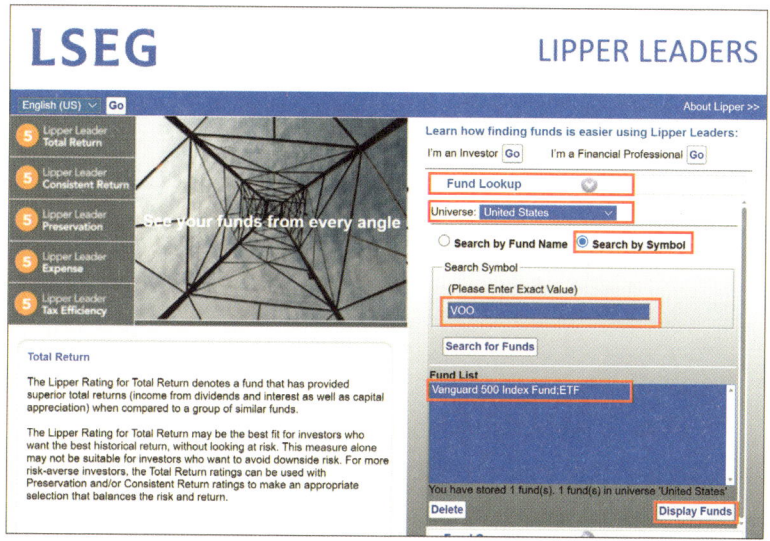

출처: 리퍼 리더스 홈페이지

활용의 이해를 돕기 위하여 리퍼 리더스 스코어카드를 통해 Van-guard S&P 500(VOO) 평가를 확인하는 과정을 살펴보겠습니다.

먼저 인터넷 창에 'http://lipperleaders.com'을 입력해 리퍼 리더스의 홈페이지로 들어갑니다. 우측에 위치한 메뉴 박스에서 우리가 원하는 펀드를 지정할 수 있습니다.

우리는 VOO에 대한 평가를 원하므로 '펀드 찾아보기(Fund Look-up)'를 선택하고 유니버스(Universe)에서 지역을 '미국(United States)'으로 선택합니다.

만약 펀드의 코드로 검색하기를 원한다면 '펀드 코드로 검색(Search by Symbol)'을 설정한 뒤 검색 창에 'VOO'를 입력하면 펀드 리스트(Fund List)에 Vanguard 500 Index Fund ETF가 뜨는 것을 확인할 수 있습니다. 이를 선택한 후 '펀드 보여주기(Display Funds)' 버튼을 클릭

〈그림 5-32〉 리퍼 리더스 스코어카드 활용하기 ②

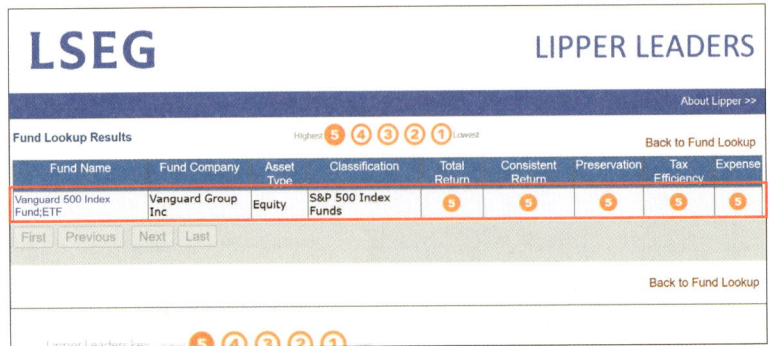

〈그림 5-33〉 리퍼 리더스 스코어카드 활용하기 ③

Fund Objective : The Fund seeks to track the performance of its benchmark index, the S&P 500. The Fund employs an indexing investment approach. The Fund attempts to replicate the target index by investing all of its assets in the stocks that make up the Index with the same approximate weightings as the Index.

Period	Total Return	Consistent Return	Preservation	Tax Efficiency	Expense
3 Year	5 114	5 114	5 12040	5 114	5 40
5 Year	5 113	5 113	5 11128	5 113	5 40
10 Year	5 98	5 98	5 8500	5 98	5 39
Overall	5 114	5 114	5 12040	5 114	5 40

Latest Price: 615.14   Launch Date: 9/7/2010

Total Net Assets: 800151.759681 M   Data is effective as of 10/31/2025

합니다.

그러면 〈그림 5-32〉와 같은 화면을 확인하실 수 있습니다. 이를 통해 VOO가 수익, 수익의 지속성, 안정성, 세금 효율성, 비용 등에서 모두 ⑤를 기록해 전 부문에서 최고 등급을 받은 것으로 평가되고 있음을 확인할 수 있습니다.

만약 VOO에 대해서 좀 더 자세한 평가 등급을 확인하고 싶다면 펀드 이름을 클릭하면 됩니다. 세부 페이지로 들어가면 기간별(3년, 5년, 10년) 등급을 항목별로 확인할 수 있습니다. 예를 들어서 VOO는 모든 항목에서 ⑤를 유지해 매우 훌륭한 펀드임을 확인할 수 있습니다.

전문기관 평가를 활용한 투자 판단 - 참고 사례

AI 테마 ETF 투자에 관심 있는 K 씨는 운용자산 규모 기준 각각 32억 달러와 26억 달러로 관련 테마 ETF 가장 큰 규모의 Global X Artificial Intelligence & Technology ETF(AIQ)와 Global X Robotics & Artificial Intelligence ETF(BOTZ) 두 상품 중 무엇을 선택해서 투자할지 고민했습니다.

그런데 최근 일주일 동안의 성과를 보면 BOTZ가 1.08%로 0.88%를 기록한 AIQ보다 좀 더 나아 보입니다. 하지만, 1개월 동안의 성과는 8.19%와 9.30%로 AIQ가 좀 더 나아 보입니다. 물론 그 차이가 크지 않아 어떤 것이 좋을지 판단하기 어렵습니다.

K씨는 본 장의 내용을 참고해 모닝스타 홈페이지로 들어가 직접 확인해보았습니다. 특히 Performance(성과) 메뉴를 골라 2개 ETF의 성

〈표 5-14〉 AIQ와 BOTZ 비교(모닝스타 기준)

	수익률(1년)	수익률(3년)	표준편차	샤프지수	별점
AIQ	20.98%	21.40%	21.91%	0.78	★ 4
BOTZ	0.53%	9.22%	25.84%	0.29	없음

주: 수익률(3년)은 연평균수익률, 표준편차와 샤프지수는 3년 기준

Fund Name	Fund Company	Asset Type	Classification	Total Return	Consistent Return	Preservation	Tax Efficiency	Expense
Global X Artificial Intelligence & Technology ETF	Global X Management Co LLC	Equity	Global Science/Technology Funds	⑤	⑤	②	④	③
Global X Robotics & Artificial Intelligence ETF	Global X Management Co LLC	Equity	Global Science/Technology Funds	②	③	①	⑤	②

출처: 리퍼 리더스 홈페이지

과적인 측면을 살펴보니 최근 1주일과 1개월은 서로 큰 차이가 없지만, 1년과 3년의 중·장기성과는 AIQ가 연평균 20.98%와 21.40%인 반면 BOTZ는 0.53%, 9.22%에 불과하다는 사실을 확인했습니다.

위험조정 수익률을 확인하기 위해 'Risk(위험)' 메뉴를 선택해 들어가 확인해보니 3년 기준 샤프지수의 경우 AIQ가 0.78인 데 반해 BOTZ는 0.29에 불과했습니다. 위험을 나타내는 표준편차도 BOTZ가 25.84%로 AIQ의 21.91%보다 높았습니다. 당연히 AIQ가 좋은 선택이라는 것을 알 수 있었습니다.

이후 K씨는 리퍼 리더스 스코어카드에서도 동일 ETF를 비교했습니다. 결과는 마찬가지였습니다. AIQ는 여러 항목에서 최상위 등급인 ⑤ 등급을 받고, BOTZ는 ②~③ 수준에 그쳤습니다. 특히 수익의 지속성과 안정성에서 차이가 컸습니다.

이와 같은 비교 분석 결과를 바탕으로, K씨는 AIQ를 선택하는 것이 보다 합리적인 투자 판단이라 결론지었습니다.*

---

* 이 '참고 사례'는 전문 평가기관을 활용하기 위한 예시일 뿐, 특정 펀드 상품을 홍보하거나 투자를 권유하기 위한 것이 아님을 알려드립니다.

"가장 중요한 것은 돈을 잃지 않는 것이며, 그다음이 자본을 수익으로 전환하는 것이다. 결국 '위험 관리'가 핵심이며, 투자의 90%를 차지 한다."

– 하워드 막스

"지피지기, 백전불태."

―《손자병법》, 모공 편

6부.

ETF
투자 전략

시장을 알고 나를 알면 길이 보인다

생애주기에 맞춘 자산배분부터, 핵심–주변 전략, 경기·섹터 순환 전략까지—여러분의 투자 상황과 시장 흐름에 따라 선택할 수 있는 맞춤형 ETF 전략을 총망라했습니다.

지금까지 우리는 ETF의 개념, 투자대상, 테마별 특징 그리고 구체적인 선택 기준까지 차례로 살펴보았습니다. 이제는 실전 투자로 한 걸음 더 나아가야 할 때입니다. 하지만 투자에 앞서서 반드시 짚고 넘어가야 할 중요한 질문이 있습니다. '나는 어떤 전략으로 ETF를 활용할 것인가?', '나에게 맞는 포트폴리오는 무엇인가?'라는 점입니다.

6부에서는 본격적인 ETF 투자 전략을 다루며 각자의 투자성향과 상황에 맞춰 ETF를 어떻게 활용할 수 있는지를 구체적으로 살펴보겠습니다. 이를 통해 여러분은 스스로의 투자기준을 점검하고, ETF를 중심으로 한 실질적인 포트폴리오 전략을 세울 수 있을 것입니다.

《손자병법》모공 편에는 "지피지기 백전불태(知彼知己 百戰不殆)"라는 말이 있습니다. 적을 알고 나를 알면 백 번 싸워도 위태롭지 않다는 뜻으로, 흔히 "지피지기 백전백승"이라는 표현으로 더 잘 알려져 있습니다. 여기서 '피(彼)'는 단순히 적이 아니라, 내가 상대해야 할 외부 대상을 의미합니다. 금융시장에 있는 우리에게 '피'는 주식, 금융 상품,

ETF 등 투자대상 전반이 될 수 있습니다.

지금까지 우리는 2부에서는 왜 미국 ETF에 장기투자해야 하는지, 3부에서는 어떤 ETF들이 있는지를 살펴보았고, 4부에서는 중·장기 테마형 ETF를, 5부에서는 ETF 선택 기준을 알아보았습니다. 다시 말해서 2부에서 5부까지는 '지피(知彼)', 즉 ETF에 대한 이해를 다진 단계였습니다.

이제 6부에서는 '지기(知己)', 즉 자기 자신을 이해하고, 어떤 전략으로 투자에 임할 것인지 그리고 어떻게 포트폴리오를 구축할 것인지에 대한 전략적 방향을 다루려 합니다.

1. 전략 수립 전 점검해야 할 사항들

투자라는 전장에 나서기 전에 스스로를 점검하는 일은 무엇보다 중요합니다. 5부에서 우리는 스타일 박스를 통해 투자자 본인에게 적합한 ETF 스타일을 찾는 과정을 배우며 "너 자신을 알라"는 명제의 필요성을 깨달았습니다.

당시에는 수익률과 위험 측면에만 집중했지만, 이번에는 '시간'이라는 요소를 포함해 전략을 수립하는 방법을 다뤄보겠습니다. 먼저 전설적인 투자자인 피터 린치가 제안한 세 가지 자가 점검 항목을 중심으로 '지기(知己)' 과정을 시작해보겠습니다.

피터 린치의 투자 전 세 가지 점검 항목

피터 린치는 "자신을 파악하지 못한 채 금융 수단부터 들여다보면 아무런 의미가 없다"라고 말하며 다음 세 가지 질문을 스스로에게 던질 것을 권했습니다.

① 나는 내 소유의 집을 가지고 있는가?

② 나는 여유자금을 갖고 투자하려 하는가?

③ 나는 주식 투자에 성공할 만한 개인적 자질을 갖추고 있는가?

그는 이 세 가지에 대한 대답 여부가 투자결과를 결정짓는 핵심이라고 보았습니다.

그가 집을 강조한 이유는 명확합니다. 집은 주거의 안정과 함께 장기투자 자산으로써의 가치가 크기 때문입니다.

또한 피터 린치는 여유자금으로만 투자하라고 충고합니다. 그 이유는 다음과 같습니다.

> "뜻밖의 사건이 생기지 않는다는 전제하에 주식의 10~20년 후를 예측할 수는 있지만, 2~3년 동안의 흐름을 예측하는 것은 동전 던지기나 마찬가지다. 우량주도 몇 년간 제자리에 머무를 수 있다. 가까운 미래의 생활에 영향을 미치지 않을 수준의 자금만 투자하라."

그는 주식 투자에 성공하기 위한 구체적인 자질로 자제하며 견디는 참을성, 자기자신에 대한 신뢰, 정상적으로 분별할 수 있는 상식, 고통을 감내하는 아량, 편견 없는 마음, 쉽게 흔들리지 않는 냉정함, 끈기 있게 버티는 지속성, 자신에 대한 겸손, 상황에 따른 유연성, 독자적 조사 분석을 하려는 자발성, 실수를 기꺼이 시인하는 자세 그리고 일상적인 혼란을 무시할 수 있는 능력 등을 이야기합니다.

우리는 피터 린치가 이야기한 투자 전 스스로에 대한 세 가지 점검 사항을 다음과 같이 재해석할 수 있습니다.

① 나는 장기투자를 위한 준비가 되어 있는가?

② 나는 장기투자가 가능한 재정 상태인가?

③ 나는 장기투자를 견딜 수 있는 마음의 준비가 되어 있는가?

집을 소유하고 있는지 여부는 장기투자에 나설 수 있는 준비가 되어 있는지를 판단하는 척도입니다. 투자자금을 주거자금으로 전환해야 할 가능성이 있다면, 장기 보유는 어려워질 수밖에 없습니다.

여유자금이 아닌 돈으로 투자에 나서면 일정 시점에 자금을 회수해야 할 상황이 생깁니다. 특히 대출을 받아 투자하는 경우에는 원금 상환과 이자 부담 등이 장기 전략을 흔드는 결정적 변수로 작용할 수 있습니다.

끝으로 피터 린치는 주식 투자에 고도의 수학적·통계적·과학적 지식보다는 '상식의 힘'이 중요하다고 말했습니다. 투자에서 성공하기 위한 자질로 피터 린치가 다양하게 언급한 것들은 결국 이러한 '상식의 힘'이 제대로 발현되기 위한 스스로의 마음가짐을 뒷받침하는 것입니다.

장기투자, 성공투자를 위한 안전장치 - 버핏의 사례

아펠 에셋매니지먼트(Apel Asset Management)의 마빈 아펠(Marvin Appel) 대표는 장기투자의 성공 가능성과 중요성을 다음과 같이 설명했습니다.

"버핏은 종목 선정에 탁월한 재능을 발휘했지만, 이는 예외적 사례로

봐야 한다. 펀드매니저조차 실적이 고만고만한 현실에서 생업이 따로 있는 개인이 최고의 종목을 고르기는 더 어렵다. 게다가 버핏은 생활비 인출 부담도 없어 투자기간이 사실상 무한대다."

실제로 버크셔 해서웨이의 주가는 1998년 6월부터 2000년 2월까지 44% 하락했는데, 이는 평범한 개인 투자자라면 감내하기 어려운 낙폭이었습니다. 버핏은 이와 비슷한 위기를 1970년대 초에도 경험했습니다. 당시 뉴욕증시는 2년간 37% 하락했고 버핏도 큰 손실을 입었지만, 이후 가치주 랠리에서 큰 성공을 거둡니다. 1970년대 중후반 가치주 랠리에서의 대성공은 버핏이기 때문에 가능한 것이기도 하지만, 본질적으로는 그가 기한을 두지 않는 장기투자자이기 때문에 가능한 것이었습니다.

그래서 버핏은 2000년 2월, 닷컴버블이 꺼질 때까지 기다릴 수 있었고 결국 1998~1999년의 부진을 대성공으로 탈바꿈시킬 수 있었습니다. 투자를 위한 시간의 제약이 없었기 때문에 원칙을 지킬 수 있었던 것입니다.

전설로 평가받는 투자 대가(Guru)들이라 해도 한 해도 손실 없이 꾸준히 큰 수익을 낸 투자자는 거의 없습니다. 이처럼 장기투자는 비록 유일한 조건은 아닐지라도 성공투자의 필수적인 기반입니다.

2. 투자 전략의 큰 틀을 세워라
- 자산배분 전략

'지피지기(知彼知己)'를 통해 투자대상과 자신에 대한 이해를 마쳤다면 이제 '백전불태(百戰不殆)'의 전략을 수립할 차례입니다. 수익과 손실의 반복이 아니라 꾸준하고 안정적 수익을 원한다면 위험을 최소화하고 수익을 극대화할 수 있는 실전 투자 계획이 필요합니다.

가장 기본적인 전략 - 대표지수 투자

전략이라기에는 단순할 수 있지만, 최소 10년 이상의 장기투자가 가능하고 자본시장에 대한 이해도가 낮거나 별도의 생업이 있어 투자를 위해 많은 시간을 할애하기 어려운 개인 투자자에게는 대표지수 ETF에 투자하고 잊고 지내는 것도 좋은 선택이 될 수 있습니다. 버핏은 Vanguard 500 Index Fund 하나만으로도 헤지펀드매니저인 테드 세이즈와의 100만 달러 내기에서 승리했습니다.

유럽의 버핏이라 불리는 투자의 대가 앙드레 코스톨라니(André

Kostolany) 역시 "우량주 몇 종목을 산 뒤에 수면제를 먹고 몇 년간 푹 자라"고 말하며 좋은 자산에 대한 장기투자의 중요성을 언급했습니다.

물론 S&P 500 지수가 조정 없이 상승하는 구조는 아니지만, 장기투자 관점에서는 매우 안정적이고 높은 수익률을 기록해 왔습니다. 특히 애플, 마이크로소프트, 아마존, 구글, 테슬라, 엔비디아 등 인터넷·미디어 혁명부터 AI산업까지 글로벌 혁신을 이끌어온 핵심 기업들이 포함된 이 지수는 과거와 현재 그리고 미래에도 미국 시장의 대표 투자처로 기능할 가능성이 큽니다.

닷컴버블 붕괴 이후인 2002년부터 S&P 500 지수에 투자한 경우 언제 투자했더라도 5~15%의 10년 장기 연평균수익률을 기록했으며, 글로벌 금융위기인 2008년 이후 투자했다면 언제 투자했더라도 항상 10% 이상의 10년 연평균수익률을 기록할 정도로 뉴욕증시는 꾸준하고 만족할 만한 수익률을 제공하고 있습니다.

모든 투자자가 버핏처럼 무제한의 시간으로 투자할 수는 없지만, S&P 500에 장기투자하는 것은 충분히 가치 있었음을 오랜 기간 동안 확인시켜주고 있습니다.

탈무드식 자산배분

고대 유대인의 지혜가 담긴 《탈무드》는 "자산을 땅, 사업, 저축으로 나눠 각각 3분의 1씩 나누어 투자하라"고 가르칩니다. 이는 현대적 자산배분 전략과도 깊은 연관이 있습니다.

탈무드식 자산배분은 세 가지 원칙을 내포합니다.

첫째, 분산투자입니다. 만약 자산을 주식에 몰아서 투자하면 경기 하락 시 큰 손실로 인해 곤란을 겪을 수 있습니다. 만약 일부를 채권에 배분하면 이 곤란을 상당 부분 완화시킬 수 있습니다.

둘째, 장·단기투자의 균형입니다. 부동산은 장기투자자산, 사업은 단기·중기 위험 자산, 현금 또는 현금성 자산은 유동성을 제공하는 단기 자산입니다.

셋째, 위험 수준의 조정입니다. 땅은 장기적인 가치 상승을 기대할 수 있는 위험이 낮은 자산이면서 임대료와 같은 안정적 현금흐름을 기대할 수 있는 자산이고, 사업은 자산의 증식에 맞춰진 고위험 자산인 반면, 현금성 자산은 이자수익과 같은 안정적 수익을 동반하는 무위험 자산으로 각각 기능합니다.

결국 탈무드식 자산 분할 방식은 위험에 대비하면서 자산 증식이라는 성장의 기회도 놓치지 않도록 설계된 매우 실용적인 전략입니다. 실제로 Vanguard Group의 창립자인 존 보글도 자신의 저서 《뮤추얼펀드 상식》에서 탈무드식 자산배분이 본인의 투자철학과 유사하다고 언급한 바 있습니다.

생애주기에 맞춘 자산배분 전략

한편 연령별 재정 상황에 따라 자산배분 전략을 달리하는 '생애주기(Life Cycle)' 기반 전략에 주목할 필요가 있습니다. 가장 보편적으로 활용되는 이 자산배분 전략은 수입과 지출의 구조가 나이에 따라 달라지므로 각 연령대별, 시점별로 적절한 자산배분 및 운용 방식을 다르게 마련합니다.

생애주기 전략은 개인의 수입과 지출 구조가 주기에 따라 달라지고,

이에 따라 자산 관리 방식도 달라져야 한다는 관점에서 출발합니다.

일반적으로 20~30대에는 수입이 지출보다 많아 자산을 축적할 수 있지만, 40~50대에는 수입이 증가하더라도 자녀 교육비나 주택 구입 등으로 지출이 더 빠르게 늘어나기에 자산 축적 여력이 줄어듭니다. 반면, 50~60대 이후에는 40~50대 대비 지출이 감소하지만, 수입이 크게 줄어 보유 자산 활용의 중요성이 크게 증가합니다.

결국 생애 각 단계에 따라 재정 구조가 달라지므로 이를 반영한 자산운용 전략이 필요한 것입니다. 이를 연령대별로 좀 더 자세히 살펴보겠습니다.

20~30대는 수입이 지출보다 크게 앞서며 자산 축적 여력이 높은 시기입니다. 축적된 자산은 적지만, 손실을 만회할 시간이 충분하므로 성장주나 고위험 자산에 대한 투자 비중을 높게 가져갈 수 있습니다.

40~50대는 수입은 증가하지만 지출이 더 빠르게 늘어나는 시기로 자산 축적 여력이 감소합니다. 이 시기에는 자녀 교육비, 주택 대출 등으로 인해 재정 부담이 커지며 자산의 축적 속도가 둔화됩니다. 반면 축적된 자산이 있어 자산 관리 및 활용의 중요성이 커지기 시작합니다.

경험이 쌓이면서 투자에 신중해지고 보수적 성향이 강해지지만, 은퇴 후를 대비해 일정 수준의 수익 추구는 여전히 필요합니다. 따라서 안정성과 성장성을 조화롭게 고려한 포트폴리오 전략이 바람직합니다.

60대 이후는 지출도 감소하지만 은퇴로 인해 수입이 급감하는 시기이며 기존 자산을 활용해 생활자금을 조달해야 하는 시기입니다.

예를 들어서 부부 기준으로는 월 300~400만 원의 지출이 예상되고, 연금 수입이 200만 원 수준이라면 매월 100~200만 원을 보유 자산의 현금흐름에서 충당해야 합니다.

수입과 지출 관계	시기	비고
수입 ≫ 지출	청년 저축기	20~30대 중심. 공격적 투자 전략 유효
수입 ≫ 지출	중년 저축기	40대 초반~50대 초반. 투기성 자산을 줄이고 안전자산 비중 확대 필요
수입 ≒ 지출	중년 전환기	50대 초중반~60대 초반. 자산의 축적보다 관리 중심 전략으로 전환
수입 < 지출	은퇴기	60대 이상. 보수적 자산운용 및 안정적 현금흐름 확보 필요

이 시기에는 20~30대 때와 같이 손실을 만회할 수 있는 충분한 시간이 없기 때문에 원금 보존을 우선으로 하되, 배당·이자 등 안정적인 현금흐름을 창출하는 자산에 집중하는 전략이 요구됩니다.

물론 어떤 사람은 30대에 이미 수입과 지출이 비슷한 상황일 수 있고, 50대의 나이임에도 수입이 지출을 초과하는 경우도 있습니다. 따라서 생애주기 전략은 단순히 연령에 따라 정해지는 것이 아니라 개인의 재정상황 구조에 따라 전략적으로 설계되어야 합니다.

지금까지 소개한 생애주기를 재정 상황 중심으로 4단계로 나누면 〈표 6-1〉과 같습니다.

이 같은 분류는 투자자의 생애 여정과 재정 상태에 따라 세부 전략을 세울 때 유용하게 활용될 수 있습니다.

투자성향에 따른 다섯 가지 자산배분 전략

가장 일반적이면서 가장 많이 사용되는 또 다른 자산배분 전략은 변동성(위험)과 현금흐름 그리고 예상 수익률 등을 감안하여 다음과 같이 크게 다섯 가지의 방식이 제시되고 있습니다.

첫 번째 자산배분 전략은 '이자소득형'으로 안정적인 이자수익을 중심으로 현금흐름 확보에 중점을 둡니다. 가장 보수적인 자산배분으로 일반적으로 주식 20%, 채권 80%의 포트폴리오로 구성하며 변동성을 낮추는 대신 기대수익률도 낮은 것이 특징입니다. 은퇴 이후 생활자금 확보를 중시하는 투자자에게 적합합니다.

두 번째는 '보수형' 자산배분 전략으로 이자소득과 원금 방어를 동시에 고려하지만, 일부 위험을 감수해 낮은 수준의 자산 성장도 도모하는 형태입니다. 주식에 40%, 채권에 60%를 투자하는 것이 일반적입니다. 현금흐름이 양호하고 변동성도 낮은 수준인 만큼 중수익 이하의 수익률을 겨냥합니다.

세 번째 자산배분 전략은 '중간형'으로 위험을 적극적으로 수용하지는 않지만, 회피하지도 않는 전략입니다. 자산 이외의 수입으로 생활에 필요한 자금이 충당되는 경우 고려되는 방식이며, 주식 50%, 채권 50%로 안정성과 성장성을 동시에 확보하는 데 초점을 둡니다.

네 번째는 '성장형' 자산배분 전략으로 투자 경험이 있고 일정 수준의 자산을 보유한 투자자에게 적합한 방식입니다. 주식 60%, 채권 40%로 구성하며 개인적인 통찰력과 투자 경험을 바탕으로 일정한 수준의 위험을 감수하지만, 안정적이고 합리적인 투자 포트폴리오를 구축하고자 하는 경향이 높습니다.

끝으로 '공격형' 자산배분 전략인데, 이는 저축 가능 기간이 길고 손실을 만회할 기회도 많아 공격적으로 자산을 배분하는 형태로 주식 80%, 채권 20%를 기본으로 하는 포트폴리오로 구성합니다. 위험을 적극적으로 받아들이나, 때로는 감당하기 높은 변동성에 노출되는 것에는 유의해야 합니다. 전문가들은 공격형 투자자라고 해도 고위험 자산의 비중이 80%를 넘지 않도록 권고하고 있습니다.

종합-생애주기와 투자성향별 전략의 결합

지금까지 살펴본 자산배분 전략은 크게 첫째, 대표지수 기반 투자 전략, 둘째, 탈무드식 분산투자 전략, 셋째, 생애주기 기반 전략, 넷째, 투자성향별 전략 등의 네 가지입니다. 이 중에서 생애주기 기반 전략과 투자성향별 전략은 상호 보완적인 형태로 현실적인 재무 상황과 투자성향을 고려해 통합적으로 적용할 수 있습니다. 〈표 6-2〉는 생애주기에 따른 재정 상황과 이에 적합한 자산배분 전략을 종합한 것입니다.

〈표 6-2〉 생애주기별 재정 상황과 적합한 투자 전략

	① 20~30대	② 40~50대	③ 60대 (또는 50대 중후반) ~
재정(수입/지출) 상황	수입 》 지출	수입 〉 지출 또는 수입=지출	수입 〈 지출
주 수입원	– 근로소득 – 사업소득	– 근로소득 – 사업소득	연금소득
지출의 특징	– 큰 지출 없음 – 지출 통제 가능	– 크고 작은 지출 증가 – 지출 통제 어려움	– 지출의 감소 – 지출 통제 불가
자산의 특징	– 자산 형성 미미 – 자산 성장성 큼	– 일정 규모 자산 형성 – 자산 성장성 감소	– 자산 형성 마무리 – 자산 성장성 없음
요구되는 투자 전략의 유형	공격적 투자 전략 유효	위험 회피 성향이 증가하나, 공격적 투자 전략도 필요	– 생활자금 조달을 위한 자산 관리 요구 – 보수적 투자 전략
투자 전략 ①	– 공격형 – 성장형	– 성장형 – 중간형	– 보수형 – 이자소득형
투자 전략 ②	적립식	적립식/거치식	거치식
중요 포인트	일관되고 꾸준한 투자	– 핵심–주변 전략 – 저점 분할매수 전략 – 꾸준한 포트폴리오 점검과 재편	– 변형 핵심–주변 전략 – 현금흐름 중심 – 꾸준한 포트폴리오 점검과 재편

3. 어떻게 실행할 것인가
- 상세 투자 전략

앞서 생애주기를 바탕으로 한 자산배분 전략이라는 큰 틀을 세웠다면, 이제는 실행을 위한 구체적인 전략을 수립하는 단계로 넘어갑니다. 이번 장에서는 적립식 투자 방식과 거치식 투자 전략과 같은 기본적인 투자 전략뿐 아니라 좀 더 복합적인 전략을 소개할 예정입니다. 또한 각 전략을 수행하기 위한 다양한 세부 전략을 소개하겠습니다.

적립식 투자 전략 - 20~30대 필수 전략

적립식 투자 전략은 매우 단순하고 특별히 대단한 전략은 아니지만, 20~30대 투자자와 같이 경험이 부족하고 자산 형성이 충분히 이루어지지 않은 경우 선택할 수 있는 가장 강력한 전략 중 하나입니다.

많은 투자자가 적립식 투자의 엄청난 효과를 간과하며, 시세변동 유혹으로 매 시점마다 일관되고 꾸준히, 성실하게 적립해야 한다는 기본 원칙에서 벗어나는 경우가 많습니다. 하지만 적립식 투자 전략은 단순하지만 강력하고, 원칙만 지킨다면 충분히 훌륭한 성과를 낼 수 있는 방법입니다. 특히 경험이 부족한 투자자에게 중요한 이유는 잘못된 판단으로 고점에 매수하는 실수를 사전에 차단하기 때문입니다.

경험이 많지 않은 투자자들은 시세가 올라갈 때는 많은 금액을 투자하고 싶고, 시세가 내려갈 때는 투자 금액을 줄이고 싶거나 심지어는 보유하고 있는 자산을 현금화하고 싶은 유혹에 빠지기 쉽습니다. 이런 경우 시세의 최고점에 대규모 투자를 하거나 바닥 시세에서 매도하는 우를 범하기 쉽습니다. 물론 이런 방식도 어쩌다 한 번은 수익을 낼 수도 있습니다. 하지만 장기간 반복해서 연이어 성공할 확률은 극히 낮습니다.

반면에 적립식 투자는 일정한 주기로 분할매수함으로써 평균 매입단가를 낮추고 시장 하락기에도 지속적으로 투자하도록 해 장기적으로 수익률을 안정화하는 효과를 얻을 수 있습니다. 일반적으로 하락

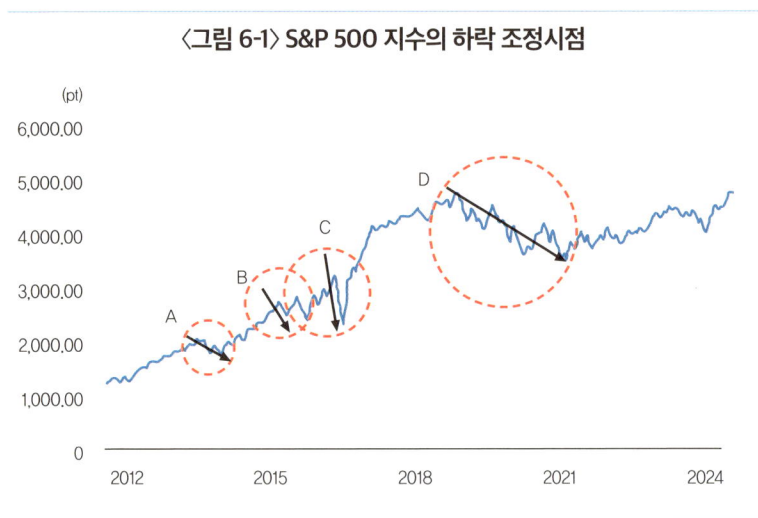

〈그림 6-1〉 S&P 500 지수의 하락 조정시점

주: 2012~2024년 기준
출처: FnGuide, 토마스리서치

한 권으로 끝내는 미국 ETF 투자

국면에서는 공포심으로 인해 바닥 국면에서 매도하는 경향이 나타나는데 이를 예방한다는 점에서도 의미가 있습니다.

〈그림 6-1〉은 2012년부터 적립식으로 S&P 500에 투자했을 경우 네 차례의 하락 구간(A~D)을 효과적으로 통과했음을 보여줍니다.

이제 구체적인 사례를 통해 적립식 전략이 얼마나 효과적인지 살펴보겠습니다.

A 과장은 2012년 한 회사에 입사한 후 12년 동안 미국 Vanguard S&P 500 ETF(VOO)에 매달 일정 금액을 투자했습니다. 사원 기간이었던 6년간 매월 약 150만 원, 대리~과장 기간이었던 6년간 매월 200만 원을 투자해 총 투자 금액은 2억 5,283만 원(VOO의 주당 가격과 환율 등을 고려해 정확히 매달 150만 원, 200만 원씩 투자하는 것은 아님)입니다.

VOO의 가격이 상승하면서 투자 후반기에는 더 많은 금액으로 이전보다 적은 수량밖에 매수하지 못했지만, 12년간 총 953주를 확보한

〈그림 6-2〉 A 과장의 과거 12년간 적립식 투자 내역

주: 2012~2023년 기준

〈표 6-3〉 A 과장의 12년간 적립식 투자성과

	투자 금액	매수 수량	매수 단가
2012~2017년	108,330,000원	569	190,387원
2018~2023년	144,502,000원	384	376,309원

결과 2023년 말 평가금액은 약 5억 5,537만 원에 달했습니다. 수익률은 약 120%로 자산이 투자원금의 2배 이상 불어난 셈입니다.

게다가 VOO는 연 1~2%의 배당금을 지급하는 ETF로 이를 재투자한 경우 수익률은 124%, 평가금액은 5억 6,527만 원으로 늘어납니다.

이는 적립식 투자가 인내심과 꾸준함만 유지된다면 생각보다 훨씬 높은 보상을 안겨줄 수 있다는 점을 보여주는 사례입니다. 〈그림 6-2〉와 〈표 6-3〉에는 A 과장의 적립식 투자 내역과 성과가 정리되어 있습니다.

거치식 투자 전략 - 분할매수/매도와 경기순환주기의 활용

나이가 들수록 자산 축적 속도는 느려지지만, 이미 축적된 자산의 규모는 커지므로 자연스럽게 투자 방식 역시 변화하게 됩니다. 20~30대에는 적립식 투자가 중심이 되지만, 40대 이후에는 적립식 투자도 지속하면서 축적된 자산을 거치식으로 운용하는 전략적 전환의 필요성도 자연스럽게 늘어납니다. 특히, 50대에 이르면 지출 증가로 적립식 투자는 줄이고 그동안 쌓아온 자산을 활용한 거치식 투자에 집중해야 할 수 있습니다.

거치식 투자를 고려할 때 향후에도 수입이 꾸준히 지출을 초과할

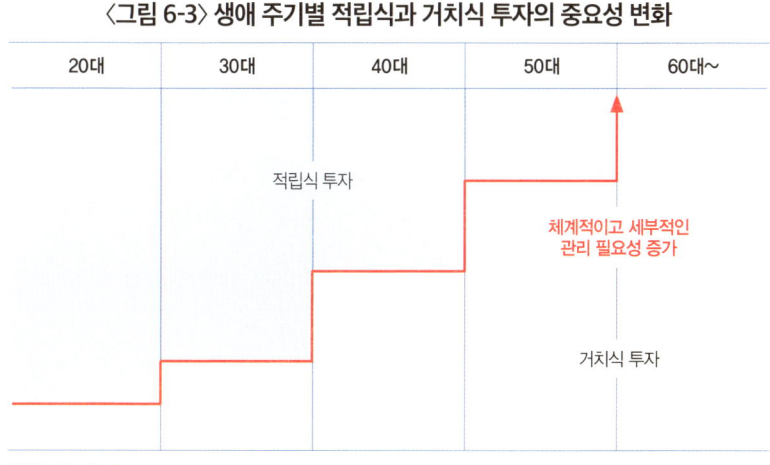

〈그림 6-3〉 생애 주기별 적립식과 거치식 투자의 중요성 변화

| 20대 | 30대 | 40대 | 50대 | 60대~ |

적립식 투자

체계적이고 세부적인
관리 필요성 증가

거치식 투자

출처: 토마스리서치

것으로 예상된다면 적립식 투자도 병행하는 것이 좋습니다. 앞서 언급한 바와 같이 적립식은 고점 매수, 저점 매도 등 개인 투자자가 흔히 겪는 실수를 완화해주는 역할을 하는 데다 기대 이상으로 만족스러운 성과를 제공하기 때문입니다.

거치식 투자에서 손실이 발생하면 장기투자를 통해 오랜 기간에 걸쳐 회복하더라도 상당 기간 심리적 부담에 시달려야 합니다. 더욱이 하락장이 길어지면 저점에서 매도하는 실수를 저지를 가능성도 높아집니다. 적립식은 이와 같은 거치식의 투자위험을 상쇄할 수 있다는 점에서 가능하다면 병행하는 것이 좋습니다.

거치식 투자의 경우 성패는 초기 수익률에 달려 있기 때문에 초기 투자에서 성공을 거둘 수 있도록 최선을 다해야 합니다. 예를 들어서 1억 원을 투자한 후 향후 10년 뒤 최종 목표 수익률을 100%로 설정했지만, 초기에 30% 손실이 발생하면 목표 달성을 위해 186%의 수익을 올려야 합니다. 이는 현실적으로 매우 어려운 수치입니다.

반대로 초기에 30% 수익을 거둔다면 남은 수익률 목표는 54%에 불과해집니다. 이와 같이 초기 투자의 성공이 향후 투자목표 달성 여부를 결정하는 데 결정적임은 두말할 것도 없습니다.

초기에 성공적인 투자를 하기 위해서는 어떤 자산에 투자할지에 대한 신중한 판단이 필수입니다. 누군가의 근거 없는 권유나 인터넷에 유포된 정보는 이미 많은 사람이 알고 있는 정보이거나 매도 타이밍에 맞춰 유포된 정보일 수 있습니다.

피터 린치가 이야기한 투자의 실패 요인처럼 투자처를 물색할 때보다 전자레인지를 고를 때 더 많은 시간을 보내는 경우와 같아서는 안될 것입니다. 성공적인 투자결정을 위해서는 다양한 검토와 노력이 필수입니다.

특히 잊지 말아야 하는 것은 일정 시점에 너무 서둘러 모든 자산을 투자하는 잘못을 하지 말아야 하며, 적정한 판단 도구를 활용해 신중하게 접근해야 한다는 것입니다. 그런 차원에서 저점 분할매수전략과 경기순환주기 전략은 매우 중요한 투자 전략입니다.

저점 분할매수 전략

모두가 바닥에서 사고 고점에서 팔고 싶어 하지만, 현실은 다릅니다. 그래서 증시에는 "무릎에 사서 어깨에 팔라"라는 속담이 있습니다. 만약 매수하고자 하는 투자자산이 충분히 하락했다고 판단될 때 바닥국면에 진입하기 전부터 매수를 해서 상승 국면 초입까지 매수를 지속한다면 평균 매수 단가를 최소한 '무릎' 수준 이하에 맞출 수 있습니다. 반대로 상승 국면이 일정 수준 이상 지속되면 분할매도를 시작해 정점을 지난 후 하락 국면 초입에 매도를 마무리한다면 평균 매도 단

〈그림 6-4〉 저점 분할매수와 고점 분할매도

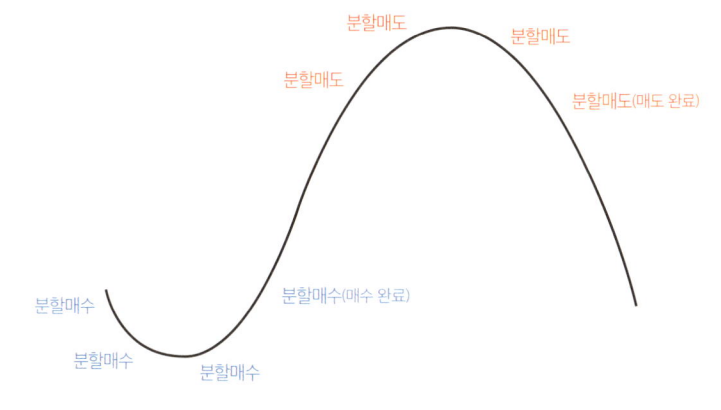

가를 '어깨' 또는 그 이상에 맞출 수 있습니다.

그렇게 하기 위해서는 장세 또는 주가의 흐름을 정확하게 분석할 수 있는 활용 도구가 필요합니다. 종목의 경우에는 밸류에이션이 그 역할의 일부를 수행합니다. 즉 저평가되었을 때 저점 분할매수하고 고평가를 넘어 버블이 생긴다고 판단되면 분할매도를 하는 것입니다.

종목의 주가가 저평가됐는지, 고평가됐는지를 판단하려면 PER (Price Earnings Ratio), PEG(Price Earnings to Growth Ratio), PSR(Price Sales Ratio) 등 여러 지표를 함께 활용하는 것이 좋습니다.

> ▸ PER(주가수익비율): 주가 / 주당순이익
>
> ▸ PEG(성장 반영 PER): PER / 주당순이익 증가율
>
> ▸ PSR(주가매출비율): 주가 / 주당매출액

기본적으로 밸류에이션 지표를 사용할 때는 한 가지 지표에만 의존

〈그림 6-5〉 공포와 탐욕 지수

주: 2025년 6월 3일 기준
출처: 〈CNN Business〉

하지 말고 2~3개 이상의 지표를 활용해 교차검토해야 합니다. 한 가지 지표에 너무 의존하다보면 투자 판단에서 오류를 범할 가능성이 높아집니다.

시장 전반의 분위기를 파악할 때는 VIX(Volatility Index)지수(공포지수)나 CNN(Cable News Network)의 '공포와 탐욕지수(Fear & Greed Index)'를 활용할 수 있습니다.

'공포와 탐욕지수'는 VIX와 VIX의 이동평균선을 포함해 5일간의 풋/콜 비율, 20일 간의 주식(위험 자산)과 채권(안전자산)의 수익률 차, 수익률 스프레드(Yield Spread)*에 기술적 지표 2~3개를 추가해서 만들어진 복합적인 지표로, 시장을 5단계(극단적 공포-공포-중립-탐욕-극단적 탐욕)로 나눠 제시합니다. 이 지수는 시장의 단기 고점과 저점을 찾는 데 유용하게 활용할 수 있습니다.

---

* 투자 가능 외 채권(BBB 미만 또는 정크 본드)의 수익률과 투자 가능 채권(BBB 이상)의 수익률 차이를 의미합니다.

경기순환주기 전략

초기 투자에서 만약 투자대상을 하향식 접근(Top-down Approach)*
에 기반해서 분석한다면 활용할 수 있는 중요한 전략 중 하나가 '경기
순환주기 전략'입니다.

일반적으로 경기순환주기는 GDP의 흐름을 기준으로 ① 경기 확장
기, ② 경기 활황기, ③ 경기 수축기, ④ 경기 침체기 등의 4단계로 나
뉩니다.

물론 각 경기순환주기가 국면별로 완전히 분리되어 개별적이고 독
립적으로 나타나는 것은 아닙니다. 따라서 이 전략을 활용할 때 한 단
계의 마지막 국면은 다음 단계의 초기 국면과 연결되어 있어 경계가
모호할 수 있음을 감안해야 합니다.

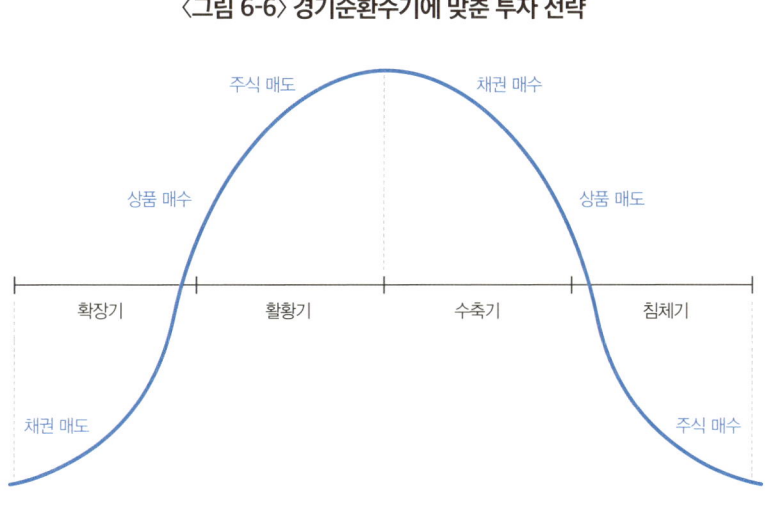

〈그림 6-6〉 경기순환주기에 맞춘 투자 전략

* 거시경제 상황, 산업 또는 업종 동향 그리고 종목 순으로 분석해 투자대상을 최종 결정하는 방법입니
다. 반대 개념인 상향식 접근(Bottom-up Approach)은 종목 분석을 통해 투자대상을 정하고 산업과 거
시경제 상황 순으로 점검합니다. 이때 산업과 거시경제는 보조적 점검 수단으로 활용됩니다.

경기순환주기에 따라 전략을 세운다면 침체기 후반에서 확장기로 넘어가는 시점이 주식이나 주식 관련 ETF에 투자하기에 적기입니다. 반면에 단기채권 또는 관련 ETF를 보유하고 있다면 매도할 타이밍입니다.

침체기에는 고금리의 장기화로 기업의 생산이 위축되고 실업률 증가와 소비 감소현상이 나타나는데, 이 시기의 후반으로 가면 정부와 중앙은행에서 유동성 공급과 금리 인하를 검토합니다. 이 과정에서 실제로 금리 인하가 시행되고 중앙은행의 유동성 공급까지 시행된다면 경기는 확장기 초기 국면으로 이행됩니다. 만약 중앙은행의 금리 인하 결정이 임박하면 주식 이외에 장기채권 또는 관련 ETF를 매수하는 것도 좋은 투자대안입니다.

경기 확장기를 지나 경기가 본격적인 활황기에 접어들면 제조업과 서비스업 전반의 수요와 성장이 가팔라지고, 에너지에 대한 수요도 매우 강해집니다. 이에 따라 원자재와 같은 실물 상품(Commodity)이나 에너지에 대한 수요가 증가해 이들 및 이와 관련된 기업의 가치가 상승합니다. 이 시기에는 에너지·원자재 등 실물자산 관련 ETF나 기업에 투자하는 전략이 유효합니다.

하지만 경기가 정점에 다다르면 주가와 각종 지표들이 과열되고, 뒤늦게 투자에 뛰어드는 사람들이 늘어납니다. 밴드웨건(Band wagon) 효과(다수의 특정 행동 시 그 흐름에 따라 자신도 무의식적으로 같은 선택을 하게 되는 효과)나 FOMO(Fear Of Missing Out) 심리가 확산되는 시점입니다. 이때가 증시나 산업에 버블이 형성되는 시기로 합리적인 투자자라면 매도를 고려해야 하는 시기입니다.

중앙은행의 금리 인상 신호가 나오기 시작하면 시장의 전환점을 의

미할 수 있으므로, 이 시기를 경계해야 합니다.

경기가 정점을 찍은 이후에는 물가 상승이 가속화되며 이를 억제하기 위한 금리 인상이 이어집니다. 결국 경기는 수축기로 접어들고, 이로 인해 소비와 기업 활동이 둔화되며 경기가 위축되는 국면으로 진입하게 됩니다.

이 시점에는 상대적으로 안전한 단기국채에 투자하는 전략이 효과적입니다. 기준금리가 인상되기 전부터 시중금리(예: 2년, 10년물 국채 금리)는 선행해 움직이므로 장기채를 보유하고 있다면 중앙은행이 금리 인상을 단행하기 전에 가격 하락 위험을 고려해 단기채로 전환하는 것이 좋습니다.

한편, 물가 상승과 함께 소비가 위축되면 산업 전반의 수요도 감소합니다. 이로 인해 원유·금속 등 상품 가격 역시 약세로 돌아설 수 있어, 경기 수축기기 진행되면 보유 중인 원자재 등 상품 관련 자산은 매도하는 것이 바람직합니다.

단기채권 활용으로 대표적인 예가 버핏의 경우입니다. 버핏은 2022년 3월 연준이 기준금리를 25bp 인상하며 기준금리 인상을 본격적으로 시작하는 것을 전후로 공격적인 주식 투자보다 단기국채를 매입하며 방어 전략을 택했습니다. 버크셔 해서웨이는 2022년 1분기부터 2024년까지 핵심 주식을 매도해 보유 현금성 자산을 2024년 말 3,300억 달러까지 늘렸습니다. 특히 2024년 1~3분기 중 보유하고 있던 애플 주식의 3분의 2를 매도한 일화는 유명합니다.

이렇게 축적된 현금성 자산은 대부분 만기 1년 이하의 초단기 미국 국채인 T-Bill에 투자되었으며 2024년 말 기준 해당 국채 보유 비중은 전체 발행량의 5%에 달한 것으로 추정됩니다.

버핏은 이처럼 금리 상승기에 적극적으로 단기국채를 매수해 2022년 뉴욕증시의 약세(S&P 500 기준 -19.44%)를 슬기롭게 극복했고, 2025년 상반기 높은 변동성으로 혼란에 빠진 증시를 한 발 떨어져서 관망할 수 있었습니다.

한편 이렇게 중앙은행이 기준금리를 인상하고 시중 금리도 고금리 국면이 본격화하면 기업의 생산이 둔화되고 실업률이 상승하며 소비 감소세가 뚜렷하게 나타납니다. 증시의 공포는 극에 달하고, 위험 자산 회피 현상은 강해집니다. 하지만 이때가 주식 또는 관련 ETF 매수의 적기입니다.

존 템플턴은 "강세장은 비관론 속에서 태어나, 회의론 속에서 성장한다"고 했습니다. 물론 이 시기에 주식을 매수할 수 있는 사람은 전문 투자자를 포함해 극소수에 불과합니다. 이 시기에는 오랜 경험에서 나오는 확신과 용기가 필요하기 때문입니다.

경기순환에 따라 투자 전략을 구성하는 것은 이론적으로 합리적입니다. 다만 실제 시장에서는 경기 국면이 명확히 구분되지 않거나 상반된 지표가 동시에 나타나는 경우가 있어 투자 전략 적용에 어려움이 있다는 단점이 있습니다.

예를 들어서 미국의 제조업 구매관리지수(Purchasing Management Index, PMI)*는 오랜 기간 동안 50을 하회하며 침체 신호를 보내고 있지만, 같은 시기의 서비스업 PMI 지수는 50 이상을 지속하며 확장세를 유지하는 등 혼재된 신호가 발생하고 있습니다. 물론 제조업보다 서비스업의 비중이 크게 높은 미국은 양호한 경기 흐름을 지속하고 있지

---

* 구매관리자의 활동 수준을 측정하는 지표로 수치가 50을 넘는 경우 경기 확장, 50 미만은 경기 침체를 의미합니다.

만, 경험이 부족한 투자자는 경기와 관련해 제조업과 서비스업이 보내는 엇갈린 신호에 적절한 판단을 내리기 어려울 수 있습니다.

또한 경기가 다른 국면으로 넘어가는 전환기에는 전문가들이라고 하더라도 서로 다른 의견을 제시할 수 있는데, 이런 것들도 투자 판단에 어려움으로 작용합니다.

더불어 최근 경기순환의 주기가 짧아지고 있다는 것도 경험이 많지 않은 일반 투자자가 경기순환전략을 활용하는 데 어려움을 느낄 수 있습니다. 재고순환이라고 불리는 경기의 소순환은 기존의 3~5년보다 짧아지고 있어 단기 대응 능력에 대한 부담이 증가한 상황입니다.*

'핵심-주변 전략'- 레벨-업된 거치식 투자 전략

버핏은 자신의 유산 대부분을 S&P 500 지수 펀드에, 나머지를 채권 펀드에 투자하라고 조언한 바 있습니다. 그러나 이는 향후 수입이 지출을 크게 초과해 자금 유출이 거의 없는 경우에만 가능한 전략입니다.

특히 현실적으로는 자녀 학자금, 주택 대출 상환, 은퇴 준비 등 중·장기적 자금 수요가 발생하는 시기가 존재하므로 보다 유연하고 전략적인 접근이 필요합니다. 이때 유용한 방식 중 하나가 바로 '핵심-주변 전략(Core-Satellite Strategy)'입니다.

핵심-주변 전략의 기본 구조와 운용의 핵심

핵심-주변 전략은 지구(Core)와 지구를 도는 인공위성(Satellite)에

---

* 경기순환은 소순환, 주순환, 대순환으로 구분됩니다. 소순환은 3~5년 주기로 '재고순환'이라고도 불립니다. 주순환은 쥬글라 사이클(Juglar's Cycle)이라고 불리며 설비투자 주기를 바탕으로 발생하며 7~11년 주기를 갖습니다. 대순환은 50~60년 주기의 장기파동입니다.

〈그림 6-7〉 지구와 인공위성(핵심-주변 전략 이미지)

〈그림 6-8〉 핵심-주변 전략의 개념

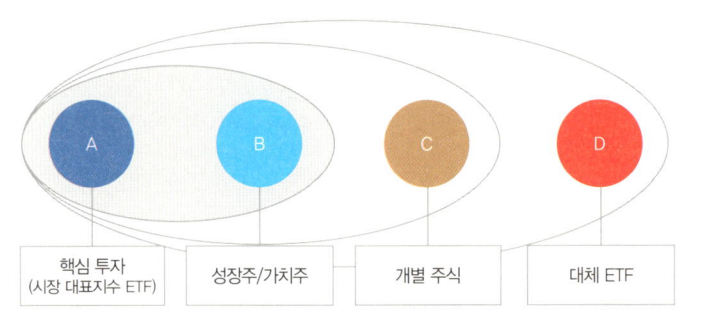

출처: 한국거래소

비유됩니다. 장기적으로 유지해야 할 안정적인 자산을 중심에 두고, 시장 상황에 따라 탄력적으로 운용하는 자산을 주변에 배치하는 방식으로 거치식 투자가 전략적으로 한 단계 '레벨-업'된 형태입니다.

구체적으로는 전체 시장을 추종하는 대표지수 ETF를 포트폴리오의 중심으로 삼고 업종·테마·스타일 ETF 등은 시장 여건에 따라 유연하게 매수·매도해 초과수익을 노리는 전략입니다.

핵심 자산에 70~90% 비중을 두어 투자하는 것이 일반적이라고 하지만, 어느 정도 비중을 둘지는 투자자의 현금흐름과 위험 성향에 따라 달라집니다. 예를 들어서 수입이 지출보다 많고 보수적인 성향이라면 핵심 자산 비중을 높게 설정할 수 있습니다. 반면, 자금 여유가 적고 공격적인 성향이라면 주변 자산에 상대적으로 높은 비중을 둘 수도 있습니다.

중요한 점은 위성 자산, 즉 주변 전략에 해당하는 ETF 수를 너무 늘리지 않는 것입니다. 일반적으로 3~5개 이내가 적절하며, 이를 넘어서면 관리와 분석의 부담이 커지고 분산 효과가 오히려 약화될 수 있습니다. 피터 린치 또한 소액 투자자라면 3~10개 종목 이내로 집중하라고 조언한 바 있습니다. 특히 ETF는 이미 분산투자된 펀드이기 때문에 지나친 다변화는 분산투자 효과보다 수익률 희석 위험이 더 클 수 있습니다. 특히 상관관계가 높은 자산에 중복 투자하면 분산 효과는 거의 없다는 것에 주의해야 합니다.

핵심-주변 전략에서 핵심 전략은 간단합니다. 대표지수 ETF에 장기투자하는 것입니다. VOO(Vanguard S&P 500 ETF), SPY(SPDR S&P 500 ETF Trust) 또는 QQQ(Invesco QQQ Trust)가 대표적입니다. 투자자는 이 자산에 얼마만큼의 비중으로, 얼마나 오랜 기간 투자할지만 결정하면 됩니다.

반면, 주변 전략은 훨씬 복잡합니다. 중·소형주·대형주, 가치주·성장주 같은 스타일 ETF뿐 아니라 업종 ETF, 테마 ETF 등 선택지가 다양하기 때문입니다. 또한 시장 상황에 따라 수시로 판단하고 운용해야 하므로 시장에 대한 전략적 이해와 투자자 본인의 투자성향을 잘 반영한 올바른 기준이 필요합니다.

핵심-주변 전략에서 주변 전략의 중요성은 궁극적인 투자결과가 이 자산의 운용 성과에 달려 있기 때문입니다. 핵심 자산이 시장 수익률을 반영하는 반면 주변 자산은 초과수익을 목표로 합니다. 따라서 주변 자산 운용이 성공적이면 기대 이상의 수익을 얻을 수 있고, 성공적이지 못하면 기대 이하의 수익에 머무르게 됩니다.

주변 자산 운용에서 초과수익을 얻기 위해서는 '모멘텀(Momentum) 전략'을 활용할 수 있습니다. 모멘텀 전략이란 대상 자산이 예상을 상회하여 그 추세가 지속될 것으로 기대될 시점에 맞추어 투자하는 방식입니다.

그러나 이 전략이 효과를 발휘하려면 적절한 투자대상을 고르고 정확한 시점에 투자해야 합니다. 특히 진입 시점이 중요한데, 아무리 자산을 잘 선택했다고 하더라도 이미 모멘텀이 발생한 뒤라면 수익률은 크게 낮아질 수 있기 때문입니다.

이를 보완하기 위해 필요한 것이 바로 앞서 '거치식 투자 전략'에서 설명했던 '저점 분할매수 전략'입니다. 모멘텀이 발생하기 전의 해당 자산은 대체로 저평가된 상태일 가능성이 높습니다. 즉, 당장은 투자 매력도가 높지 않을 수 있습니다. 하지만 충분히 모멘텀이 발생할 가능성이 있다고 판단된다면 분할매수 전략을 통해 경쟁력 있는 단가에 매수를 완료할 수 있습니다. 모멘텀이 발생하기 직전, 대규모 투자로 엄청난 이익을 얻는다는 생각은 환상입니다.

지금부터는 모멘텀이 발생하는 중요한 시그널과 분할매수/매도하는 방법에 대해서 스타일 ETF, 업종 ETF, 테마 ETF로 나누어 살펴보도록 하겠습니다.

주변 자산 운용을 위한 구체적인 전략 - 스타일 ETF

스타일 ETF는 규모, 성장/가치, 퀄리티 그리고 모멘텀과 같은 팩터를 중심으로 포트폴리오가 형성되는 ETF들로, 이 중에서 규모 및 성장/가치 팩터 관련 ETF는 경기순환주기에 영향을 받습니다.

예를 들어서 침체기를 벗어나 확장기로 진입할 때는 대형 가치주 ETF나 소형 가치주 ETF가 부각됩니다. 이후 경기 활황이 기대되면 소형 가치주 ETF는 시장의 관심에서 이탈하고 대형 가치주 ETF와 대형 성장주 ETF가 상승을 주도합니다.

이후 경기가 정점에 가까워져도 성장에 대한 기대감은 유지되어 대형 성장주 ETF는 여전히 유효한 투자대상이지만, 그 시점에 대형 가치주 ETF는 주가 상승으로 인해 가치주로서의 매력이 이미 반감된 상태가 됩니다.

하지만 경기가 본격적인 침체에 접어들면 대형 성장주 ETF도 하락을 피하기 어렵습니다. 이때 시장은 시장 전반의 약세 흐름과 상관

〈그림 6-9〉 경기순환과 스타일 ETF 투자 전략

경기 활황기	경기 수축기
대형 가치주 대형 성장주	대형 성장주
경기 확장기	경기 침체기
대형 가치주 소형 가치주	소형 성장주

없는, 그리고 성장성이 높은 소형 성장주 ETF의 투자 매력이 상승하게 됩니다.

주변 자산 운용을 위한 구체적인 전략 - 업종 ETF

한편 업종 ETF도 경기 흐름에 민감하게 반응하는 대표적인 자산으로 경기 사이클에 따라 업종별 사이클도 함께 순환하는 특성을 보입니다. 이 때문에 스타일 ETF와 마찬가지로 분할매수 전략과 모멘텀 전략을 활용한 투자에 적합합니다. 이를 통해 경기 국면별로 적절한 업종 ETF를 선택하면 초과수익을 달성할 수 있습니다.

그렇다면 경기 국면별로 어떤 업종이 투자에 적합할까요?

경기 확장기는 경기 회복의 초기단계를 포함하기 때문에 경기에 민감한 업종들이 먼저 반등하는 경향이 강합니다. 대표적으로 금융, 부동산, 임의소비재, 소재 그리고 IT 업종이 투자대상으로 부각됩니다.

이 시기에 진입하는 시그널로는 실업률이 매우 높거나 경기가 바닥을 쳤다는 신호가 뉴스를 통해 자주 보도되며, 중앙은행이 금리 인하를 논의하는 등의 움직임이 포착됩니다. 따라서 경기 확장기 진입 전 경기가 최악이라는 뉴스가 나오는 시점부터 저점 분할매수한다면 좋은 성과를 기대할 수 있습니다.

다만 이 시기에는 PER이 일시적으로 높게 나타날 수 있습니다. 하지만 이는 기업의 실적이 아직 회복되지 않았기 때문이지, 실제로 주가가 고평가되었기 때문은 아닙니다. 실적보다 주가 회복 속도가 더 빠른 시기에는 이러한 현상이 일반적입니다. 반면 경기 활황기에 진입하여 실적 개선 속도가 가치 상승 속도보다 더 빠르면 고PER가 저PER 상황으로 전환되는데, 이때는 수익 개선 모멘텀이 소멸되는 단계입니다. 그래서 "순환 업종(Cyclical Industries)은 고PER에 사서 저PER에 팔라"는 증시 속담이 있습니다.

대표 ETF로는 Financial Select Sector SPDR Fund(XLF), Vanguard Real Estate ETF(VNQ), Consumer Discretionary Select Sector SPDR Fund(XLY), Materials Select Sector SPDR Fund(XLB), Technology Select Sector SPDR Fund(XLK)가 있습니다.

경기 확장기가 활황기로 넘어가면 업종 구성에 변화를 주어야 합니다. IT 업종은 여전히 긍정적 모멘텀을 유지하지만, 소재와 같은 업종은 상대적 매력이 떨어집니다. 대신 생산과 소비가 빠르게 증가하면서 산업재와 에너지 업종이 새롭게 부각되며, 경기 호황으로 광고 수요가 크게 늘어나 미디어를 포함하는 커뮤니케이션 서비스 업종이 수혜 업종으로 떠오릅니다.

대표 ETF로는 Industrial Select Sector SPDR Fund(XLI), Communication Services Select Sector SPDR Fund(XLC), Energy Select Sector SPDR Fund(XLE)가 있습니다.

한편 경기가 정점을 지나 수축기로 진입하면 높은 인플레이션의 영향으로 금리가 상승하며 생산이 활기를 잃기 시작해 경기민감 업종은 하락세로 전환되며 방어적 업종의 중요성이 부각됩니다. 이 시기에는 필수소비재, 헬스케어, 유틸리티와 같은 꾸준한 수요가 유지되는 업종이 주목받습니다.

이 시기로 진입하기 직전에는 경기지표가 과열되고, 중앙은행의 금리 인상이 본격적으로 논의되며, 주요 주가지수가 최고치를 경신하는 등 버블 신호가 함께 나타납니다. 다만 정확한 경기 전환점을 포착하기는 어렵습니다. 그래서 활황기의 말미에서부터 저점 분할매수 방식

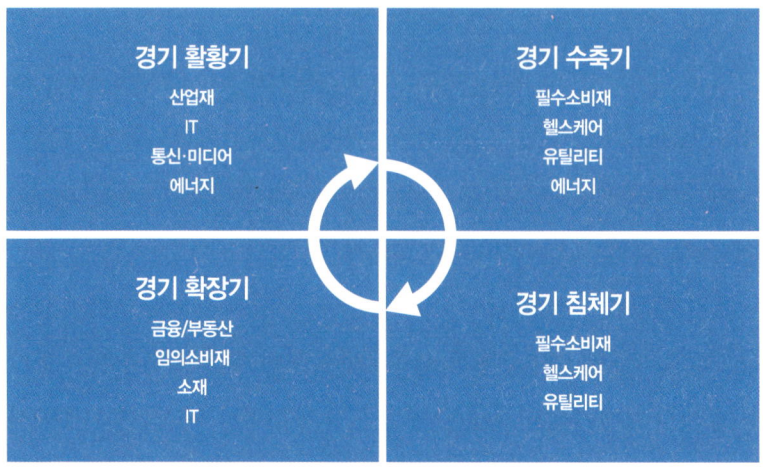

〈그림 6-10〉 경기순환과 업종 순환(Sector Rotation) 전략

경기 활황기 산업재 IT 통신·미디어 에너지	**경기 수축기** 필수소비재 헬스케어 유틸리티 에너지
경기 확장기 금융/부동산 임의소비재 소재 IT	**경기 침체기** 필수소비재 헬스케어 유틸리티

을 통해 방어 업종으로 포트폴리오를 전환하는 것이 바람직합니다.

Consumer Staples Select Sector SPDR Fund(XLP), Health Care Select Sector SPDR Fund(XLV), Utilities Select Sector SPDR Fund(XLU) 등이 관심을 가질 만한 대표 ETF입니다.

끝으로 경기가 본격적인 침체기에 접어들면 방어적 업종인 필수소비재, 헬스케어, 유틸리티의 비중을 더욱 강화하는 것이 좋습니다. 아예 주식 ETF 자체의 비중을 낮추는 것도 바람직하며 단기국채 같은 채권 관련 ETF가 대안이 될 수 있습니다.

참고로 경기 침체 중반 이후에는 인플레이션이 완화되고 금리 인하 가능성이 제기될 수 있는데, 이때는 단기국채와 장기국채 ETF를 모두 가져가는 '바벨 전략(Barbell Strategy)'* 이 유효할 수 있습니다.

주변 자산 운용에서 업종 순환 전략 활용과 관련해 2020년부터

---

* 바벨은 역기를 뜻합니다. 바벨 전략은 바벨 양쪽에 달린 추에 무게가 실리는 것과 같이 어떤 것을 선택할 때 중간은 제외하고 극단적인 선택(저위험-저수익/고위험-고수익)을 하는 전략을 의미합니다.

〈그림 6-11〉 2020년 4월~2021년 업종별 수익률

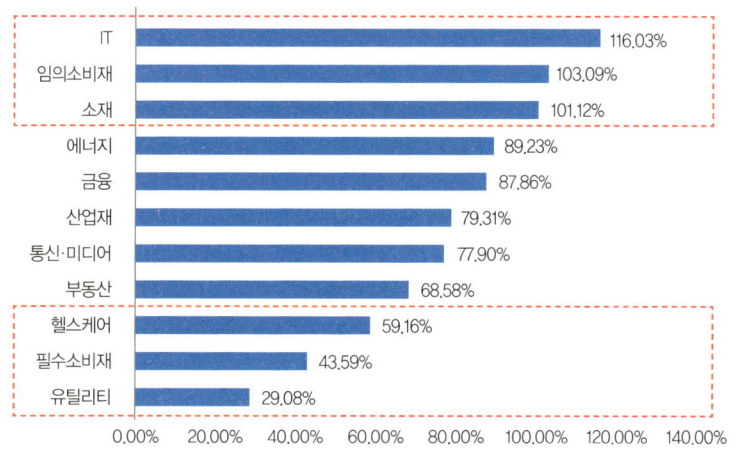

〈그림 6-12〉 2022년 업종별 수익률

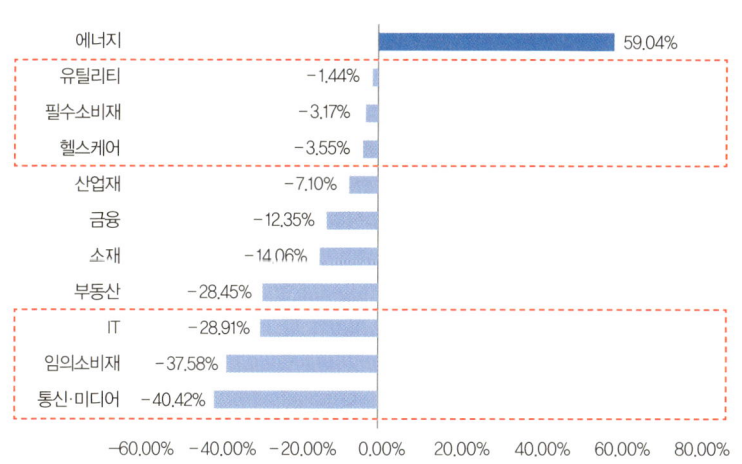

2022년까지가 이 전략이 극명하게 작동한 대표적인 시기입니다. 2020년 코로나19 팬데믹의 충격으로 미국 경제는 대규모 실업 사태를 맞았고, 연준은 이에 대응해 파격적인 금리 인하(3월 중 총 1.5%p 인하)와 함께 7,000억 달러에 달하는 대규모 유동성 공급 계획을 발표했습니다. 이 같은 조치로 급락했던 뉴욕증시는 V자 반등에 성공했고, 그 과정에서 경기민감 섹터인 IT, 커뮤니케이션 서비스, 임의소비재, 금융 업종이 강한 반등을 보였습니다.

이러한 상승 흐름은 2022년 연준이 양적완화(Quantitative Easing, QE)의 종료를 선언하고 기준금리 인상 시그널을 보내면서 전환점을 맞습니다. 이 시점부터 증시는 하락세로 돌아섰고 경기 방어 업종인 필수소비재, 헬스케어, 유틸리티가 상대적으로 선방하는 모습을 보였습니다.

이처럼 업종 순환 전략은 전통적인 경기 사이클뿐 아니라 2020년 코로나19 팬데믹이나 2008년 금융위기와 같은 비정상적인 상황에서도 효과적으로 작동해 왔습니다. 〈그림 6-11〉과 〈그림 6-12〉는 각각 지금까지 설명했던 2020년 4월~2021년 12월 동안의 QE 효과와 2022년 금리 인상기 동안 업종별 수익률의 극명한 차이를 확인시켜줍니다.

주변 자산 운용을 위한 구체적인 전략 - 테마 ETF

모멘텀 전략을 활용할 수 있는 또 다른 주요 자산은 테마 ETF입니다. 테마는 스타일이나 업종처럼 순환하는 성격은 아니지만, 특정 이슈나 트렌드가 부각되면서 강한 시장 반응을 이끌기도 합니다. 따라서 테마가 형성되는 초기에 투자해 이슈가 소멸되기 전에 매도한다면 높은 수익을 기대할 수 있습니다. 만약 충분한 파급력을 갖는 중·장기 테마라면 테마 형성 초기가 아니라 관련 테마가 조정기에 들어섰을 때 진입해도 충분히 좋은 수익을 얻을 수 있습니다.

앞서 3부와 4부에서 테마를 다루었으며 특히 4부에서는 중기적으로 유망한 세 가지 테마—인공지능 및 로봇산업, 항공우주 및 방위산업 그리고 트럼프 2기 정부 수혜 테마(국채, 에너지 인프라, 은행, 내수 제조업)—에 대해 구체적으로 살펴본 바 있습니다. 이에 따라 이번 6부에서는 테마 ETF에 대한 설명은 생략합니다.

변형된 핵심-주변 전략 - 상황에 맞춘 핵심 자산의 교체

60대 이후는 일반적으로 정기적인 수입보다 지출이 많은 은퇴 생활 단계로 투자성향 또한 보수적으로 전환됩니다. 물론 충분한 연금 수입이나 활발한 사회 활동을 통해 지출을 초과하는 수입이 있다면 예외지만, 대부분의 경우에는 보유 자산을 활용해 생활에 필요한 자금을 조달해야 합니다.

물론 40~50대라도 축적된 자산은 있지만 자의든, 타의든 은퇴한 상태로 생활을 위한 일정한 수입이 없고 평균적으로 지출이 수입을 초과하는 경우라면 여기에 해당한다고 할 수 있습니다.

이러한 상황에서는 자산 증식보다는 현금흐름 확보와 원금 방어에 초점을 맞춘 투자 전략이 필요합니다. 이를 위해 제안하는 방식이 바로 '변형된 핵심-주변 전략'입니다.

변형된 핵심-주변 전략은 1개의 핵심 자산과 3~5개의 주변 자산 구조로 형성된 전통적인 핵심-주변 전략에서 벗어나, 2개의 핵심 자산과 2~3개의 주변 자산으로 구성됩니다. 여기서 핵심 자산의 비중은 70% 이상이든, 이하이든 장·단기투자의 개념과 상관없이 절대적으로 투자원금을 지키면서 현금흐름을 확보하는 데 초점을 맞춰 비중을 결정해야 합니다.

예를 들어서 대표지수 ETF와 장기국채 ETF는 자산 증식을, 고배당 ETF와 단기국채 ETF는 현금흐름 확보를 각각 목적으로 해 조합할 수 있습니다. 시황에 따라 자산 비중은 탄력적으로 조정됩니다.

> ▶ 경기 과열·인플레이션 국면: 고배당 ETF와 단기국채 ETF를 핵심 자산으로 삼아 방어적 포트폴리오 구성
>
> ▶ 경기 부양·금리 인하 시점: 대표지수 ETF와 장기국채 ETF의 비중을 확대해 자산 가치 회복을 겨냥해 포트폴리오 구성

이처럼 경기 상황에 따라 핵심과 주변 자산의 포지션을 유연하고 적절히 조정한다면 현금흐름 창출과 자산 보전을 동시에 달성할 수 있을 것입니다.

"뜻밖의 사건이 생기지 않는다는 전제하에 주식의 10~20년 후를 예측할 수는 있지만, 2~3년 동안의 흐름을 예측하는 것은 동전 던지기나 마찬가지다. 우량주도 몇 년간 제자리에 머무를 수 있다. 가까운 미래의 생활에 영향을 미치지 않을 수준의 자금만 투자하라."

- 피터 린치

7부.

투자 구루들의 전략

투자의 전설들에게 배운다

ETF를 더 잘 활용하려면 시장을 꿰뚫어본 투자 거장들의 전략을 참고할 필요가 있습니다. 7부에서는 존 보글, 데이비드 스웬슨, 레이 달리오의 투자철학과 함께 실전에 도움이 되는 포트폴리오 모델을 소개합니다.

　지금까지 우리는 '1부. 왜 ETF인가'부터 '6부. ETF 투자 전략'까지를 통해서 미국 ETF의 기본 개념부터 투자 실전 전략까지 폭넓게 살펴보았습니다.

　1부와 2부는 ETF의 개념과 미국 시장의 중요성을 설명한 입문 과정이었다면 3부와 4부는 다양한 ETF 상품을 실제로 분석하고 선택하는 초·중급 과정이었습니다. 특히 3부에서는 대표지수형 ETF뿐 아니라 채권형, 업종별, 테마/스타일형, 레버리지와 인버스, 커버드콜 등 미국 ETF 시장의 전반을 아우르는 정보를 소개했습니다. 이어서 4부에서는 향후 중·장기적으로 유망한 테마 ETF를 집중 조명했습니다.

　5부와 6부는 투자 실력을 한 단계 끌어올리는 중·상급 과정이었습니다. 5부에서는 ETF 선택의 핵심 기준으로 수익률과 위험조정 지표를 다뤘고, 6부에서는 생애주기, 경기순환, 섹터 순환 등 다양한 자산배분 전략을 소개하며 투자자의 상황에 맞는 실전 전략을 제안했습니다.

　이렇게 1부부터 4부까지는 '무엇에 투자할 것인가'에 대한 이해를 넓히는 데 중점을 두었다면, 5부와 6부는 '그 대상을 어떻게 다룰 것인가', 즉 운용 전략에 초점을 맞추었습니다. 이 책의 모든 내용을 꼼꼼히 읽고 이해했다면 이제 미국 ETF 투자에 대한 기초 체력은 충분히 갖췄다고 할 수 있습니다.

하지만 준비가 되었다는 것이 곧 '성공적인 성과'를 보장하는 것은 아닙니다. 실제로 높은 수익을 내려면 꾸준한 학습과 실천, 전략적 사고가 뒤따라야 합니다. 투자 원칙을 지키며 장기적인 시각을 유지하고, 경제와 시장의 흐름을 지속적으로 살피는 노력이 필수입니다.

또한, 무엇보다도 중요한 것은 투자 대가(Guru)들의 전략을 참고하는 일입니다. 이들이 어떤 원칙을 지키며 자산을 운용해 왔는지를 배우는 것은 ETF를 넘어서 모든 자산운용의 기본기를 다지는 데 큰 도움이 됩니다.

이런 의미에서 7부는 일종의 '보너스 챕터'이자 지금까지 배운 내용을 한 단계 더 발전시키는 마무리 파트입니다. 여기서는 ETF와 자산배분의 대가인 존 보글(뱅가드 창립자), 데이비드 스웬슨(예일대학교 기금 최고투자책임자), 레이 달리오(브리지워터 창립자)의 전략을 살펴보겠습니다.

이들이 제시한 전략은 단순히 이론이 아니라 실제 성과로 증명된 자산배분 모델입니다. 특히 수시로 종목을 바꾸는 '동적 자산배분'이 아니라 안정적인 비중을 유지하며 장기적으로 우수한 수익을 추구하는 '정적 자산배분' 모델로도 충분히 훌륭한 성과를 낼 수 있음을 보여주기에 일반 투자자에게도 큰 실천적 가치를 제공합니다.

마지막으로, 이들과 궤를 같이하는 영구 포트폴리오(Permanent Portfolio)와 LAA(Lethargic Asset Allocation) 모델도 간단히 소개하며 마무리

하겠습니다.

보글, 스웬슨, 달리오. 이름만으로도 설레는 이 위대한 투자자들의 전략을 통해 이제 여러분의 투자 여정을 한 단계 더 업그레이드해보시기 바랍니다.

1. 존 보글의 6:4 자산배분 전략

1974년경에 세계적인 자산운용사 Vanguard Group을 설립한 존 보글(John Clifton Bogle)은 인덱스 펀드의 창시자로 널리 알려져 있습니다. 그는 개인 투자자들이 저렴한 비용으로 안정적인 수익을 장기간 추구할 수 있도록 돕는 투자철학을 구축했으며 오늘날 인덱스 펀드와

〈그림 7-1〉 존 보글

ETF 투자의 기반을 마련한 인물로 평가받습니다.

1976년, 존 보글은 일반 대중이 투자할 수 있는 최초의 인덱스 펀드인 First Index Investment Trust(현 Vanguard 500 Index Fund)를 출시했습니다. 이 펀드는 미국 경제학자로 최초의 노벨경제학상을 수상했으며 '랜덤워크 가설'과 '효율적 시장 가설' 등으로 유명한 폴 새뮤얼슨(Paul Samuelson)의 이론을 바탕으로 합니다. 새뮤얼슨은 이 펀드를 바퀴, 알파벳, 구텐베르크의 인쇄술과 견줄 만한 위대한 발명이라며 극찬했습니다.

존 보글은 버핏과 함께 인덱스 펀드가 액티브 펀드보다 장기적으로 더 우수하다고 지속해서 주장한 대표적 인물입니다. 실제로 버핏은 존 보글의 대표 상품인 Vanguard 500 Index Fund를 활용해 100만 달러 내기에서 승리하기도 했습니다. 버핏은 존 보글을 가리켜 이렇게 말했습니다.

> "미국 투자자들에게 가장 많은 것을 해준 사람을 기리는 동상이 세워진다면, 단연 존 보글이 선택되어야 한다. 그는 수백만 명의 투자자가 그렇지 않았다면 얻었을 것보다 훨씬 더 나은 수익을 얻도록 도왔다. 그는 그들과 나에게 영웅이다."

존 보글은 자신의 저서 《모든 주식을 소유하라》에서 자산배분의 기본 원칙으로 나이 기준 자산배분법을 제시했습니다. 즉, 자신의 나이만큼 채권에 투자하고 나머지를 주식에 투자하는 방식입니다. 예를 들어서 20세라면 채권 20%, 주식 80%, 반대로 80세라면 채권 80%, 주식 20%의 비중을 권장했습니다.

다만 존 보글은 이 방법이 과학적인 분석에 근거한 것은 아니며 자산배분 전략의 출발점을 제시하는 상식적 가이드라인이라고 밝혔습니다. 또한, 그는 이 비율이 개인의 위험 감수 능력과 의지에 따라 조정될 수 있음을 강조했습니다. 예를 들어서 25세 투자자가 100%로 주식에 투자하는 것이 문제되지 않을 수 있으며, 100세의 고령자라도 채권에만 자산을 배분하는 것은 바람직하지 않다고 조언했습니다.

그렇다면 존 보글 본인은 어떤 비율로 자산을 배분했을까요? 그는 88세 당시 주식과 채권을 각각 50%씩 구성한 포트폴리오를 보유하고 있었습니다.

> "나는 주식과 채권을 50:50으로 구성한 단기 및 중기 인덱스 펀드를 보유 중이다. 내 나이가 지금 88세인데 이 비율에 만족한다. 물론 나도 인간이기에 주식 비중이 너무 높은 것은 아닌지 걱정했다가 반대로 너무 낮은 것 같아서 고민하기도 했다."

존 보글이 88세에 보유한 50:50의 포트폴리오 비율은 앞서 언급한 개인의 위험 감수 능력과 의지에 따라 자산배분 비율이 조정될 수 있음을 보여주는 사례입니다.

한편 존 보글이 일반 투자자에게 권장한 보편적인 자산배분 비율은 바로 60:40 포트폴리오입니다. 그는 그의 저서에서 딱 잘라 황금비율을 이야기하지는 않았지만, 주식 60%, 채권 40%를 기반으로 한 혼합형 인덱스 펀드를 가장 현실적이면서도 이상적인 모델로 보았습니다.

이 60%의 주식 비중은 이후 《상식에서 출발하는 부의 축적(A Wealth of Common Sense)》의 저자 벤 칼슨(Ben Carlson)이 분석하면서 주식 비중을 미국 주식 인덱스 40%, 해외 주식 인덱스 20%로 나눠 '40/20/40' 모델로 확장되기도 했습니다. 하지만 존 보글은 해외 주식 투자에 대해 회의적이었고, 환위험과 미국 경제의 경쟁력을 고려해 미국 중심의 주식 60%, 채권 40%가 좀 더 간단하면서도 좋은 성과를 가져올 것이라고 언급한 바 있습니다.

다음 장에서는 좀 더 복잡하고 디테일하게 구성되었지만, 한 번은 꼭 리뷰해봐야 할 데이비드 스웬슨과 레이 달리오 등 다른 투자 거장들의 자산배분 전략을 살펴보며 실전에 활용 가능한 다양한 포트폴리오 접근법을 탐색해보겠습니다.

2. 데이비드 스웬슨의 대학 기금 모델

일반 투자자에게는 다소 낯선 이름일 수 있지만, 글로벌 자산운용 업계에서는 버핏에 비견되는 인물이 바로 데이비드 스웬슨(David Swensen)입니다. 그는 자산배분 전략 분야에서 독보적인 명성을 가진 인물로, 세계 최고의 기금운용 사례로 꼽히는 예일대학교 기금의 설계자

〈그림 7-2〉 데이비드 스웬슨

이자 최고 운용자(Chief Investment Officer, CIO)였습니다.

1954년생인 스웬슨은 위스콘신대학교에서 경제학을 전공하고 예일대학교 대학원에서 박사 학위를 받은 후 월가에서 경력을 쌓았습니다. 살로몬브러더스(Salomon Brothers)와 리먼브러더스(Lehman Brother) 등에서 6년간 근무하던 그는 1985년 급여가 80%나 줄어드는 조건임에도 예일대학교로 돌아가 기금운용을 맡습니다. 이는 스승이자 노벨 경제학상 수상자인 제임스 토빈(James Tobin) 교수의 권유가 계기가 된 것으로 알려져 있습니다.

그는 2021년 5월 사망할 때까지 무려 35년간 예일대학교 기금운용을 총괄했으며, 운용자산을 13억 달러에서 423억 달러 규모로 키웠습니다. 연평균수익률은 13.7%에 달했으며, 더 중요한 것은 이 성과가 종목 선정이나 단기 타이밍이 아니라 철저한 자산배분 전략으로 달성한 수치였다는 것입니다.

특히 그는 '주식 60%, 채권 40%'라는 기존의 전통적인 모델에서 벗어나 다양한 대체투자자산군을 활용한 포트폴리오를 구축했습니다. 2020년 기준 예일대학교 기금은 미국 주식(2.3%), 벤처캐피탈(22.6%), 절대수익전략(21.6%), 차입매수(15.8%), 부동산(8.6%), 천연자원(3.9%), 해외주식(11.4%) 등으로 구성되었으며 현금과 채권은 단 13.8%만 보유했습니다. 스웬슨의 이같은 접근법은 이후 '예일 전략(Yale Strategy)'으로 불리며 세계 대학 기금 및 기관 투자자들에게 모범이 되었습니다.

물론 이런 포트폴리오는 사실 개인 투자자들에게는 어려운 구조입니다. 특히 차입매수(Leveraged Buyouts)과 같은 상품은 M&A 등에 대한 충분한 지식을 갖추고 있지 않다면 투자 판단을 내리기 어렵습니다. 이에 그는 개인 투자자를 위한 보다 실천적인 두 가지 조언을 남겼습니다. 바로 첫째, 저비용 인덱스 펀드 활용과 둘째, 분산투자입니다. 그는 《MONEY 머니》의 저자인 토니 로빈스(Tony Robbins)와의 인터뷰에서 이렇게 말했습니다.

> "액티브 펀드매니저들은 시장을 이긴다고 주장하며 높은 수수료를 받지만, 실제로는 거의 대부분 시장을 이기지 못한다. 1984~1998년 사이 자산 1억 달러 이상인 펀드 중 단 4%만이 S&P 500 지수를 이겼고, 그마저도 매년 명단이 바뀌었다. 수동적 전략을 통해 저렴한 수수료로 시장 전체를 소유하는 인덱스 펀드에 투자하면 승리자가 될 수 있다."

이는 이 책의 서문에서 언급한 2011년 이후 13년간 S&P 500이 헤지펀드보다 지속적으로 높은 수익률을 기록한 사실과도 맥락을 같이 합니다. 같은 기간 동안 S&P 500의 연평균수익률은 14.4%였지만, 헤지펀드는 4.96%에 불과했습니다.

또한, 스웬슨은 분산투자의 중요성도 강조했습니다. 그는 다음과 같이 말했습니다.

> "초급 경제학을 공부한 사람이면 누구나 '공짜 점심은 없다'라는 말을 들어봤을 것이다. 하지만 해리 마르코위츠는 '분산투자는 공짜 점심'이라고 했다. 같은 수익률이라도 분산을 하면 위험이 줄고, 같은 위험 수준에서도 수익률이 더 높아질 수 있기 때문이다. 이는 투자성과를 높이는 데 결정적인 역할을 한다."

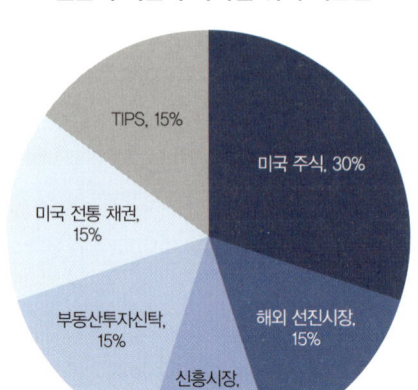

〈그림 7-3〉 스웬슨이 개인 투자자를 위해 제안한 포트폴리오

스웬슨은 토빈뿐 아니라 마르코위츠의 제자이기도 했기에 이 두 대가의 이론을 실제 포트폴리오에 성공적으로 녹여낸 인물로 평가받습니다.

스웬슨은 이러한 원칙을 바탕으로 일반 투자자들에게 〈그림 7-3〉과 같은 분산 포트폴리오를 제안합니다.

큰 틀은 주식 55%, 부동산 15%, 채권 30% 구조이며 주식은 미국뿐 아니라 선진국·신흥국으로 지역적 분산을 반영했습니다. 여기에 인플레이션 위험을 반영해 부동산 투자신탁과 물가연동국채를 30%나 반영한 것이 특징입니다.

다만 스웬슨은 각각의 카테고리만 제시했을 뿐이고 구체적으로 무엇을 사라고 제안하지는 않았습니다. 그래서 필자가 각각의 카테고리에서 가장 대표적인 ETF를 골라 〈표 7-1〉과 같이 정리했습니다.

대표 ETF를 〈표 7-1〉과 같이 선정할 때 스웬슨이 인덱스 펀드를 통한 투자를 제안하면서 "… 뱅가드의 펀드를 통하면 인텍스 펀드에 투

한 권으로 끝내는 미국 ETF 투자

〈표 7-1〉 스웬슨 포트폴리오 구성 예시

투자대상	투자 비중	관련 ETF	티커
미국 주식	30%	Vanguard S&P 500 ETF	VOO
해외 선진시장	15%	Vanguard FTSE Developed Markets ETF	VEA
해외 신흥시장	10%	Vanguard FTSE Emerging Markets ETF	VWO
부동산	15%	Vanguard Real Esate ETF	VNQ
미국 전통 채권	15%	iShares 20+ Year Treasury Bond ETF	TLT
물가연동채권	15%	Schwab US TIPS ETF	SCWP

자할 수 있다. 수동적으로 운용하는 저비용 인덱스 펀드에 투자하면 승리자가 될 수 있다"라고 언급한 것을 반영했습니다. 이를 참고해 미국 주식과 해외 선진시장 및 신흥시장 그리고 부동산 관련 투자는 뱅가드사 ETF로 가정했습니다. 다만 채권의 경우 TLT와 SCWP가 선택되었는데, 이는 기간별 수익률과 연간 보수비용 등 수익과 비용의 균형을 고려한 결과입니다.

포트폴리오 운용에 있어서 명심해야 할 중요한 조건은 연 1회 리밸런싱(비중 재조정)입니다. 투자 1년 후 VOO의 비중이 35%로 올라갔다면 다시 30%로 조정해야 합니다. 이는 포트폴리오의 전략적 비중 유지를 위한 핵심 절차입니다. 리밸런싱을 하지 않고 특정 자산에 과도하게 머무를 경우 기본적으로 전략적 비중을 부여하는 것 자체가 의미가 없어지는 것뿐만 아니라 시황 변화에 취약해져 초기 투자성과를 잃을 위험이 있습니다. 중·장기 전략의 본질은 일관된 자산배분 유지에 있습니다.

그렇다면 이 포트폴리오의 실제 성과는 어땠을까요? 2011년부터 2023년까지 10만 달러를 투자했다고 가정한 결과, VOO 단독 투자

〈그림 7-4〉 스웬슨의 제안을 활용한 포트폴리오 성과 비교

주: 2011년 이후 10만 달러를 스웬슨의 제안을 활용한 포트폴리오와 S&P 500 지수를 추종하는 VOO에 100% 투자했을 경우의 성과(이하 동일)

시에는 38만 2,342달러로 성장한 반면, 스웬슨 포트폴리오의 성과는 19만 6,240달러에 그쳤습니다(배당에 해당하는 분배금 재투자 가정).

한편 분산계수와 샤프지수를 비교해보면 VOO에 100% 투자했을 경우 각각 1.11, 0.70인 반면 스웬슨의 제안을 활용한 포트폴리오에 투자할 경우 각각 1.65, 0.33으로 아쉽지만 위험조정 지표 역시 열위한 상황은 바뀌지 않습니다(분산계수는 작을수록, 샤프지수는 클수록 우위

〈표 7-2〉 스웬슨 포트폴리오와 S&P 500 지수 성과 비교

	스웬슨 포트폴리오	VOO(S&P 500 지수)
연평균수익률	5.25%	10.84%
연평균수익률 표준편차	8.86%	12.11%
분산계수	1.65	1.11
샤프지수	0.33	0.70

출처: 토마스리서치

입니다).

왜 스웬슨이 제안한 자산배분을 활용했을 경우 VOO에 100% 투자한 것보다 성과가 열위할까요? 그것은 〈표 7-3〉에서 확인할 수 있듯이 2011년 이후 세계 증시를 주도한 것이 뉴욕증시이고 이외의 지역의 증시는 성과 면에서 뉴욕증시에 필적하지 못했기 때문입니다. 채권자산 역시 연간 이자수익(채권 ETF의 경우 이자수익을 바탕으로 한 분배금)을 감안하더라도 S&P 500 지수에 투자한 경우의 수익률을 따라잡기 어려운 수준이었습니다.

그렇다면 주식 자산 중 해외 비중을 줄이고 미국 주식 중심으로 구성한다면 어떨까요?

구체적으로는 해외 선진시장(15%)과 신흥시장(10%)에 배분되었던 투자 비중을 모두 미국 주식에 더해 기존 30%에서 55%로 늘리는 방식입니다. 부동산 및 채권 비중은 그대로 유지하고 동일한 방식으로 배당수익률과 보수비용을 반영하여 성과를 계산해보면 흥미로운 결과가 나옵니다.

수정된 포트폴리오의 연평균수익률은 7.54%로 약 2%p 상승했고 표준편차는 8.94%로 큰 변화가 없습니다. 결과적으로 분산계수는 낮

〈표 7-3〉 스웬슨 포트폴리오와 VOO 성과 비교

	VOO	VEA	VWO	VNQ	TLT	TIP
연평균수익률(A)	11.91%	2.32%	−1.55%	3.51%	0.31%	0.08%
12개월 배분율(B)	1.27%	2.98%	2.56%	3.78%	3.97%	2.73%
연간 보수비용(C)	0.03%	0.06%	0.08%	0.12%	0.15%	0.03%
A+B−C	13.15%	5.24%	0.93%	7.17%	4.13%	3.37%

주: 2011~2023년 기준

	(수정) 스웬슨 포트폴리오	VOO(S&P 500 지수)
연평균수익률	7.54%	10.84%
연평균수익률 표준편차	8.94%	12.11%
분산계수	1.16	1.11
샤프지수	0.59	0.70

출처: 토마스리서치

아지고 샤프지수는 크게 개선됩니다. S&P 500 지수에만 투자한 결과와 비교해도 수익률 측면에서는 다소 낮지만, 위험조정 수익률 측면에서는 상당히 경쟁력이 있는 것으로 나타나 위험조정 수익률에서 크게 뒤지지 않는 것으로 평가됩니다.

이 결과를 두고 어떤 투자자들은 "결국 그냥 S&P 500에 투자하면 되는 거 아닌가요?"라고 반문할지 모릅니다. 이 질문에 대한 대답은 피셔가 남긴 다음 한마디로 충분합니다.

"보수적인 투자자는 마음이 편하다."

수정된 스웬슨 포트폴리오는 수익률은 다소 낮지만, 표준편차는 VOO에 비해 약 26% 낮습니다. 결국 보수적인 투자자에게 데이비드 스웬슨의 포트폴리오는 훌륭한 선택지가 될 수 있습니다.

3. 레이 달리오의 올웨더 포트폴리오

레이 달리오(Ray Dalio)라고 하면 가장 먼저 떠오르는 두 가지는 첫째, 세계 최대 헤지펀드인 브리지워터 어소시에이츠(Bridgewater Associates LP)의 설립자이며, 둘째, 올웨더 포트폴리오(All Weather Portfolio)의 창시자입니다.

〈그림 7-5〉 레이 달리오

비록 현재는 투자업계에서 은퇴했지만, 그의 영향력은 여전히 막강합니다. 2017년 공동 CEO에서 물러난 데 이어 2022년 10월에는 브리지워터 경영권과 공동 CIO 자리도 후임자에게 이양하며 완전히 퇴진했습니다. 그가 물러나던 2022년 당시 브리지워터는 운용자산이 1,680억 달러(2025년 7월 말 1,365억 달러)로 세계 최대 헤지펀드였습니다.

레이 달리오는 2000년 닷컴버블과 2008년 글로벌 금융위기를 사전에 경고하며 '금융업계의 스티브 잡스'로 불릴 만큼 혁신적인 투자자로 평가받았습니다. 대중적 영향력도 상당해 그의 저서 《원칙(Principles)》은 전 세계에서 500만 부 이상 판매되었으며, 경제의 작동 원리를 설명한 영상 〈How the Economic Machine Works?〉는 유튜브에서 5,000만 회 이상의 조회수를 기록할 정도로 대단합니다.

레이 달리오는 이 유튜브 동영상에서 경제의 움직임을 두 가지 핵심 요소—생산성과 신용(Credit)—의 작용으로 설명합니다.

그에 따르면 생산성은 혁신을 가정하지 않을 경우 단기간 내에 큰

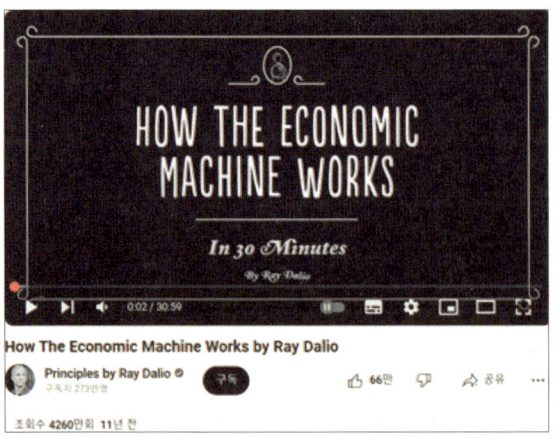

〈그림 7-6〉 레이 달리오 유튜브 영상 썸네일

출처: 레이 달리오 유튜브 채널

한 권으로 끝내는 미국 ETF 투자

변화를 보이지 않기 때문에 단기적으로는 신용의 증가와 감소가 경기에 큰 영향을 미칩니다. 신용의 팽창과 축소로 경기의 단기 사이클이 형성되고, 자산 붕괴와 회복 흐름을 통해 장기 사이클이 형성되는 것입니다.

그는 일반적으로 이러한 단기 경기순환은 5~8년의 주기로 일어나는데 이 과정이 반복되는 과정에서 자산 수준의 저점을 올려가다가 감당할 수 없는 신용(부채)으로 인해 자산의 붕괴가 발생한다고 보고 있습니다. 이때 중앙은행은 금리 인하에 더해 통화 발행을 증가시키고, 정부는 재정 확대를 통해 경제를 회복시키게 됩니다.

이처럼 경제가 다양한 국면을 순환하며 움직이는 상황에서 급성장 중이던 브리지워터는 하나의 고민에 직면하게 됩니다. 바로 경기 상황에 관계없이 안정적으로 수익을 낼 수 있는 자산운용 방식이 필요하다는 점이었습니다.

달리오는 이 문제에 대한 해법을 찾고자 오랜 투자 경험과 실패를 되

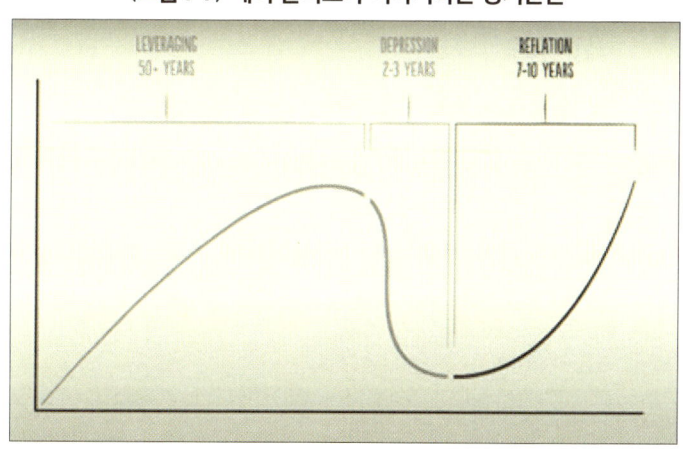

〈그림 7-7〉 레이 달리오가 이야기하는 경기순환

출처: 레이 달리오 유튜브 영상 〈How the Economic Machine Works?〉 중

돌아보며 거시경제에 대한 통찰력과 방대한 데이터를 기반으로 새로운 포트폴리오를 설계합니다. 이것이 바로 올웨더 포트폴리오입니다.

이 포트폴리오는 인플레이션과 디플레이션, 경기 확장과 수축 등 어떤 경제 국면에서도 수익을 추구할 수 있도록 설계된 분산투자 전략입니다. 그는 이 전략의 성과를 1925년까지 데이터를 거슬러 올라가며 백테스트했고 가족 신탁 자산에 직접 적용해 수익 구조의 안정성을 검증한 후, 1996년에 정식으로 시장에 소개했습니다.

달리오는 모든 자산에는 고유의 '이상적인 환경'이 있다고 말합니다. 즉, 특정 자산이 수익을 내기 좋은 조건은 따로 있으며, 이는 경기 국면과 물가 흐름에 따라 달라진다는 것입니다.

그는 경제를 움직이는 핵심 변수로 두 가지—경제성장률(성장률 상승 또는 하락)과 물가 수준(인플레이션 또는 디플레이션)—를 꼽습니다. 이 두 변수를 조합하면 ① 경기 상승 + 물가 상승, ② 경기 상승 + 물가 하락, ③ 경기 하락 + 물가 상승, ④ 경기 하락 + 물가 하락의 네 가지 국면이 도출됩니다.

결국 금융계에는 4개의 날씨가 존재하고 다음에 어떤 날씨가 올지는 알 수 없지만, 〈표 7-5〉와 같이 그가 제안한 접근법을 활용하면 경기와 물가로 이루어진 4국면, 즉 4개의 날씨 위험에서 자산을 모두 성

〈표 7-5〉 경제성장률과 물가 변동에 따른 자산배분 전략 개념도

	성장	인플레이션
시장 기대 상승(Rising)	기대 경제성장률보다 더 상승 – 주식 – 원자재(Commodity) – 회사채/신흥국 부채	기대 인플레이션보다 더 상승 – 물가연동채권(TIPS) – 원자재 – 신흥국 부채
시장 기대 하락(Falling)	기대 경제성장률보다 더 하락 – 일반 채권 – 물가연동채권	기대 인플레이션보다 더 하락 – 주식 – 일반 채권

공적으로 방어할 수 있기 때문에 이를 '올웨더 포트폴리오'라고 명명한 것입니다.

여기서 주목할 점은 이 포트폴리오가 기대수익률이 아니라 '위험(Risk)'에 초점을 맞춘 '리스크 패리티(Risk Parity)' 전략에 기반한다는 사실입니다. 이 전략은 투자 포트폴리오에서 각 자산군이 동일한 비율의 리스크를 가져가도록 포트폴리오를 구성하는 것입니다.

예를 들어서 변동성이 큰 주식보다 채권의 변동성이 작으므로 채권의 비중이 더 높게 설정됩니다. 이미 5부에서 살펴본 것처럼 금융 시장에서 '위험'은 주로 '변동성'으로 정의되는데, 달리오는 이 기준에 따라 자산을 배분해야 한다고 본 것입니다.

달리오의 올웨더 포트폴리오는 매우 정교하게 설계된 전략입니다. 다양한 파생상품과 레버리지를 활용하므로 일반 개인 투자자가 그대로 따라 하기에는 현실적인 제약이 따릅니다. 하지만 핵심 원칙인 자산배분 비율을 참고하면 이를 단순화한 형태로 개인 투자자도 응용할 수 있습니다.

달리오도 스웬슨처럼 자산군별 구체적인 투자상품을 추천한 적은 없습니다. 다만 경제 서적인 《MONEY 머니》에 따르면 저자인 로빈스가 일반 투자자를 위한 포트폴리오를 요청했을 때 달리오가 제안한 자산별 구성은 주식 30%, 채권 55%(중기국채 15%, 장기국채 40%), 금 7.5%, 원자재 7.5%였습니다. 여기에서는 이것을 '(수정) 올웨더 포트폴리오'라고 부르겠습니다.

여기서 채권 비중이 주식보다 높은 이유는 이 포트폴리오가 수익 극대화가 아닌 위험 최소화에 초점을 둔 전략에 기반하기 때문입니다.

금과 원자재에 각각 7.5%씩 배분한 이유는 인플레이션이 심화될 경우 주식과 채권 모두가 동시에 하락할 수 있기 때문입니다. 이를 보완하는 역할로 실물자산군을 포함시켜 '올웨더 포트폴리오'를 완성한 것입니다.

끝으로 스웬슨과 마찬가지로 달리오도 1년에 한 번 정도는 포트폴리오의 자산배분 비중을 조정해야 한다고 이야기하고 있습니다. 즉, 1년에 한 번 정도 자산군의 실적을 평가하고, 수익이 높았던 자산은 일부 매도한 뒤 원래의 비중으로 되돌리는 방식입니다. 이는 앞서 소개한 스웬슨 전략과 마찬가지로 장기성과를 유지하는 데 중요한 요소입니다.

달리오의 올웨더 포트폴리오에 대한 대중적 검증 사례는 로빈스의 저서 《MONEY 머니》에서 확인할 수 있습니다. 이 책에서 로빈스는 해당 자산배분 전략을 '올웨더' 대신 '포시즌 포트폴리오(Four Seasons Portfolio)'라는 이름으로 소개했습니다.

책에서는 1984년부터 2013년까지 30년간의 데이터를 바탕으로 이 전략을 검토했는데, 연평균수익률이 9.72%에 달할 정도로 인상적인 결과를 보여줬습니다. 특히 수익률의 변동성을 나타내는 표준편차는

〈표 7-6〉(수정) 올웨더 자산배분의 개념을 반영한 ETF 포트폴리오 예시

투자대상	투자 비중	관련 ETF	티커
주식	30%	Vanguard S&P 500 ETF	VOO
장기채	40%	iShares 20+ Year Treasury Bond ETF	TLT
중기채	15%	Vanguard Intermediate-Term Treasury Index ETF	VGIT
금	7.5%	iShares Gold Trust	IAU
원자재	7.5%	First Trust Global Tactical Commodity Strategy Fund	FTGC

7.63%에 불과해 안정성과 수익성 면에서 모두 긍정적인 평가를 받았습니다.

그러나《MONEY 머니》의 출간 시점이 2015년이다보니 해당 데이터는 2013년까지의 기록으로 현재 시점에서는 다소 오래된 감이 있습니다. 이에 따라 최근 13년(2011~2023년) 동안의 데이터를 기준으로 다시 검토해봤습니다. 비교 대상은 S&P 500 지수를 추종하는 Vanguard S&P 500 ETF(VOO)입니다.

결론을 먼저 이야기하면 그 결과는 다소 실망스러웠습니다.〈그림 7-8〉에서 확인할 수 있듯이 (수정) 올웨더 포트폴리오의 연평균수익률은 4.38%에 그친 반면 VOO는 연 10.87%의 수익률을 기록했습니다. 특히 2023년에는 뉴욕증시가 24.23% 상승한 반면, 장기채 ETF는 오히려 0.89% 하락하며 두 전략 간 격차가 확대된 주요 원인이 되었습니다.

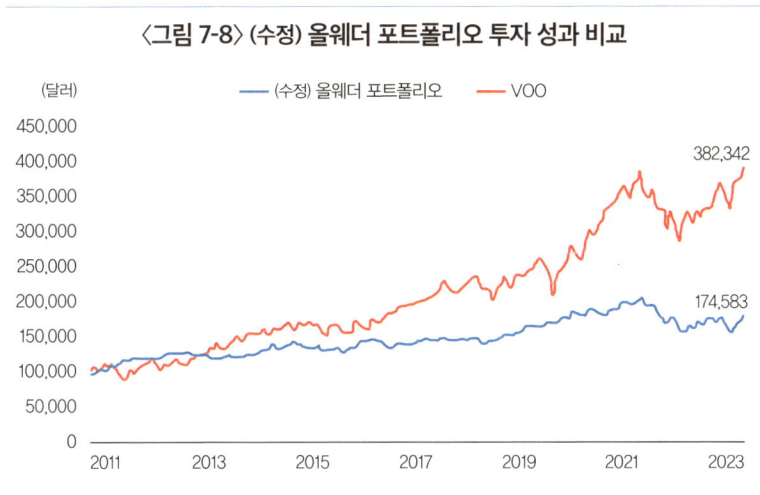

〈그림 7-8〉(수정) 올웨더 포트폴리오 투자 성과 비교

주 1: 분배금 및 재투자 반영, 수수료 미반영
주 2: 원자재를 총괄하는 ETF의 출시 시기는 2013년 이후로 2014년까지는 금 관련 ETF에 15% 투자 가정
출처: 토마스리서치

	(수정) 올웨더 포트폴리오	VOO(S&P 500 지수)
연평균수익률	4.38%	10.84%
연평균수익률 표준편차	7.91%	12.11%
분산계수	1.76	1.11
샤프지수	0.26	0.70

출처: 토마스리서치

다만 수익률에서는 확연한 차이가 드러났지만, 위험 지표 측면에서는 (수정) 올웨더 포트폴리오가 확실히 안정적인 모습을 보였다는 사실은 긍정적입니다.

연평균수익률의 표준편차는 7.91%로, VOO의 12.11%보다 35%나 낮았습니다. 이는 채권 비중이 55%에 달하는 덕분이며 전반적으로 훨씬 안전한 투자 방식이라는 것을 보여줍니다.

또한, (수정) 올웨더 포트폴리오는 스웬슨 모델보다도 표준편차가 더 낮았는데 이는 주식 비중이 더 적고 채권 비중이 더 크기 때문입니다. 하지만 문제는 수익률 자체가 워낙 낮다 보니 위험조정 수익률에서 크게 열세를 보인다는 것입니다.

분산계수의 경우 (수정) 올웨더 포트폴리오는 1.76으로 VOO의 1.11보다 크게 높은 반면 샤프지수는 VOO가 0.70인 데 비해 (수정) 올웨더 포트폴리오는 0.26으로 크게 낮습니다.

물론 10년 이상이라는 긴 평가 기간을 고려하면 샤프지수가 0.26이라는 것은 일반적인 기준에서 나쁘지는 않습니다. 다만 시장 평균과 큰 차이를 보였기에 위험 지표가 낮다는 것에만 만족하기는 어려울 것 같습니다.

물론 스웬슨이나 달리오의 자산배분 모델은 초장기 전략에 활용되는 것인 데 반해 13년이라는 평가 기간은 다소 짧을 수 있다는 점은 참고할 필요가 있겠습니다.

4. 데이비드 스웬슨과 레이 달리오의
포트폴리오 재해석

사실 7부에서 데이비드 스웬슨 모델과 레이 달리오의 (수정) 올웨더 포트폴리오를 검증할 때 2011년부터 2023년까지 13년간이라는 다소 짧은 데이터를 기준으로 삼은 데는 두 가지 주요한 이유가 있습니다.

첫째, 금융위기 이후 달라진 시장 환경을 반영하기 위함입니다. 2008년 금융위기 이후 미국 증시는 과잉 유동성이 지속되는 구조로 바뀌었습니다. 특히 코로나19 팬데믹 시기에는 거의 무제한적인 통화 공급으로 인해 유동성 장세가 더욱 가속화되었고 이는 과거와는 다른 시장 패턴을 만들어냈습니다. 또한 2010년 이후 뉴욕 증시는 2000~2010년과는 구조적으로 확실히 달라졌습니다. 물론 1990~1999년과도 확실히 다릅니다.

둘째, ETF를 중심으로 검증하기에 20년 이상의 데이터를 활용할 수 없는 한계가 있습니다. 대부분의 핵심 ETF들은 2000년대 중반 이후에 출시되었고 우리가 활용할 수 있는 ETF 중 일부는 2010년 이후에 출시된 것들입니다. VOO는 2010년 9월 상장되었고, 장기채 ETF

〈그림 7-9〉 S&P 500 장기 추이

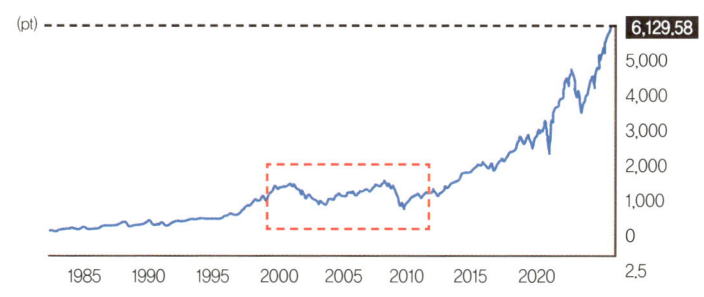

출처: investing.com, 토마스리서치

〈그림 7-10〉 미국 10년물 국채 수익률 장기 추이

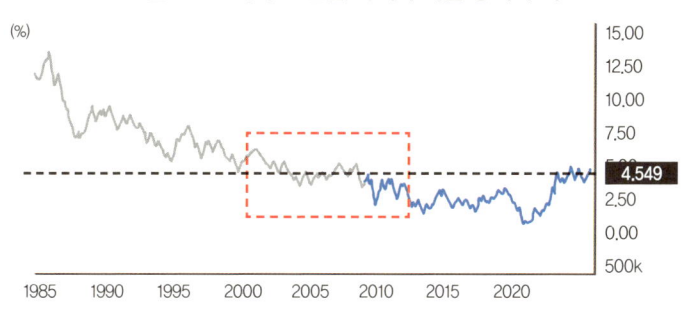

출처: investing.com, 토마스리서치

〈그림 7-11〉 금 선물가격 장기 추이

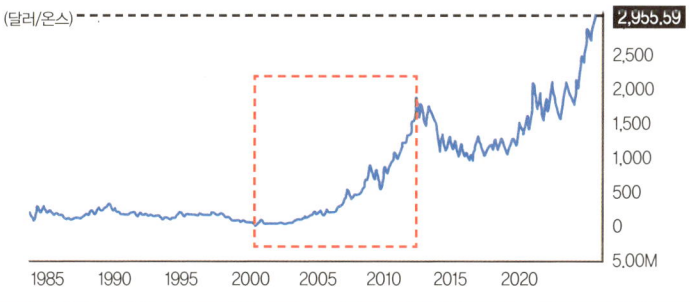

출처: investing.com, 토마스리서치

인 TLT는 2002년, 금 ETF인 GLD는 2004년, 원자재 ETF인 FTGC는 2013년 10월에 출시되었습니다. 이로 인해 현실적으로 활용 가능한 ETF 시계열 데이터는 최대 약 13년 정도에 불과합니다.

하지만 이러한 시계열 데이터의 제약에서 벗어나 검증 기간을 20년 이상으로 확대한다면 스웬슨 모델과 (수정) 올웨더 포트폴리오 모두 훨씬 더 뛰어난 성과를 보일 가능성이 높습니다. 그 이유는 2000년대 초반부터 2010년대까지의 자산 시장 흐름이 최근 10년과는 확연히 달랐기 때문입니다.

2000년 초 1,455pt였던 S&P 500 지수는 2010년 말 1,257pt로 오히려 하락했지만, 같은 기간 미국 10년물 국채 수익률은 6.59%에서 3.29%로 50%나 하락하면서 채권 가격이 크게 상승했습니다. 특히 금의 경우 동일 기간 동안 트로이온스당 289달러에서 1,421달러로 무려 5배 가까이 상승했습니다.

따라서 검증의 시작을 2000년 1월부터로 시작할 경우 결과는 단연코 달랐을 것입니다. 특히 채권 비중이 55%, 금 비중이 15%인 (수정) 올웨더 포트폴리오는 S&P 500과 비교할 수 없을 정도로 이 시기의 흐름과 잘 부합하는 포트폴리오였습니다.

실제로 〈표 7-8〉에서 보듯, 검증 시작 시점을 2000년으로 설정할 경우 (수정) 올웨더 포트폴리오는 단순 계산상으로는 2011년초 S&P 500 대비 2.35배의 누적수익을 기록하고 있었을 것이기 때문에 2000~2023년의 초장기성과는 오히려 달리오의 (수정) 올웨더 포트폴리오가 S&P 500 지수 성과를 확실히 앞질렀을 것으로 추정됩니다.

이처럼 검증 구간이 다르다는 이유만으로 자산배분 전략의 성과를 과소평가해서는 안 됩니다. 특히 스웬슨과 달리오가 강조한 자산배분

〈표 7-8〉 2000년 초와 2010년 말 주요 자산 수익률 비교

	2000년 1월 2일	2010년 12월 31일	등락
S&P 500 지수(pt)	1,455.20	1,257.60	−13.58%
10년 만기 국채 수익률(%)	6.594%	3.288%	−50.13%
금(선물, 달러/온스)	289.00	1,421.45	+391.85%
미국 주택가격지수(FHFA)	136.0	184.6	+35.74%

전략은 단기성과보다는 20년 이상의 초장기성과에 초점이 맞춰져 있다는 점을 명심해야 합니다.

5. 영구 포트폴리오와 LAA 전략

앞서 살펴본 스웬슨 모델과 달리오의 올웨더 포트폴리오 외에도, 다양한 경제 환경에서 꾸준한 수익을 추구하려는 자산배분 전략은 계속해서 제안되어 왔습니다. 그중 대표적인 것이 영구 포트폴리오(Permanent Portfolio)와 LAA(Lethargic Asset Allocation) 전략입니다.

영구 포트폴리오 - 자산별 4분의 1 분할 전략

경기가 호황이든, 불황이든 관계없이 꾸준히 안정적인 수익을 추구하는 전략은 오랜 기간 많은 경제학자와 투자자들의 목표였습니다. 스웬슨이나 달리오 외에도 이러한 목표를 바탕으로 포트폴리오를 설계한 사례가 바로 영구 포트폴리오입니다.

영구 포트폴리오는 투자 분석가이자 저술가였던 해리 브라운(Harry Browne)이 제안한 전략입니다. 그는 모든 경제 환경을 '성장'과 '물가'라는 두 축으로 구분하고 이 조합에 따라 경기 국면을 네 가지로 나눌 수 있는데, 각 국면에 대응하는 (가장 성과가 좋은) 자산인 주식과 단기국채, 금 그리고 장기국채를 동일 비율로 배분하면 어느 시기든 안정적 수익을 확보할 수 있다고 판단했습니다.

즉, 경기 확장기에는 주식(특히 성장주)이 강세를 보이고, 경기 침체기에는 단기국채나 현금이 자산을 지켜주며, 인플레이션기에는 금이, 디플레이션기에는 장기국채가 수익을 제공함으로써 전체 자산의 수익을 안정적으로 보호할 수 있다는 것이 핵심 아이디어입니다.

브라운은 이 전략을 바탕으로 '영구 포트폴리오 펀드(Permanent Portfolio Fund)'를 직접 운영하기도 했습니다. 1976년부터 2016년까지 40년간의 백테스트 결과, 영구 포트폴리오는 연평균 8.65%, 총 2,600%의 수익을 기록한 것으로 나타났습니다.

물론 존 보글이 제시한 60/40 포트폴리오(주식 60%, 채권 40%)는 같은 기간 동안 연평균 10.13%, 총 5,050%의 수익률을 기록해 상대적으로 수익 창출 능력에 한계를 보인 것으로 지적되고 있습니다.

하지만 영구 포트폴리오의 표준편차가 7.2%였던 반면, 존 보글의 60/40 포트폴리오는 9.6%로 위험을 나타내는 변동성에서는 확실히 우세를 보였습니다. 특히 1987년 '블랙 먼데이' 당시 다우지수가 하루 만에 22.6% 급락했을 때 60/40 포트폴리오는 13.4%의 손실을 기록했지만, 영구 포트폴리오는 4.5% 하락에 그쳐 변동성에 대한 높은 방어능력을 보여줬습니다.

또한 이 모델은 MDD나 샤프지수 등 위험조정 수익률에서도 뒤지지 않음을 보여줍니다. 2024년 삼성증권 보고서에 따르면 2015년부터 2024년 11월까지의 데이터를 통해 영구 포트폴리오와 글로벌 주식 지수인 MSCI ACWI(MSCI All Country World Index)를 비교한 결과,

⟨표 7-9⟩ 영구 포트폴리오와 MSCI ACWI 성과 비교

	영구 포트폴리오	MSCI ACWI
연평균수익률(%)	5.96	9.77
표준편차(%)	7.36	14.78
최고 성과(%)	16.31	26.58
최저 성과(%)	−12.20	−18.37
최대 손실(MDD, %)	−15.70	−25.71
샤프지수	0.59	0.59
소티노지수	0.98	0.89

주: 2015~2024년 기준
출처: 삼성증권

연평균수익률은 다소 낮지만 변동성이 절반 수준으로 낮아 위험 대비 성과가 우수한 것으로 나타났습니다.

구체적으로 샤프지수는 동일했으며, 하방 위험만 반영하는 소티노 지수에서는 영구 포트폴리오가 더 우위를 보였습니다. 회복기간은 비슷하지만 최대 낙폭이 작다는 점도 긍정적으로 고려될 부분입니다.

LAA 전략 - 영구 포트폴리오의 '동적 모델'

LAA 전략은 2019년 12월, 암스테르담 자유대학교(VU University Amsterdam)의 연구원이자 플렉스 캐피털(Flex Capital)의 CEO였던 바우터 켈러(Wouter J. Keller)가 제안한 포트폴리오 모델입니다. 이 전략의 핵심은 영구 포트폴리오를 기반으로 하되, 여기에 거시경제 지표와 추세 추종 신호를 결합해 위험 회피와 위험 감수 포트폴리오 간의 전환 시점을 동적으로 판단해 운용하는 것입니다.

한 권으로 끝내는 미국 ETF 투자

〈표 7-10〉 LAA와 60/40 모델의 성과 비교

	LAA 전략	60/40 전략
연평균수익률	9.54%	7.59%
표준편차	9.17%	10.03%
최대 낙폭	19.71%	35.69%
최대 낙폭 회복기간	2.00년	3.19년
샤프지수	0.85	0.60

주: 2007년 1월 1일~2025년 2월 27일 기준
출처: 터닝 트레이더(Turning Trader)

〈그림 7-12〉 60/40을 넘어선 자산배분 전략의 장기성과

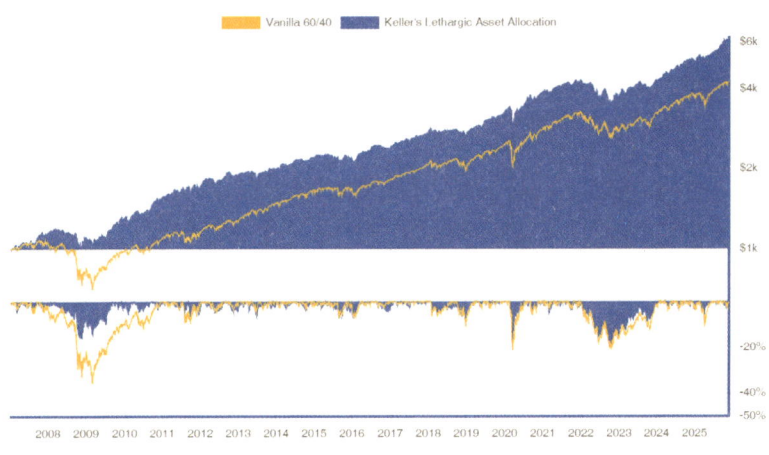

출처. 터닝 트레이더

LAA 전략은 영구 포트폴리오처럼 주식, 장기채권, 금에 각각 25%를 고정 비중으로 투자하고, 원래 단기국채에 해당하던 25% 비중은 시장과 경제 여건에 따라 주식 또는 단기국채[iShares 1-3 Year Treasury Bond ETF(SHY)]에 탄력적으로 전환해 투자하는 것입니다.

이 조건부 조정은 ① S&P 500 지수가 200일 이동평균선을 하회하

고, ② 미국 실업률이 최근 12개월 평균보다 높은 두 조건을 동시에 만족시키면 해당 자산을 단기국채(SHY)에 투자하고, 그 외의 상황에서는 주식(QQQ 등)에 투자하도록 합니다. 결과적으로 평소에는 주식 50%, 장기채권 25%, 금 25% 구조가 유지되다가, 증시가 침체 국면에 진입하거나 경기가 둔화되는 신호를 확인하면 단기국채로 위험을 회피하는 형태입니다.

결국 이 전략은 영구 포트폴리오라는 정적 자산배분 모델에 일종의 동적 자산배분 개념을 추가한 것으로 볼 수 있습니다. 물론 동적 자산배분 모델이라고 하더라도 전환 빈도는 낮습니다. 2020년 이후를 기준으로 할 때 2020년 팬데믹 초기(3~6월)와 2023년 10~11월 중 약 2주 동안만 단기국채로 전환되었을 뿐입니다.

이러한 LAA 전략은 성과 측면에서 강력한 것으로 확인됩니다. 퀀트 리서치 기관인 터닝 트레이더(Turning Trader)가 2007년 1월부터 2025년 2월 27일까지 백테스트한 결과, 존 보글의 60/40 전략과 비교해 수익률, 변동성, 회복력에서 모두 우위를 보였습니다.

특히 18년간의 장기성과 평가임에도 샤프지수가 0.85로 매우 높았고, MDD 회복기간이 2년에 불과하다는 점이 인상적입니다. 참고로 동일 기간 동안 60/40 전략은 3.19년이 소요됐습니다.

만약 이 전략도 백테스트 시작점을 2000년까지 확장했다면 S&P 500보다 더 나은 장기성과를 보였을 것으로 추정됩니다.

대가들의 투자 전략을 하나씩 살펴보며 미국 ETF 투자의 핵심을 정리해본 7부를 이제 마무리하면서 마지막으로 꼭 강조하고 싶은 점이 하나 있습니다. 이는 투자에서 가장 기본적이면서도 실전적으로 중요한 이야기입니다.

ETF를 활용한 포트폴리오를 구성할 때 만약 S&P 500 지수나 장·단기국채, 금처럼 안정적이고 대표적인 자산군 중심으로 투자해 정적 자산배분 모델을 따른다면 정기적인 리밸런싱만으로도 충분할 수 있습니다. 스웬슨 모델, 올웨더 포트폴리오, 영구 포트폴리오처럼 명확한 기준이 있는 경우라면 더욱 그렇습니다.

하지만 보다 적극적인 전략을 구사해 '핵심-주변 전략(Core-Satellite Strategy)'처럼 개별 ETF의 구성을 변화시키는 동적 자산배분 방식으로 접근한다면 이야기는 달라집니다. 이때는 단순히 자산 비율을 맞추는 차원을 넘어서 자산의 교체와 비중 조정까지 수반하는 지속적이면서도 정교한 관리가 필수입니다. 물론 과도한 교체는 비용을 유발하기 때문에 경계해야 하지만, 반대로 아무런 조정 없이 그대로 두는 것도 동적 자산 운용 전략 차원에서 바람직하지 않습니다.

결국 주식이든 ETF든 위험 자산에 투자할 때, 어떤 투자 전략을 기반으로 하든지 반드시 지켜야 하는 것 중에 하나는 '지속적인 포트폴리오 점검과 재편'이며, 이를 수행하는 과정에서 핵심적인 원칙을 지켜야 한다는 것입니다.

이와 관련해 버핏이 "오늘의 나를 만든 스승이다"라고 할 정도로 존경받았던 필립 피셔의 조언을 떠올릴 필요가 있습니다. 그는 명저《위대한 기업에 투자하라》에서 다음 세 가지 조건을 점검하며 투자 종목의 유지 또는 교체 여부를 결정하라고 강조합니다.

첫째, 매수 시 실수는 없었는가와 투자 시점과 달리 시간이 지나면서 해당 자산의 매력이나 강점이 희미해지고 있는 것은 아닌지 점검해야 합니다.

둘째, 투자 당시 설정한 요건인 기업 경영진의 능력이나 주력 제품의 경쟁력 등이 유지되고 있는지 주의 깊게 살펴야 합니다.

셋째, 지금 보유한 자산보다 더 매력적인 대안이 있는가를 고민해야 합니다. 현재 보유한 자산보다 전망이 뛰어난 자산이 있다면, 교체를 고려하는 것이 합리적일 수 있습니다.

비록 그의 조언은 개별 주식을 중심으로 하지만, ETF 투자에서도 마찬가지입니다. 여러분이 어떤 자산 그리고 어떤 전략을 선택하더라도 핵심적인 원칙을 세우고 그 원칙하에서 끊임없는 노력과 정진하는 것만이 남들보다 뛰어난 성과를 거둘 수 있는 가장 확실한 방법임을 명심해야 합니다.

이 책이 독자 여러분에게 ETF 투자에 대한 기초 이해는 물론이고 다양한 전략을 실전에 적용할 수 있도록 돕는 안내서가 되었기를 진심으로 바랍니다.

저는 ETF를 공부하고 분석하며 투자 전략을 고민하는 모든 투자자를 응원합니다. 앞으로도 시장은 변하고 ETF도 계속 진화하겠지만, 우리가 배운 원칙과 전략은 흔들리지 않을 것입니다.

성공투자의 주인공은 바로 여러분입니다.

감사합니다.

처음부터 제대로 배우는 미국 ETF 투자 공식

한 권으로 끝내는 미국 ETF 투자

제1판 1쇄 발행 | 2025년 12월 22일
제1판 2쇄 발행 | 2026년 2월 3일

지은이 | 이율수
펴낸이 | 하영춘
펴낸곳 | 한국경제신문 한경BP
출판본부장 | 이선정
편집주간 | 김동욱
책임편집 | 최승헌
저작권 | 백상아
홍보마케팅 | 김규형·서은실·이여진·박도현
디자인 | 이승욱·권석중

주   소 | 서울특별시 중구 청파로 463
기획편집부 | 02-360-4556, 4584
홍보마케팅부 | 02-360-4595, 4562   FAX | 02-360-4837
H | http://bp.hankyung.com   E | bp@hankyung.com
F | www.facebook.com/hankyungbp
등   록 | 제 2-315(1967. 5. 15)

ISBN 978-89-475-0223-8 03320